마징가Z II

하권

정의正義의 정의定義는 무엇인가?

바야흐로 '진짜' 정의의 시대가 도래하고 있다.
'비정상의 정상화' 진짜 정상은 '비정상화' 되고,
비정상이 '정상'으로 둔갑하는 이때,
정의正義의 정의定義가 궁금해진다.

> 정의: 사회나 공동체를 위해 마땅히 해야 할 옳고 바른 길

그러니까 정의의 시대가 도래하고 있다는 말은 곧
지금 우리 사회가 바른 길로 아주 잘 가고 있다는 뜻인 것 같다.

그런데… 정말 그런가?

정말 바른 길로 잘 가고 있다면
하루가 멀다 하고 넘쳐나는 저 이상한 뉴스들은 다 뭘까?
쫓겨나야 마땅한 성추행 교수들이
몇 달 뒤 복직해 다시 피해 학생을 가르치고,
타인에게 평생 남을 상처를 남기고도
술을 마셨다는 이유로 죄를 탕감 받고,
수백억을 횡령하고도 약간의 벌금과 집행 유예로

"Right is right only when entire."
(정의는 완전무결할 때에만 옳다.)

– Victor Hugo (빅토르 위고)

평생을 부유하게 사는,
법의 심판을 받아 마땅함에도
오히려 법의 보호와 사각지대 안에서 풀려나는,
피해자는 아직 용서하지 않은 가해자를
법의 이름으로 용서하고 있는,
저 이상한 뉴스들은 다 뭘까?
정말 정의의 시대가 도래하고 있다고 자신 있게 말할 수 있을까?

덧붙여야겠다.
정의의 시대가 도래하고 있지만 아직 그 속에 짙은 그늘이 있다고.
대한민국의 정의에는 아직 어두운 그늘이 있다.
그 그늘을 사이에 두고 정의와 부정의는
여전히 서로 맹렬히 충돌하며 앞서거니 뒤서거니
힘겨루기를 하고 있다.
정의와 부정의가 충돌하는 그 그늘 사이에
이 이야기의 주인공이 있다.

정의의 그늘 속에 모범택시 기사 도기가 있다.

TAXI
인물관계도

박진언 주임
엔지니어

장성철 대표
무지개운수 대표 &
파랑새재단 회장

김도기
무지개운수
택시 기사

안고은
해커

은하준
무지개운수
신입 택시 기사

최경구 주임
엔지니어

적대   의뢰

의문의 추격자

의뢰인들

김도기 (이제훈)

'무지개운수' 택시 기사.

前 육사, 특수 부대(육군특수전사령부 707특수임무단) 장교.
現 무지개운수의 택시 기사.

타고난 직관력과 냉철한 판단력,
그 어떤 위기 상황에서도 흔들리지 않는 담대함,
다수의 상대와 맞붙어도 결코 밀리지 않는 피지컬.
궁지에 몰렸을 때 당황하기는커녕 유머를 날리는 유연함.
눈앞의 적을 뼛속까지 허물어뜨릴 수 있는
적재적소의 한 점을 찾아내는 통찰력까지.
도기의 설계는 바로 이러한 기저에서 나온다.

김도기의 설계에 맞춰 택시 회사의 멤버들이 움직인다.
그리고 도기 자신도 설계에 최적화된 인물로 본인을 바꿔버린다.

상대를 완벽하게 무너뜨리기 위해 도기는 주저 없이
모든 장르를 넘나든다.

이에 도기의 설계에 따라 모든 판이 바뀐다.

그는 차갑게 따뜻하고 매혹적이면서 치명적이다.
의뢰가 없을 때의 도기는 같은 사람이라고
생각하기 믿기 힘들 정도로 다른 모습이 된다.

도기의 마음속을 끊임없이 괴롭히던,
어머니를 죽인 살인마에 대한 복수는 끝을 보았지만,
아픔은 한순간에 치유되지 않았다.
아직도 어머니의 마지막 순간을 떠올리게 하는
휘슬 소리에 현실은 악몽이 된다.

하지만 도기 옆에는 자기 안의 깊은 터널을
빠져나오게 해 준 소중한 사람들이 있다.
바로 무지개운수 식구들.

그들이 있기에 도기는 오늘도
택시 미터기를 켜고 운행을 시작한다.

장성철 (김의성)
'무지개운수'의 대표, 범죄 피해자 지원센터 '파랑새재단' 대표.
택시 회사 무지개운수 대표이자 파랑새 지원센터 회장.

택시 회사를 운영하는 지역 유지였던 부모님 덕분에
유복한 가정에서 자랐다.

어느 날, 부모님이 나이 든 사람과 약자만 노리던
연쇄살인범 오철영에 의해 살해당하는 비극을 겪는다.
장 대표의 법에 대한 불신은 거기서부터 비롯되기 시작했다.

아버지의 택시 회사를 운영하는 한편,
파랑새 지원센터라는 범죄 피해자 재단을 통해
자신과 같은 상처와 아픔을 가진 사람들을 돕는 데 힘쓴다.

파랑새 지원센터에서 끊임없이 범죄 피해자들의
울분과 억울함을 목격하게 되면서 장 대표는 이 사회의 법망에
생각보다 많은 구멍이 나 있고, 그 구멍을 활용하는 놈들이
있다는 것을 수도 없이 적나라하게 느낀다.

누군가는 그 구멍을 막아야 한다…
손가락질을 받더라도.

그때부터 장 대표는 택시 회사 안에
아주 특별한 또 다른 택시 회사를 만들고
특별한 일을 수행하기 위해 사람들을 모은다.

대외적으로는 파랑새 지원센터의 회장으로 활동하고,
피해자들을 위해 후원도 많이 하는 한편으로
공권력의 사각지대에서 불법을 저지르는 이들을
단죄하는 무지개 택시 회사를 진두지휘한다.

겉보기엔 자상하고 사교적이며
어떤 누구와도 친해질 수 있는 친화력.
그는 깊은 상처를 입고 아파하는 이들에게
누구보다 가까이 다가가 누구보다 따뜻하게
그를 보듬고 위로해줄 줄 아는 인물이다.

 **안고은** *(표예진)*
'무지개운수'의 경리과 직원. 자칭 IT전문가. 타칭 해커.

꿈 많은 평범한 고등학생이었다.
각별했던 친언니가 스스로 목숨을 끊기 전까진.

고은은 캐나다로 이민 가자는 부모님을 따라가지 않았다.
방 안에 틀어박혀 컴퓨터 해킹 기술들을 익혔다.

어느 날, 찾아온 파랑새 지원센터 대표이자
부모님의 친구인 장 대표의 스카웃 제의를 받아
모범택시 멤버로 합류한다.

언니를 죽음으로 몰아갔던 유데이터 일당에 대한
복수를 끝낸 후, 고은은 조금 더 성숙해졌다.

경찰 시험에 단번에 합격하여 경찰서 정보과에 취직.
고은은 무지개운수를 잠시 떠난다.
그런데 오히려 떠나고 보니 의문이 든다.

"도움이 필요한 사람이 눈앞에 있는데 그냥 참고 있으면…
 우린 왜 거기에 앉아 있는 거죠?"

최 주임 (정역진)

이름 최경구. '무지개운수' 정비실 엔지니어.

자동차기업 신차개발팀 선임 연구원 출신으로
현재 무지개운수 정비실을 책임지고 있는 최경구 주임.

몸은 쉬어도 절대 입은 쉴 수 없는 전형적인 외유 구강형.
일반 택시 회사에서 그의 업무는 일반 택시 정비.
모범택시 운행이 시작되면 도기를 백업한다.

일이 없을 땐 모범택시를 업그레이드시킬 발명품을 개발하며
본인만 '무지개운수 브레인'이라고 생각하고 있다.

밝은 성격 탓에 상처 하나 없이 살아왔을 것 같지만
상처 없는 사람 없다고 최 주임의 마음속에 깊은 상처가 새겨져 있다.

무지개운수에 경찰이 들이닥치자 장 대표는 최 주임을 해고했다.
그 후 다시 신차개발팀으로 돌아가 잘 지내고 있는 것 같았다.

그런데 요즘 가끔 서글퍼진다.
나, 갱년기인가?

박 주임 (배유람)

이름 박진언. '뭐지개운수' 정비실 엔지니어.

유명 항공사 항공기 정비원 출신으로 똥차를 스포츠카로
만들 수 있는 뛰어난 손기술을 지닌 한국의 맥가이버.
여기저기 간섭하고 다니는 최주임의 전담 추노꾼.

박 주임 역시 주임이지만 과묵한 성격 탓에
정비, 수리, 세차, 운전… 등등 온갖 일은 다 하면서도 티가 안 난다.
언제까지나 모범택시 멤버들과 함께라면
비록 모든 공이 전부 최 주임에게 돌아가더라도 괜찮다.
최 주임이 옆에서 떠들든 말든,
개의치 않고 묵묵히 자기 일에 매진한다.

역시 장 대표에 의해 해고된 후 로켓 개발팀에 입사,
6차 발사체 성공 후 러시아로 발령 난다.
반가운 일이기도 한데 왠지 모르게 발걸음이 떨어지질 않는다.

온하준 (신재하)

'무지개운수'에 새롭게 취직한 신입 일반 택시 기사.

싹싹하고 해맑은 성격과 귀여운 외모 덕에
도기를 비롯한 동료들에게도 호감을 산다.

회사 근처 도기 집 아래로 이사 올 만큼 열정적인 하준.
그러나 열정만큼 일은 쉽지 않다.

운행에 나갔다 하면 사고를 치던 하준은 어느 날,
우연히 지하 정비실로 들어가는 비밀 통로를 발견하게 되는데…

TAXI DRIVER

두 번째 운행

9화

내 딸
살려 내라!

S#1.   장어집. 낮
       단골 장어집에서 막걸리 마시고 있는 장 대표와 조진우.

조진우   (장어 먹으며) 역시 막걸리에 장어 조합 만한 게 없어.
장 대표 일은 할 만해? 사무실 직원 다 내보내고 혼자 재심 변론 한
       다며.
조진우   (웃는) 승수는 쌓이고 돈은 줄고. 어쩌겠냐. 좋은 날 올 때까지
       버텨야지.
장 대표 특검 제안 왔을 때 하지 그랬어. 유명해지고 얼마나 좋아.
조진우   다 짜 놓은 판에 가서 꼭두각시놀이 할 일 있어.

       조진우, 테이블에 항공 우편물 하나 올려놓는다.
       '수취인 조진우, 디텍티브 장(영어)'

조진우   아무튼 배짱 하난 알아줘야 돼. 어떻게 수취 장소를 검찰 차
       장 검사실로 할 생각을 했냐? 그나마 내 후배니까 안 버리고

받아 뒀지.

장 대표 (미소) 그래서 그쪽으로 보낸 건데. 직속 후배니까. 선배 우편
물 정도는 챙겨 주지 않겠어?

조진우 (우편물 보며) 내 이름 옆에 이건 누구냐? 디텍티브 장. 혹시 너냐?

장 대표 (가방에 넣으며) 챙겨 줘서 고마워. 대신 여긴 내가 살게.

막걸리잔 부딪히는 장 대표와 조진우.

조진우 그 강필승 사건 말이야. 자네 말대로 사건이 정말 희한하던
데. 부동산 브로커가 자기 전 재산 기부하고 지하철 노숙자로
살다가, 산에서 주검으로 발견됐다…

담담하게 술 따르는 장 대표.

조진우 재산 기부는 (장 대표 슬쩍 보며) 어떤 놈이 한 짓인지 짐작이 가
는데, 노숙자가 된 부동산 브로커를 위장 자살로 처리한 게
어떤 새끼들 짓인지가 전혀 감이 안 잡혀. 느낌은 전형적인
꼬리 자르기 같은데.

장 대표 …

조진우 단순 자살로 종결된 거 보면, 수사 라인도 이미 오염됐다고
봐야 돼.

장 대표 꼬리 자른 몸통이 클 수도 있다는 거네.

조진우 (정색하며) 그러니까… 이쯤에서 멈출 생각은 없나?

장 대표 ?

조진우	생각보다 느낌이 너무 안 좋아. 너한테 무슨 일 생기는 거 원치 않아.
장 대표	허허. 뭐래 이 친구가. 장어 다 타. 뒤집어.
조진우	흘려듣지 좀 말고 이 친구야. 다른 사람 도와주는 거 좋아. 다 좋은데. 그건 네가 무탈할 때 얘기지. 너 잘못되면 다른 사람들이 다 무슨 소용이야.

장 대표, 담담한 미소 머금으며 조진우 잔에 술 따라 준다.

장 대표	도와주는 거 아냐.
조진우	…?
장 대표	그냥 인공호흡기 같은 거야. 그거 떼면 스스로 숨을 잘 못 쉬어.
조진우	…
장 대표	다른 이들을 위하는 게 아니라, 내가 숨 쉬고 살고 싶어서 하는 거야. 나를 위해서.

체념 섞인 한숨 내쉬는 조진우, 다 익은 장어를 장 대표 그릇에 놓아 준다.

조진우	혼자 밤길이나 돌아다니지 마. 해코지 당할지도 모르니까.
장 대표	(미소) 그러라지 뭐. 우리도 가만있지만은 않을 거니까.

장 대표의 여유로움에 어이없는 웃음 터트리는 조진우.
술잔 들어 부딪히는 두 사람 위로, '모범택시' 타이틀 뜬다.

S#2.	택시 회사 안. 밤

일반 택시 타고 시동 거는 도기.

누군가 창문을 '똑똑' 두드린다. 장 대표다.

장 대표, 항공 우편물 도기에게 건넨다.

도기	(받으며) 해외 소포네요?
장 대표	코타야에서 보내온 자료들인데, 현장에 있었던 김 군이 먼저
	확인해 봐.
도기	(우편물 수취인 확인하며) 디텍티브 장?
장 대표	(미소) 있어. 아주 유능한 수사관.
도기	…?

S#3.	도기 집 옥상. 밤

옥상에서 철봉 운동 하고 있는 도기.

내려와 땀 닦으며 루틴처럼 단백질 음료 마신다.

온하준, 양손에 편의점 비닐봉지 들고 옥상으로 올라온다.

온하준	도기 형님. 운동 중이셨네요? 이따가 다시 올까요?
도기	아니요, 마무리하는 중이었어요.
온하준	(봉지 들어 보이며) 맥주 좀 사왔는데, 형님한테 고민 상담 받으
	려고요. 시간 괜찮으세요?
도기	…

<시간 경과>

평상에 마주 앉아 맥주 마시는 도기와 온하준.

온하준, 오프너로 새 병맥주 딴다.

| 온하준 | 확실히 여기서 마시니까 느낌이 다르네요. 풍경이 좋아서 그런가? 형님이랑 마셔서 그런가? |

온하준　확실히 여기서 마시니까 느낌이 다르네요. 풍경이 좋아서 그런가? 형님이랑 마셔서 그런가?

도기　그런데 내가 다른 사람 고민 상담할 입장이 아닌데. 할 줄도 <u>모르고.</u>

온하준　그냥… 형님이라면 왠지 답을 알고 계실 것 같아서요.

도기　?

온하준　사실 제가 동생들이 좀 많아요. 그런데 언제부턴가 동생들이 자꾸만 누구한테 얻어맞고 오는 거예요. 한두 번도 아니고.

도기　…

온하준　그래서 제가 화가 나서 혼내 주려고 갔거든요. 그런데 도대체 왜 때리는 건지 이유를 모르겠는 거예요. 앙심이 있는 것도 아니고, 심지어 알던 사이도 아니었어요. 도대체 왜 그럴까요?

도기　(미소) 고민 상담에 제가 도움이 안 될 거 같은데요.

온하준　그래서 친구 하려고요.

도기　?

온하준　친구 하면 알 수 있을까 싶어서요. 형님 생각엔 어떠세요. 그 사람이랑 저랑 친구가 될 수 있을까요?

도기, 맥주 한 모금 마시고 담담하게 내려놓는다.

도기	아니요.
온하준	?
도기	두 사람은 이미 처음부터 친구가 될 수 없는 관계인 거 같은데.
온하준	왜요? 내가 친구 하자고 그러면 된 거 아닌가?
도기	그 사람은 동생들을 계속 때릴 텐데요?
온하준	(미소) 아아. 그건 진짜 곤란한데. (일어나며) 화장실 좀 쓸게요, 형님.

S#4.   도기 집 안. 밤

집 안으로 들어온 온하준, 화장실로 가다가 항공 우편 본다.
발신지 '코타야'

온하준	…

서류들 하나씩 넘겨 보는 온하준.
여러 가지 사진들 중 흐릿한 CCTV 사진 한 장이 나온다.
모자를 푹 눌러쓰고 선글라스를 낀 온하준의 옆모습이다.

온하준	(피식) 이런 걸 또 어디서 구하셨대.

온하준, 표정이 싸해진다.

온하준	우리 도기 형님 선을 쎄게 넘으시네.

도기(E)	화장실 찾는데 오래 걸리네요.

온하준, 돌아보면 현관 앞에 도기가 서 있다.
말없이 마주 보는 온하준과 도기. 날카롭게 부딪히는 두 사람의 눈빛.

온하준	형님, 제가 오늘 왜 이러죠?
도기	?
온하준	중요한 약속이 있었는데 지금 생각난 거 있죠. 형님이랑 한참 재밌게 얘기하고 있었는데.
도기	괜찮아요. 다음에 또 시간 있겠죠.
온하준	죄송해요 형님.

도기 등지고 나가는 온하준, 표정이 차갑게 일그러져 있다.

S#5.	대저택 건물 앞. 낮

밖으로 나오는 박현조.
직원, 세단 뒷문 열며 박현조 기다리는데, 온하준의 택시가 거칠게 들어와 옆에 멈춰 선다.

온하준	타세요, 제가 모셔다드릴게요.
박현조	?
온하준	드릴 말씀도 있고요.

박현조	…

온하준 택시 뒷좌석에 타는 박현조.
대저택 빠져나가는 온하준의 택시.

S#6.   달리는 하준의 택시 안. 낮

도로를 달리는 온하준의 택시.

박현조	할 얘기 있다는 게 뭐야?
온하준	코타야 경찰에서 공문이 왔더라고요.
박현조	…
온하준	역시 현조님은 알고 계셨구나. 근데 왜 저한테 얘기 안 해 주셨어요?
박현조	온 실장이야말로 그 되도 않는 소꿉놀이 언제까지 하고 있을 건데?
온하준	모르시겠어요? 이들이 코타야에서 뭘 찾으려고 하는지? 저예요. 이들은 지금 저를 찾고 있는 거예요.
박현조	…
온하준	현조님도 그걸 모르지 않을 거 같거든요. 다시 한 번 물어볼게요. 왜 얘기 안 해 주셨어요? 혹시 자격지심 때문에?
박현조	뭐? 이 새끼가 돌았나! 교구장님이 오냐오냐 키워 주니까 착각한 모양인데 넌 그냥 집 지키는 개야.
온하준	(웃는) 그런 건 속으로 생각하셔야 되는 거 아니에요?

박현조	경고하는데. 조심해.
온하준	(끄덕끄덕 당차게) 조심!

S#7.　경찰청 앞. 낮

온하준의 택시가 경찰청 입구에 도착한다.
택시에서 내리는 박현조.

온하준	택시비 내셔야죠?
박현조	(무시하고 차 문 닫는) 미친 새끼…

경찰서 안으로 들어가는 박현조.
입구 경찰들과 주변 형사들 일제히 경례한다. '충성', '총경님 나오셨습니까.'
온하준, 박현조 뒷모습 보며 작게 한숨 쉰다.

온하준	아… 세상에 공짜 택시는 없다 그랬는데.

시동 끄고 택시에서 내리는 온하준.

S#8.　총경실. 낮

전화 통화하며 자신의 방으로 들어오는 박현조.

| 박현조 | 어, 조정 내역 오늘까지 올리라고 해. |

박현조, 들어와 문 닫으려는데 누군가 다시 문을 벌컥 연다.
온하준이다.

| 박현조 | (전화 끊고 인상 쓰며) 뭐야 허락도 없이. |

온하준, 박현조의 뒷덜미 잡더니 문에다 냅다 찍는다.
'쾅' 하며 거칠게 닫히는 문.
온하준, 고통스러워하는 박현조를 응접실 탁자 위로 집어 던
진다.
쓰러져 고통스러워하는 박현조.
문밖에서 부하 직원들 인기척이 들린다. '똑똑' 노크 소리.
온하준, 박현조의 머리채 '꽉' 잡고 탁자 위에 찍어 누른다.

온하준	뭐 하세요? 들어오라고 해야죠.
박현조	이봐. 온 실장…
온하준	집 지키는 개한테 물렸는데 빨리 신고하셔야죠.
부하 직원(E)	(다시 노크하며) 총경님 괜찮으십니까?
박현조	(경황없이) 들어오지 마! 괜찮으니까 가서 일 봐.
부하 직원(E)	네. 알겠습니다.

다시 멀어지는 부하 직원들의 인기척.

온하준	이거 봐 봐. 이렇게 지킬 게 많으면서. (빰 톡톡 치며) 살짝만 건 드려도 사방에 깨질 것도 많으신 분이. 경고하는데, 조심해.
박현조	…
온하준	아, 왜 안 해요? 난 아까 하라고 해서 했는데. (살기) 조심하라고.
박현조	…조심.

온하준, 박현조 일으켜 평온하게 옷매무새 정리해 준다.

| 온하준 | (친근한 미소) 앞으로 저에 관한 정보가 들어오면 바로바로 알 려 주세요. 중간에서 판단하지 마시고요. 아셨죠? |
| 박현조 | … |

S#9. 택시 회사 내 공터. 낮
택시 기사들, 동그라미 그려 놓고 동전 던지기 하고 있다.
박 주임, 앞으로 나선다. 바닥에 잡풀 몇 가락 뽑아 허공에 날린다.
바람에 날리는 잡풀들 보다가, 담벼락 앞 동그라미를 매섭게 내려 본다.

| 박 주임(E) | 현재 풍속은 초속 2미터. 오백 원 동전의 무게는 7.7그램. 목표 점까지 거리는 대략 5.5미터에 중력과 내 팔 힘을 고려하면… |

박 주임의 머릿속 계산과 함께 칠판에 판서하듯 복잡한 수식

들이 분필체로 허공에 나타났다 사라진다.

박 주임(E)   (동전 던지며) 전상향 35도!

포물선을 그리며 날아가는 오백 원 동전. 동그라미 선에 걸
친다.
주변 어떤 동전들보다도 동그라미에 가깝다.
일제히 탄성을 지르는 택시 기사들.

서 기사   (떨떠름) 완전 선수네 선수. 아니 동전 던지기를 어떻게 이렇게
잘해.
박 주임   (기분 좋아서) 제가 원래 손 기술이 좋아요. 마지막 행님 던질 차
례지?

난감한 최 주임. 자신이 없다.

최 주임   이번 판은 쉬고 싶은데.
박 주임   안 되지 그건!
최 주임   그렇지… 안 되겠지? 어! 김도기 기사!

최 주임, 지나가는 김도기 붙잡아 세운다.

최 주임   동전 던지기 잘해?
도기   (?) 아뇨.

최 주임	나보단 잘하겠지. (동전 꼭 쥐어 주며) 마지막 동전이야.
도기	저 지금 출근해야 해서.
최 주임	저기 동그라미 안에만 넣어 줘.

성의 없이 동전 '툭' 던지고 돌아서 가는 도기.
포물선을 그리며 날아가는 동전. 동그라미 안에 완벽하게 착
지한다.

최 주임	(환호) 그렇지! 바로 이거지!
박 주임	(손사래) 에이 이건 아니지. 반칙이지 이건.
최 주임	뭐가 아니야?

동전 주우러 가려는 최 주임과 막는 박 주임.

박 주임	이건 행님 동전이 아니라 김도기 기사 동전이지.
최 주임	아니지. 내가 김도기 기사한테 줬으니까 내 동전이지.
박 주임	그렇게 따지면 여기 있는 동전들 전부 택시 손님한테 받았으니까 우리 동전 아니겠네! 전부 손님들 동전이겠네!
최주임	얘가 지금 형한테 목에 핏줄 드러내는 거 봐. 그거랑 이거랑 다르지! (옥신) 어쨌든 저 동전은 다 내 거야.
박 주임	(각신) 행님 거 아니거든.
고은(E)	거기서 뭐해요?

고은, 고개 갸웃하며 두 사람에게 다가온다.

| 최 주임 | 잘 됐다. 고은이 심판! (다짐 받으며) 심판 말에 무조건 승복. |
| 박 주임 | 누가 할 소릴. 고은아 누가 맞는지 심판 좀 봐 줘. |

동그라미 옆에 동전들 보는 고은. 상황 파악 끝났다.

고은	(정색) 근무 시간에 도박하고 있었어요?
최 주임	(어라) 어?
박 주임	(이게 아닌데) 어?

분위기 보고 헛기침하며 자연스레 돌아가는 기사들.

| 고은 | (동전 쓸어 담으며) 도박한 돈 다 압수. |

억울함 가득한 표정으로 그저 보고 있는 박 주임과 최 주임.

S#10.	거리. 낮
	도기. 택시 트렁크에서 노인 손님 가방 꺼내 주고는 다시 택시에 탄다.
	머리에 헤어롤 한 여자 승객(간호사1), 급하게 뛰어와 택시에 탄다.

| 간호사1 | 어떡해. 늦었어. 기사님 제일 착한 병원이요! |

뒷좌석 타자마자 바로 출근 화장 시작하는 간호사1.

택시 미터기 누르고 출발하는 도기.

S#11.   제일 착한 병원 앞. 낮

화단에 알록달록 피어 있는 꽃과 나뭇가지들 앞에 천막이 쳐 져 있다.

'살인자 안영숙', '안영숙 원장은 모든 진실을 밝히고 책임을 져라', '안영숙 원장은 감옥에 가라!' 붉은색으로 휘갈겨 쓴 푯말이 벌거벗은 마네킹에 주렁주렁 걸려 있다.

천막 지퍼 열고 50대 중반의 덥수룩한 수염. 찌든 때가 배인 옷차림의 남자(한재덕)가 부스스한 모습으로 나온다.

열린 천막 내부에는 빈 소주병들과 먹다 남은 라면, 흉기들이 잔뜩 담긴 공구 통도 보인다.

갓길에 멈춰 서는 도기 택시. 간호사1, 택시비 계산하고 내린다.

병원으로 들어와 전용 주차장에 차 세우고 내리는 안 원장.

원무 부장과 보안 직원들, 마중 나와 인사한다.

한재덕, 안 원장 내리는 모습 확인하고는 확성기 손에 쥔 채 목 풀고는.

한재덕   (걸걸한 목소리) 살인자 안영숙 원장은 모든 진실을 밝혀라!

출발하려다 말고 한재덕 돌아보는 도기.

도기	?

시위하는 한재덕 돌아보는 안 원장, 외면하며 출근하는데.
간호사1, 다른 간호사들과 만나 함께 수다 떨며 안 원장 뒤따
라 출근한다.

간호사1	출근할 때마다 시끄러워 죽겠어. 진짜 어떻게 좀 해야 되는 거 아냐?
간호사2	난 소음은 참겠는데, 냄새가 너무 나. 미치겠어.
간호사1	내가 가서 한마디 해 볼까? 그만 좀 해 달라고.
간호사2	그러지마. 천막 안에 흉기들도 잔뜩 있다잖아.
한재덕	(고래고래) 안영숙 원장은 사람 죽이는 수술을 즉시 중단하라!
간호사1	깡패야 뭐야. 최악이다 진짜.

병원 안으로 들어가려다가 멈춰 서는 안 원장. 한재덕에게 간다.
마네킹을 사이에 두고 마주 서는 안 원장과 한재덕.
안 원장, 지갑에서 오만 원짜리 하나 꺼내 한재덕에게 내민다.

한재덕	뭐야 이건.
안 원장	식사도 안 하신 거 같은데. 가셔서 식사도 하시고, 사우나도 좀 하는 게 어떻겠습니까.
한재덕	누굴 거지로 아나. 이딴 거 필요 없어!

안 원장의 손 '탁' 치는 한재덕. 오만 원짜리 바닥에 떨어진다.

원무 부장	무슨 짓이에요! 사람 호의를 무시해도 유분수지.
한재덕	호의? (인상 확) 사람 다 죽여 놓고 호의!
원무 부장	그 부분은 이미 재판에서 무죄로 결론 나지 않았습니까?
한재덕	당신들이 거짓말해서 그런 거 아냐!
원무 부장	누가 거짓말을 해요! 아니 그럼 증거를 보여 주시던가.

감정이 점점 격해지는 원무 부장 저지하는 안 원장.

안 원장	시위하시는 건 좋은데, 여기 오고 가는 사람들도 많고 환자분들도 계시는데. 확성기만이라도 자제해 주시면 안 되겠습니까.
한재덕	흥. 누구 좋으라고!
안 원장	한수련 양 일은 저에게도 정말 불행한 사건입니다. 하지만 어쩔 수 없이 일어나는 일도 있습니다.
한재덕	지랄하지 마! 네가 한 짓이잖아!
안 원장	제가 안 했다는 게 아니라…

뭔가 더 설명하려다 포기하는 안 원장. 깊은 한숨 내쉬며 씁쓸한 표정으로 돌아서 간다.
원무 부장, 노골적으로 감정 드러내며 한재덕 노려본다.

원무 부장	안영숙 원장은 사람 죽이는 수술 즉각 중단하라? 원장님이 정말 수술 중단하면 누가 손해일 거 같은데. 원장님이 하루에 수술을 몇 건이나 진행하는지 당신이 알아?

한재덕	다 한통속인 거 내가 모를 줄 알아? 결국 진실은 밝혀질 거다.
원무 부장	그 진실 우리 승소로 벌써 밝혀졌어 이 사람아! 원장님이 사람이 좋아 망정이지. 의사가 사람 죽이려고 수술해? 살리려고 하는 거 아냐!
한재덕	…
원무 부장	우리 원장님이 죄가 있다면 당신 같은 부류들까지 다 받아주면서 열심히 수술한 죄밖에 없어. 조작한 적도 없고. 숨길 것도 더더욱 없어!

한재덕, 원무 부장의 멱살 잡는다.

| 한재덕 | 조작도 없고, 숨긴 것도 없다고? 웃기지 마. |
| 원 무부장 | 이러면 폭행인데, 괜찮겠어? 집행 유예 기간이라 들었는데. |

원무 부장의 말에 거칠게 멱살 놓는 한재덕. 화를 못 이겨 괴성 지르며 간다.
택시 안에서 물끄러미 보고 있는 도기.

| 도기 | … |

뒤차가 경적음 울린다.
무심히 병원 떠나는 도기.

S#12.	무지개 택시 회사 / 총경실. 낮
	주차장으로 들어오고 있는 온하준의 택시.
	온하준, 총경실에 박현조와 전화 통화 중이다.

박현조	코타야 쪽에 공문 요청한 자가 우리 경찰 데이터에는 없었어.
온하준	우편물 수취한 사람은 있을 텐데요.
박현조	우편물은 검찰청으로 갔어. 그런데 수취인은 거기 없는 사람이야.
온하준	그러니까 정리해 보자면, 존재하지도 않는 한국의 디텍티브 장이라는 형사가, 있지도 않은 검사실로 우편을 보내서 택시 기사가 받아 봤다? (웃는) 현조님 말대로 이제 소꿉놀이 그만 해야 되겠다.
박현조	실체 파악이 쉽지가 않아.
온하준	실체가 더 있는지 수면 위로 끌어올려 보면 알겠죠.
박현조	수면 위로 어떻게. 수사 구실도 마땅히 없는데.
온하준	현조님 방식 말고요.

주차장 지나가는 고은과 박 주임, 최 주임.
최 주임, 운전석에 온하준 보며 밥 먹으러 가자고 손짓한다.
배부르다는 제스처 보내는 온하준.
최 주임, 고개 끄덕이며 일행들에게 간다.
온하준, 물끄러미 택시 멤버들 본다.

온하준	(옅은 미소 머금으며) 저들의 방식으로요.

온하준의 옅은 미소가 서늘하다.

S#13. 갓길. 밤
        술 취해 비틀거리며 인도 걸어가는 한재덕. 마주 오는 행인들
        과 어깨 부딪히며 갓길로 '철퍼덕' 넘어진다.
        들고 있던 봉지 안에 붕어빵이 길바닥에 쏟아진다.

한재덕   야! 눈을 어따 두고 다녀!

        행인들, 그냥 무시하고 간다.

한재덕   사람을 쳤으면 사과를 해야지 새끼들이. 이번엔 내가 봐준다.
        운 좋은 줄 알아.

        횡설수설하며 갓길에 앉아 흙 묻은 붕어빵들 주워 담는 한재
        덕, 인도 난간에 붙어 있는 스티커가 눈에 들어온다. (갓길에 주
        저앉아야만 볼 수 있는 위치)
        '사람 찾아 드림', '장기이식, 매매' 전단지들 사이에 모범택시
        스티커 떼서 보는 한재덕. '죽지 말고 전화하세요. 대신 해결
        해 드립니다. 080-XXX-XXX'

한재덕   …?

한재덕, 뒷면 돌려본다. '우리는 당신의 억울함을 듣고 싶습니다.'

고개 갸웃하며 스티커 보는 한재덕.

S#14.   장 대표실. 밤

텅 빈 사무실에 울리는 전화벨 소리.

누군가의 손이 책상 서랍을 연다.

옛날 다이얼식 전화기가 따르릉 울리고 있다.

수화기를 들어 전화 받는 장 대표.

장 대표   …지금 어디 계십니까.

S#15.   허름한 골목길 초입. 밤

모범택시 한 대가 골목길로 천천히 들어온다.

길가에 서 있는 한재덕의 앞에 멈춰 서는 택시.

뒷문이 '딸깍' 열린다. 택시에 타는 한재덕.

도기   얘기해 주시겠습니까? 무슨 일이 있었는지.

한재덕   …

S#16.   지하 정비실. 낮

정비실에 모여 있는 택시 멤버들.
다들 뭔가 선뜻 대답하지 못하고 서로서로 눈치 살핀다.
장 대표와 도기 역시, 고민이 많아 보인다.

도기	음…
장 대표	크흠…
고은	(헛기침) 어째 쫌… 음… 의료 사고라…
박 주임	솔직히 난 좀… 헷갈리는데?
최 주임	뭐가 헷갈려? 어쨌거나 수술 받은 건 사실이잖아.
도기	…

S#17.   제일 착한 병원 수술실 앞. 낮. 과거
이동형 침대에 누워 수술실 앞으로 오는 수련.
한재덕, 옆으로 와 수련 손잡아 준다.

한재덕	다행히 원장님이 직접 수술 해주신대! TV에도 많이 나오시고 유명한 분이야. 우리 딸 하나도 걱정할 필요 없어. 알았지?
한수련	(끄덕끄덕)
한재덕	이 수술은 수술 축에도 못 낀대. 몇 시간이면 다 끝나고 당일 퇴원도 할 수 있다니까 걱정하지 마.

수술실 문이 열리며 수술복 차림의 안 원장과 수술실 간호사
가 나온다.

안 원장	수술 시간은 대략 세 시간 정도 걸릴 겁니다.
한재덕	…?
안 원장	왜 그러시죠?
한재덕	아닙니다. (허리 숙여 인사하며) 잘 부탁드리겠습니다.

안 원장, 가볍게 인사하고는 다시 수술실로 들어간다.
간호사들, 수련 침대 끌고 안으로 들어간다. 수술 중 램프에
불이 들어온다.
대기실 의자에 앉는 한재덕, 벌써부터 긴장된다.

<시간 경과>
두 손 가지런히 모은 채 초조하게 왔다 갔다 하는 한재덕.
간호사 하나가 작은 혈액 가방 들고서 수술실로 들어간다.

| 한재덕 | …? |

한재덕, 붙잡고 물어보고 싶지만 차마 그럴 순 없고, 불안감
만 더 쌓인다.
수술 중 램프에 불이 꺼진다. 일어나 수술실 문 앞으로 오는
한재덕.
침대에 누워 잠들어 있는 수련과 안 원장이 수술실에서 나
온다.

| 안 원장 | (미소) 한수련 환자 수술은 잘 끝났습니다. |

한재덕	(십년감수) 아이고… 감사합니다.
안 원장	회복실에 있다가 마취 깨어나면 일반 병동으로 옮길 겁니다.
한재덕	감사합니다. 선생님.

다시 마스크 쓰며 수술실로 들어가는 안 원장.
회복실로 가는 수련을 대견스레 보며 따라가는 한재덕. 밝게
웃는다.

S#18.   택시 회사 외부 경리실. 낮

경리실에 앉아 생각에 잠긴 고은.
창문이 '솨' 열리며 기름때 묻은 최 주임 얼굴이 '쑥' 들어온다.

최 주임	근데 말이야.
고은	깜짝이야.
최 주임	그 뒤로 한수련이 안 깨어났잖아. 하나밖에 없는 딸이 안 깨어나는데 누가 화를 안 내겠어. 화나지. 안 그래?

S#19.   병원 원장실 앞. 낮. 과거

막무가내 원장실로 들어가려는 한재덕과 막아서는 원무 부장과 담당자.

| 원무 부장 | 아, 원장님 지금 안에 안 계시다니까요! |

한재덕	안에 있는 거 알아! 내가 원장님을 좀 만나야 한다니까!
담당자	글쎄 보호자 분 이제 나랑 얘기하면 된다니까! 내가 의료 배상 공제 담당자예요. 원장님이 보험 들어 놓으셔서 보험금 다 나옵니다!
한재덕	(멱살 잡으며) 지금 누가 보험금 때문에 이래? 우리 딸한테 대체 무슨 짓을 했냐고!
원무 부장	(협박하듯) 이러시면 영업 방해로 경찰 부릅니다!
한재덕	비켜! 당장 비키라고! 그날 수술실에서 도대체 무슨 일이 있었는지 내가 다 알아야겠어!

점점 더 격하게 몸싸움 벌이는 한재덕과 남자들.

S#20.   택시 회사 외부 경리실. 낮

창문이 '솩' 열리며 기름때 묻은 박주임 얼굴이 '쑥' 들어온다.

박 주임	아니 그건 재판에서 이미 다 밝혀졌잖아.
고은	(깜짝. 짜증) 아 좀! 돌아가면서 왜 그래요!

S#21.   재판정. 낮. 과거

병원 측 변호인이 각종 증거물을 제출하고 있다.

변호인	마취 기록지와 수술 기록지, 간호 차트 내용으로 보아 수술 당

시 모든 의료 행위는 적법한 절차에 따라 이뤄졌음을 알 수 있습니다.

한재덕　　(벌떡 일어나) 분명히 안영숙 원장한테서 술 냄새가 났었어요!

변호인　　증거가 있습니까?

한재덕　　제가 그 술 냄새를 맡았었습니다. 정말입니다!

변호인　　누구 술 냄새 말입니까?

한재덕　　?

변호인　　주변 사람들 증언으로는 원고가 항상 술에 취해 있었다고 하던데요.

한재덕　　(머뭇) 그건…

변호인　　(무시하고) 제출한 증거들에서 볼 수 있듯, 수술을 성공적으로 마친 환자가 이후 마취 상태가 풀리지 않은 점으로 봤을 때, 의식 불명의 원인이 환자 체질에 의한 마취 부작용임을 쉽게 추정할 수 있습니다. 만 명 중 한 명꼴로 발생하는 이 마취 부작용은 사람의 힘으론 아직 어찌 할 수 없는 안타까운 의료 사고 중 하나입니다.

판사, 작게 고개 끄덕이며 서류 넘겨 보고 있다.
반대편에 앉아 있는 안영숙, 무거운 표정으로 앉아 있다.
판사, 판결문을 담담히 읽어 내려가고 있다.

판사　　　원고 측이 요구한 수술실 앞 CCTV 영상은 현재 포맷되어 자료를 볼 수는 없지만, 그 보존이 의무가 아닌 점, 그리고 이미 몇 년 전부터 정기적으로 포맷을 시행했던 점으로 보아, 영상

자료가 없다는 단순 사실만으로 은폐나 조작을 위한 것이라 볼 수 없다.

한재덕   …

절망스럽게 고개 떨구는 한재덕.

판사   원고의 청구를 기각한다.

변호사와 악수 나누며 일어나는 안영숙. 무거운 표정으로 한재덕 보다가 법정 빠져나간다.
천천히 고개 드는 한재덕, 분노 어린 표정이다.

S#22.   지하 정비실. 낮
             녹음기가 '딸깍' 꺼진다.
             택시 멤버들, 여전히 고민 많은 표정들이다.

고은   피해자는 있는데 정작 가해자는 없고. 참 희한하네요.
장 대표   피해자는 있지만 가해자는 없는 대표적인 두 곳이 바로 군대랑 병원이야. 그만큼 진실을 밝혀내기가 어렵다는 거지.
도기   입증 책임은 의뢰인에게 있고 모든 증거는 병원에 있으니까요. 병원에서 협조해 주지 않으면 별다른 도리가 없죠.

고개 끄덕이는 멤버들.

도기	안영숙 원장은 어떤 사람이죠?
고은	(태블릿 화면 보며) 백문이 불여일견. 만나러 가 볼래요? 여기서 멀지 않은 곳에 있는데.
도기	…?

S#23.   달동네. 낮

오르막길 중간에 멈춰 서는 도기의 모범택시.
방송 카메라를 든 몇 사람이 낡은 집 앞에 서 있다.

고은(E)	찾았어요? 그 근처에 있을 텐데.

자원봉사 조끼를 입은 안 원장과 의료진들이 낡은 집에서 나온다.
택시에서 내리지 않고 지켜보고 있는 도기.

고은(E)	주말마다 그 구역 전체 독거노인 분들 대상으로 무료 진료 대장정을 진행 중이래요. 그 동네가 아니라 그 행정 구역 전체를. 대단하죠?
도기	…그 외에 다른 건요.
고은(E)	수술 많이 하는 의사로 유명하고요. 각 지역 구청이랑 업무 협약 맺고 마을 복지 센터 주치의도 하고 있고, 그 외에 의과대학 외래 교수, 보험사 교통사고 자문 위원, 의료 분쟁 조정 협의회 위원 등등 하는 일이 엄청 많아요.

할머니, 안 원장에게 연신 고개 숙여 인사한다.

카메라가 신경 쓰이는 안 원장, 할머니 다독여 주며 집안으로 들여보내고는.

안 원장   이분들이 불편해 하십니다. 여기선 촬영 안 하셨으면 좋겠습니다.

기자들, 순순히 카메라 내려놓는다.

안 원장   협조해 주셔서 감사합니다. (봉사단들 보며) 이쪽 동네는 다 된 거 같고 다음 동네로 이동할까요?

안 원장과 봉사단들, 봉고차에 타는데, 안 원장의 핸드폰이 울린다.

안 원장   (받으며) 네… 아, 그게 오늘입니까? 죄송합니다. 제가 그만 깜빡하고, 바로 다시 전화 드리겠습니다. (전화 끊으며) 제가 인터뷰 잡혀 있는 걸 깜빡했습니다. 오늘은 여기까지 하는 걸로 하고 (봉사 단장에게 봉투 하나 주며) 식사들 하고 가세요.

봉사 단장   아닙니다, 원장님. 밥은 저희 돈으로 먹겠습니다. 원장님도 돈 한 푼 안 받고 하시는 일인데.

안 원장   (봉투 쥐어 주며) 얼마 안 됩니다. 밥값에 보태세요. 수고하셨습니다.

안 원장, 골목길 내려오다가 도기 택시 발견하고 바로 손 흔들며 부른다.

도기   고은 씨 말 대로 됐네요. 백문이 불여일견.

고은(E)   거 봐요. 내 말 들으니까 자다가도 떡이 나오죠?

미소 짓는 도기. 선글라스 끼고 시동 건다.
도기의 택시가 안 원장 앞으로 가 멈춰 선다.

안 원장   (택시 타며) 라디오 좀 틉시다.

S#24.   달리는 모범택시 안. 낮
             뒷자리에 안 원장, 전화로 인터뷰하고 있다.

MC   그 지역 노인 분들 사이에선 안영숙 원장님을 일컬어 달동네 슈바이처라고 부르다면서요. 별명 마음에 드세요?

안 원장   저 혼자 하는 것도 아니고 다른 자원봉사 하시는 분들과 마음을 모아 함께 하는 일입니다. 그분들이 정말 칭찬 받아 마땅하신 분들입니다.

MC   진료하랴, 수술하랴, 방송 출연에 봉사 활동까지 정말 강철 체력이신데요. 달동네 봉사활동은 언제까지 하실 계획인가요?

안 원장   계획이랄 게 있나요. 그냥 힘닿는 데까지 해야죠.

MC   말씀만 들어도 믿음이 가시죠? 지금까지 달동네 슈바이처.

제일 착한 병원의 안영숙 원장님 만나 봤습니다. 바쁘신데 인
터뷰 감사합니다.

안 원장 네. 감사합니다.

전화 끊는 안 원장, 등받이에 기대 지그시 눈 감는다.
도기, 백미러 조정하며 안 원장 얼굴에 맞춘다.

도기 본의 아니게 전화 내용을 들었는데, 좋은 일 많이 하시네요.
손님으로 모시게 돼 영광입니다.

안 원장 …

도기 그런데 얼마 전에 그 병원 가는 손님 태우고 한 번 간 적이 있
는데, 병원 앞에서 누가 1인 시위를 하고 있던데요?

안 원장 (다시 스르르 눈 뜨는)

도기 무슨 진실을 밝히라 그러면서 소리 지르고. 너무 시끄럽던데.

안 원장 기사님. 조용히 갔으면 싶은데요.

도기 죄송합니다. 제가 눈치도 없이. 조용히 가겠습니다.

안 원장 (다시 눈 감고 잠 청하며)

S#25. 제일 착한 병원 앞. 낮
병원 정문 앞에 멈춰 서는 택시.
신용카드 꺼내다가 바닥에 떨어트리는 안 원장, 다시 주워서
도기에게 건네고는 자기 손 주무른다.

도기   카드 받았습니다.

               도기, 리더기에 카드를 '쇠악' 긁으면.

               인서트 이미지
               데이터가 리더기 내부 회로를 타고 안으로 들어가며, 컴퓨터
               본체 회로를 타고 들어와 모니터에 '촤르륵' 뜨는 안 원장의
               신용카드 승인 거래 내역들.

S#26.   지하 정비실 안. 낮
               빠르게 타이핑하는 고은.
               손끝으로 모니터에 승인 내역들 잡아서 옆 모니터로 '휙' 넘
               겨 버리면 지도가 떠 있는 모니터 위에 카드 사용 장소들이
               일일이 붉은 점으로 찍힌다.
               반복적으로 붉은 점이 찍히는 장소가 특정되며 지도 위에 안
               원장의 '핫플레이스 TOP5'가 깜빡인다.

고은   (고개 갸웃) 의뢰인이 말한 대로 수술실 앞에서도 술 냄새 풍길
               정도면 술을 아주 좋아한다는 거잖아요.
도기(E)   그런데요?
고은   자주 가는 곳 대부분이 커피숍, 밥집이에요 술집은 하나도 없
               는데요.

S#27.　　　　병동 복도 / 병실 안. 낮

안 원장, 병실 회진 돌고 있다. 환자들이 다들 안 원장에게 호의적이다.
침대에 걸터앉아 있는 박 노인 진료하는 안 원장.

안 원장　　수술 부위는 어떠세요?
박 노인　　원장님이 해 주신 건데 아프면 안 돼죠.

안 원장, 박 노인의 상태 관찰하며 수기 차트에 기록한다.

박 노인　　가족 하나 없는 저한테 돈 한 푼 안 받으시고, 치료도 해 주시고…
안 원장　　식사 꾸준히 하시고 푹 안정 취하세요. 술은 절대 입에 대지 마시고.
박 노인　　제가 계속 받기만 해서 (음료수 한 통 주며) 드릴 게 이거밖에 없어서 죄송합니다.
안 원장　　아니에요. 괜찮습니다. 환자 분 드세요.
박 노인　　저도 뭐하나 드리고 싶어서 그래요. 손 부끄럽습니다. 받아 주세요.

기분 좋은 실랑이 벌이다가 결국 받아 드는 안 원장.
그 모습을 흐뭇하게 보고 있는 주변 의료진과 환자들.
양복 입은 남자 한 명(공 과장), 다가와 안 원장에게 인사한다.

공 과장	주문하신 의료 기기들은 다 세팅해 놨습니다. 원장님.
안 원장	그래요. 수고 많았어요.

꾸벅 인사하고 가는 공 과장.

간호사1	(나가며 생각난 듯) 맞아. 원무 부장님 이번에 새 차 뽑으셨다면서요?
원무 부장	원장님이 챙겨 주신 덕분이지 뭐. (안 원장 보며) 감사합니다. 원장님.
안 원장	(미소) 챙겨 주긴요. 부장님이 알뜰하게 생활한 거죠.

화기애애한 분위기의 의료진들.
도기, 생각 많은 표정으로 복도 벽에 기대서서 보고 있다.

고은	(의아한) 칭찬과 존경을 한 몸에 받고 있는 저 훈훈한 풍경은 뭐죠? 의뢰인이 거짓말한 건가?
도기	…

S#28.	지하 정비실. 낮
	지하 정비실에 모여 있는 멤버들.

박 주임	음… 역시… 헷갈려.
최 주임	헷갈려? 넌 의뢰인이 거짓말하고 있다고 생각하는 거야, 지금?

박 주임	그런 뜻이 아니잖아 행님.
최 주임	그렇지 아니지. 근데 나도 사실 잘 모르겠어.
장 대표	수술이라는 게 사실 그래. 생명의 경계 지점에서 때론 그 생명을 지키기 위해서 위험한 시도도 불사해야 할 때도 있고. 김 군 자네 생각은 어때?
도기	이 일이 실수에 의한 단순 사고인지 아니면 의료 과실에 의한 사건인지. 저도 아직 구별이 안 가요.
고은	만약 실수나 불운이라면 우리가 의뢰 받는 게 맞아요?
도기	…
장 대표	아무래도 이번 의뢰는 받지 않는 게 좋겠어. 다들 어떻게 생각해?

멤버들, 장 대표 얘기에 다들 수긍하며 고개 끄덕인다. '네.', '알겠습니다.'
도기, 고민스럽지만 고개 끄덕인다.

도기	…

S#29.   택시 회사 안. 낮

주머니에서 동전 꺼내며 커피 자판기 앞으로 오는 도기. 고민 많은 표정이다.

천변(E)	저기 초면에 죄송하지만. 동전 하나 빌릴 수 있을까요?

천지훈 변호사, 커피 자판기 앞에서 주머니 뒤지며 서 있다.

도기   …

커피 뽑아서 천변에게 건네는 도기.

천변   감사합니다. (한 모금 마시고) 여기 커피도 프리마랑 설탕 인심
           이 아주 좋군요.
도기   ?
천변   맛있다는 뜻입니다. (호탕한 웃음) 허허허허.

자판기 버튼 누르는 도기.
천변. 도기가 들고 있는 소송 기록 슬쩍 본다.

천변   소송 기록이네요? 본인 겁니까?
도기   ?
천변   (명함 건네며) 변호삽니다.

명함 보는 도기. '천지훈 변호사', '수임료 천 원' 적혀 있다.

천변   커피도 얻어 마셨는데 답례를 하고 싶어서요. 갖고 계신 자료
           들 한 번 봐도 될까요? 답을 찾는 그쪽한테 최소한 손해는 안
           될 테니까요?
도기   제가 왜 답을 찾고 있다 생각하시죠?

천변	(도리도리) 생각한 거 아니에요. 그쪽이 아까부터 내내 답 안 나오는 표정을 하고 있는 게 보여서 그래요.
도기	여긴 어떻게 오셨습니까?
천변	분실물 찾으러 왔습니다. 택시에 가방을 깜빡 놓고 내려서요. 그런데 제가 분실물보다 먼저 왔네요. 기다리는 중입니다. 허허허허.

자판기 커피 뽑아 드는 도기. 문득 자기 손 본다. 들고 있던 서류가 없다.
도기, 돌아보면.
천변, 이미 서류 마지막 페이지를 훑어보고는 '탁' 덮는다.

천변	흠… 참 쉽지 않네요.
도기	…?
천변	이런 경우 해당 의료인이 잘못했다는 걸 소를 제기한 당사자가 증명해야 하는데, 모든 기록은 상대방에게 있고 그 상대방은 불리한 정보를 결코 쉽게 주지 않을 테니까요. 시작부터 불리한 게임이죠.
도기	(무덤덤) 조언 감사합니다.

도기, 천변 옆에 놓인 소송 기록 집어 들려는데, 다시 파일 펼쳐 보는 천변.

| 천변 | 그런데 읽어보면서 시작부터 불리한 게 또 하나 있더군요. |

도기	?
천변	(파일 들어 보며) 이 사람은 처음부터… 자기편이 하나도 없었구나.
도기	…
천변	각종 소음으로 가득한 공사장에서 십수 년 일하다 보니 자연스레 목소리가 크고 투박해졌을 테고, 일반인인 우리가 듣기에는 공격적으로 들렸겠죠. 직장인의 서류 가방과 달리, 이 사람의 출퇴근 가방엔 각종 흉기들로 가득했을 테니 더더욱 위협적으로 보였을 테지요. 깔끔하면 착해 보이고. 지저분하면 못돼 보이죠.
도기	…
천변	일상이 고단하고 일터가 전쟁터인 사람들이 세련된 언어를 구사하지 않는다고 해서, 그걸로 그 사람의 가치를 판단해선 안 되죠.
도기	…
천변	아까부터 느끼고는 있었지만 참 과묵한 스타일이네요? 알고 있어요? 아까부터 쭉 계속 나만 얘기하고 있다는 거.
도기	(파일 건네받는) 귀담아 들을 만한 얘기여서 경청하고 있었습니다.
천변	택시 운행하다 보면 승객 분들의 고단한 인생 얘기도 주거니 받거니 하시겠네요?
도기	아무래도. 택시니까요.
천변	혹 다음에 다시 만나게 되면 그 부분에 대한 얘길 나눠 보면 어떨까요? 특히 법의 도움을 받아야 되는 일이라거나 아니면

	법으로도 해결이 안 될 거 같은 승객 위주로 말이죠.
도기	(미소) 소개시켜 달라는 말로 들리네요.
천변	역시 눈치가 빠르시군요. 소개의 대가로 제가 받는 수임료의 절반을 드리겠습니다.
도기	(명함 보이며) 수임료가 천 원이라고 적혀 있는데요.
천변	열 개에서 한 개 나눠 주기는 쉬워도, 한 개에서 절반 나눠 주는 건 아주 어려운 거죠. (미소) 제가 지금 그걸 제안 드린 겁니다. 허허허허.
도기	(미소) 생각해 보죠.
천변	(선글라스 끼며) 잘 생각해 봤으면 좋겠네요.

천변, 도기 어깨 '툭툭' 치고는 기분 좋게 떠난다.
물끄러미 보고 있는 도기, 입가에 미소가 지어진다.

도기	…

S#30.　　달리는 차 안. 낮

도로를 달리는 도기의 영업용 택시. 신호등에 걸린다.
운전석에 도기, 여전히 마음이 무겁다.
'빈 차' 등 끄고 유턴해 가는 도기.

S#31.　　제일 착한 병원 앞. 낮

텅 빈 시위용 천막 앞에 멈춰 서는 도기, 착잡한 표정이다.
한재덕이 1인 시위하던 바로 그 자리다.
도기, 화단 앞에 서서 주변을 둘러본다.
현수막 걸이에 병원 홍보용 플랜카드가 걸려 있다.
'가족처럼 여러분을 모시겠습니다.'

도기   …

도기, 갓길에 서서 비틀거리며 다른 택시 잡아타는 한재덕이
보인다.

도기   …?

S#31-1.   노점상 앞. 낮
             붕어빵을 종이봉투에 담고 있는 붕어빵 장수.

한재덕   (빤히 보며) 만들어 놓은 거 말고, 갓 구운 걸로 좀 줘요.
장수   매번 그 말씀 하셔서 일부러 골라서 담고 있어요.

             붕어빵 장수, 종이봉투를 검은 봉지에 담아 건네준다.
             검은 봉지 받아 드는 한재덕.

S#32.   대학병원 중환자실 앞. 낮

중환자실 앞으로 비틀거리며 걸어오는 한재덕. 손에 검은 봉
지도 덜렁인다.
주변 사람들, 코 막으며 한재덕을 피한다. '아우 술 냄새.'
도기, 기둥 옆에 서서 말없이 한재덕을 보고 있다.
직원1, 한숨 쉬며 한재덕에게 다가온다.

직원1   술 드시고 병원 오시면 안 된다고 몇 번을 말씀드립니까.
한재덕   죄송하게 됐수다.

복도 대기 의자에 털썩 앉는 한재덕.

직원1   이런 말씀만 드리게 돼서 죄송하지만. 이번에도 병원비가 미
납되면 저희도 더는 어렵습니다.
한재덕   (듣는 둥 마는 둥) 지금 여기서 나가면, 더 받아 줄 곳도 없습니다.

직원1, 더 독촉하려다 답답한 한숨 쉬며 가 버리면, 유리창
너머 중환자실 침대에 혼수상태인 수련이 보인다.
수련이를 물끄러미 보고 있는 한재덕.

S#33.   육상 경기장. 낮. 과거
육상 훈련 중인 한수련, 달리다가 넘어진다.
관중석에서 보고 있던 한재덕, 연장통 들고 수련에게 간다.

절뚝거리며 트랙에서 빠져나오는 한수련. 스포츠 가방에 짐 챙긴다.

한재덕	(다가와 검은 봉지 내밀며) 다 끝났어?
한수련	와 붕어빵이다! (검은 봉지 안에 붕어빵 꺼내 먹으며) 근데 아빠 오늘 못 온다고 했었잖아.
한재덕	취소했어. 우리 딸 보려고.
한수련	(연장통 보는) 취소당했네 뭐.

기분 좋게 '허허' 웃는 한재덕.

S#34.   달리는 차 안. 낮. 과거
'목수, 미장, 마감, 배관 수리' 문구가 붙은 낡은 트럭 운전하고 있는 한재덕. 한수련, 조수석에 앉아 검은 봉지에 붕어빵 먹고 있다.

한재덕	아빠가 알아봤는데 몸 관리만 잘하면 6개월 안에도 재활 끝난다더라.
한수련	나 괜찮아.
한재덕	아니야, 너 안 괜찮아. 수술해야 돼. 하자.
한수련	(내키지 않는) 그냥 물리 치료 더 잘 받으면 되지 않을까?
한재덕	의사 선생님도 미룰수록 큰 병 된다고 하셨어. 너 아까 보니까 이미 충분히 미룰 만큼 미룬 거 같고.

한수련	수술… 좀 무서운데.
한재덕	재활하는 동안 면허증도 따고 아빠 태워서 여행도 가고.
한수련	그럴까? 운전면허 따서 아빠랑 자주 가던 동해 바닷가도 가고 억새풀밭도 가고 그럴까? 내가 아빠 태우고.
한재덕	이야. 벌써부터 기분 좋다!

웃음 터트리는 수련과 한재덕.

S#35.   **중환자실 안. 낮. 다시 현재**
중환자실에 누워 있는 한수련.
수련이가 깨어나면 주려는 듯, 검은 봉지에 붕어빵 밖으로 꺼내 놓는 한재덕.
벽에 기댄 채 하염없이 수련이만 바라보고 있다.
두 눈에 어느새 눈물이 차올라 있다.
기둥 옆에서 그 모습 보고 있는 도기.

도기	…

중환자실 안에 수련 돌아보는 도기. 조용히 나간다.

S#36.   **제일 착한 병원 앞. 낮**
고은, 제일 착한 병원 간판 올려다보며 가방 고쳐 멘다.

| 고은 | (끄덕끄덕) 그래 맞아. 헷갈릴 만해. 헷갈릴 수밖에 없어. |

성큼성큼 병원 안으로 들어가는 고은.

S#37.   제일 착한 병원 화장실. 낮
청소복 복장으로 밖으로 나오는 고은. 핸드폰 꺼내 전화한다.

도기(E)	네. 고은 씨.
고은	내가 서프라이즈 선물 하나 줄게요.
도기(E)	선물이요? 뭔데요?
고은	미리 말해 주면 서프라이즈가 아니죠.

전화 끊고 호기롭게 계단 내려가는 고은.

S#38.   병원 지하 방제실. 낮
내부 인트라넷 단자함 여는 고은.

| 고은 | 그래. 다들 찝찝한 이때. 내가 해결해 줘야 하지 않겠어? |

고은, 단자함 잭에 USB 연결한다.

| 고은 | (손 탁탁 털고) 뭐 어려운 거라고. |

고은, 손 '탁탁' 털고 돌아서 나오는데, 박 주임과 최 주임이 '훅' 들어온다.
서로 '으악' 놀라는 고은, 박 주임, 최 주임. 세 명 모두 청소 용역 복장이다.

박 주임   고은이가 여기 웬일이야?

고은   (울컥) 깜짝 놀랐잖아요! 여긴 왜 왔어요?

최 주임   뭐… 이심전심?

S#39.   콜 밴 안. 낮

자판 당겨 와 해킹 시작하는 고은. 코피코 사탕 꺼내 하나 먹는다.

고은   (어깨 풀고 손 탁탁 털며) 와. 잠이 확 깨네.

최 주임   어쨌거나 의뢰인은 지금 사건과 사고 사이에 갇힌 상태잖아.

박 주임   내 말이. 뭐라도 찾아내면 어떤 쪽으로든 도움이 되지 않겠어?

고은   (빙긋 웃으며 끄덕끄덕) 내 생각도요. 보고만 있는 건 예의가 아니죠.

고은, 모든 경우의 수를 입력시키며 빠르게 패스워드를 찾아낸다.
옆에서 구경하고 있는 박 주임과 최 주임, 잔뜩 기대 중이다.

최 주임	(감탄) 고은이 손 봐 봐. 손가락이 안 보여.
고은	다들 확실한 뭔가를 원하신다면, 찾아 드리는 게 인지상정! 안 그래요?
박 주임	(잔뜩 기대) 맞아! 원해요. 원해요!
최 주임	찾아 줘. 찾아 줘!

패스워드가 일치되자, 병원 내부 프로그램으로 들어가는 고은.
설정 화면에 병원 보안 감시 기능이 ON에서 OFF로 바뀐다.
고은, 엔터키를 누르면 병원 내부 CCTV 화면들이 모니터 하나에 잘게 쪼개지며 실시간으로 뜬다.
박 주임과 최 주임, 자기들끼리 하이파이브 하며 기대감 드높인다.
옆 모니터에도 차례로 병원 진료 기록 프로그램, 원무 행정 프로그램, 직원 출퇴근 기록 화면까지 화면에 뜬다.
새로운 게 뜰 때마다 좋아하는 박 주임과 최 주임.

고은	(회심에 미소) 이제 얘들 중에 조작 증거 하나만 찾으면 게임 끝.
박 주임	(응원) 맞아 게임 끝!
최 주임	(응원) 그럼 감히 누굴 속이려 들어? 우리 고은이는 절대 못 속이지!

신기에 가까운 손놀림이 이어지는 고은. 눈매가 점점 날카로워진다.
고은의 키보드를 두드리는 타격감도 점점 강해지며, 정점에

향해 달린다.

고은	(어금니 질끈) 안영숙 원장. 당신이 조작한 증거를 내가 아주 만천하에 낱낱이!
박 주임	낱낱이!
최 주임	낱낱이!

테이블 '탕' 내려치는 고은의 주먹.
그 주먹 앞으로 쓰러지듯 '쿵' 떨어지는 고은의 얼굴.

고은	('받아들일 수 없어!') 허탕이야… (좌절감) 없어… 하나도. (밀려오는 짜증) 뭐야 이게.

박 주임과 최 주임, 덩달아 기력이 쇠했다.
전화벨이 울린다. 발신자 김도기 기사.

고은	(기운 빠진다) 네.
도기(E)	아까 나한테 서프라이즈 선물 준다고 하지 않았나요?
고은	깜짝 선물! 없어요. 어때요. 깜짝 놀랐죠? 나도 놀랐어요. 없어서.
도기(E)	(싱거운) 뭐야.
고은	다들 찝찝해 하길래 증거 하나 찾아서 보여 주려고 이거저거 다 뒤졌는데 실패했어요. 시간만 낭비하고.
도기(E)	잠시만 기다려요. 금방 올라갈게요.

고은	(?) 금방? 기사님 지금 어딘데요?
도기(E)	근처요.

S#40. 택시 회사 안. 낮

장 대표, 서류 들고 정비실 앞 지나가는데, '부재중' 팻말이 놓여 있다.

외부 경리실로 가는 장 대표. 거기도 '외출 중' 팻말이 떡하니 걸려 있다.

장 대표	이번 의뢰는 받지 않는다니깐. 다들 참 말 안 들어.

돌아서서 가는 장 대표. 말투와 달리 표정에 흐뭇한 미소가 가득하다.

S#41. 병원 지하 의무 기록 보관실 안 / 콜 밴 안. 낮

각종 의료 문서들이 보관되어 있는 서고 안.

의료 차트, 검사 기록증, 약 반출 일지 등 병원 내 모든 기록물들이 다 있다.

인터넷 통신 회사 유니폼 차림의 도기. 진열대에서 의료 기록지 찾고 있다.

도기	사고인지 사건인지. 저도 좀 알아보려고요.

고은(E)	한수련 양 의료 차트는 데이터 서버에서 다 확보했잖아요.
도기	네. 그런데 안영숙 원장은 환자를 볼 때 수기로 먼저 작성을 했어요. 그걸 나중에 데이터로 옮긴 거죠.

플래시 인서트 병실 안. 낮
안 원장, 박 노인의 상태 관찰하며 수기 차트에 기록한다.
도기, 진열대 일련 번호 보며 차트 찾는다.

고은(E)	데이터로 옮기는 과정에서 혹시 누락시킨 게 있는지 확인하려는 거죠? 그런데 만약 그런 조작이 있었다면 그걸 계속 보관해 둘까요? 나 같으면 아예 없앨 거 같은데.
도기	의료법상 의료 기록물은 10년까지 의무 보관하게 되어 있어요. 쉽게 없애진 못할 거예요.

도기, 다음 진열대로 가는데, 천장 한쪽에서 녹물이 뚝뚝 떨어진다.
오랫동안 방치된 듯 바닥에도 녹물길이 나있다.
녹물 떨어지는 천장 아래에 서는 도기.

도기	한수련 씨 의료 기록지 찾았어요.
고은(E)	찾았어요?
도기	그런데 고은 씨 말이 맞았어요.

녹물 떨어지는 바로 아래 놓인 의료 기록 차트 뭉치 보는 도기.

'한수련' 수기 차트, 안에까지 다 번지고 찢겨져 내용을 알아볼 수가 없다.

착잡한 표정의 도기, 한숨 나온다.

도기   이렇게 되면 더더욱 안 볼 수가 없겠어요.

고은   어떤 걸요?

도기   그런 말이 있죠. 현장은 모든 진실을 알고 있다.

S#42.   **수술실 앞 / 콜 밴 안. 낮**

도기, 수술실을 물끄러미 보고 있다. '수술 중' 램프에 불이 들어와 있다.

카드키로 되어 있는 출입문 살펴보는 도기.

고은   김도기 기사님이 말한 현장이 수술실이에요?

도기   아무것도 찾을 수 없다면 모든 일의 시작점에서 출발하는 것도 나쁘지 않죠.

고은   직접 들어가려고요?

도기   내부에 CCTV가 없으니 어쩔 수 없죠. 직접 들어가서 보는 수밖에.

고은   수술실에 카메라 없다는 건 어떻게 알았어요?

도기   있었으면 고은 씨가 벌써 보여 줬겠죠. 세상에 고은 씨가 못 뚫는 게 어딨다고.

틈새 칭찬에 기분이 좋아진 고은.

고은   (왠지 달달해진 말투) 그런데 어떻게 들어가려고요. 외부인은 안
        들여보내 줄 텐데요.

도기   서로 잘됐죠 뭐. 나도 벨 누를 생각 없었는데.

자리 뜨는 도기.

S#43.   병동 복도. 낮
        사람들이 간간이 지나다니는 복도.
        숙직실 문이 열리며 의사 가운 입고 나오는 도기.
        간호사1, 2, 병실에서 이동 침대 밀며 나온다.

간호사2   이제 수술방 가실게요. 금식 잘하셨어요?

복도 코너 도는데 침대가 원심력 때문에 살짝 밀린다.
도기, 자연스럽게 침대 옆에 붙어 균형 잡아 주며 같이 간다.

도기   수술실 가는 길이죠?
간호사1   네. 근데 저희가 할 수 있는데.
도기   (미소) 가는 길인데요 뭐.

간호사1, 호감 어린 시선으로 도기 본다.

간호사1	선생님 새로 오셨나 봐요.
도기	저 처음 보세요? 전 몇 번 봤었는데.
간호사1	(다소 당황) 정말요? 제가 기억이 잘… 어느 과이신데요?
도기	(서운한) 실망이에요 선생님. 삐졌어. 말 안 할래.

기억해 내려 애쓰는 간호사1. 어느새 수술방 앞에 도착한다.
간호사1, 카드키 찍으면 수술실 문이 열린다.
침대 밀며 수술실 안으로 들어가는 간호사1, 2와 도기.
첫 번째 문과 두 번째 문 사이 공간에 청소 도구함과 캐비닛
몇 개가 있다.

간호사1	이제 저희가 할게요. 감사합니다.
도기	네. 수고하세요.

두 번째 문이 열리며 안으로 들어가는 간호사1, 2.
간호사1, 들어가다가 다시 돌아서며.

간호사1	기억났어요. NS. 신경외과 맞죠!
도기	…

도기, 할 말도 없고, 그냥 엄지손가락 들어 보인다.
간호사1, 같이 엄지손가락 들어 보이며 두 번째 문 안으로 들
어간다.
도기, 여유롭게 웃으며 나가다가 수술실 문이 닫히기 직전,

안으로 '스윽' 들어간다.

S#44.　　　수술실 중문 / 콜 밴 안. 낮

이중문 사이에서 수술실 상황 살피는 도기.

문에 불투명 색지가 붙어 있어 실루엣만 보일 뿐 흐릿하다.

안경 꺼내 쓰는 도기. 가볍게 버튼 누르면.

그 순간, 수술실 내부에 비상등이 점멸하며 '삐익- 삐익-' 경고 신호를 보낸다.

도기　　　?

고은(E)　　기사님. 내 예상이 맞다면, 빨리 거기서 나와야 될 거 같아요.

도기　　　지금 저 소리가 나 때문에 나는 건가요?

고은(E)　　수술실에 전파 탐지기가 있는 거 같아요. 일단 거기서 나오세요.

도기, 카메라 수거해서 수술실 문 열려는데, 문 바로 앞에 실루엣이 보인다.

도기　　　(흠칫)!

문이 열리며 굳은 표정의 안 원장과 원무 부장, 보안과 직원들이 '우루루' 수술실로 들어온다.

캐비닛 안에 숨어 있는 도기. 문틈으로 밖의 상황 보고 있다.

안 원장	두 사람은 문밖에 지키고 서서 아무도 드나들지 못하게 해요.

보안과 직원 두 명이 다시 수술실 밖으로 나가서 문 앞을 지
키고 선다.
난감해진 도기, 캐비닛 안에서 오도 가도 못하는 신세가 됐다.
안 원장, 두 번째 수술실 문 열고 수술방 안으로 들어간다.
문이 열리자 '삐이- 삐이-' 경고음이 더 선명하게 들린다.

안 원장	내가 충분히 주지시켰을 텐데. 수술방에 카메라 갖고 들어온 사람 누굽니까. 당신들이 환자라고 생각해 봐요. 본인 수술하는 영상 누가 갖고 있으면 좋겠어요?

콜 밴 안에 고은, 그제야 생각난 듯 얼른 카메라 전원 내린다.
캐비닛 속 도기가 들고 있던 카메라 전원이 꺼진다.
'삐이-' 울리던 경고음이 멈춘다.

안 원장	빨리 나와요. 카메라 갖고 있는 사람 누구예요.
원무 부장	다시 꺼진 거 보니까 탐지기 작동 오류 난 게 아닐까요?
안 원장	소지품들 다 확인하세요.

여직원, 간호사들 옷 뒤진다.

안 원장	사복 안에 주머니도 다 확인하세요.

캐비닛 안에 도기, 옆에 주렁주렁 걸려 있는 사복들을 본다.

도기   !

안 원장, 문득 문밖에 캐비닛 돌아본다.
도기, 문틈 사이로 캐비닛 향해 걸어오는 안 원장이 보인다.
마음이 다급해지는 도기, 이러지도 저러지도 못하고 있는데.
안 원장, 앞으로 뚜벅뚜벅 걸어와 캐비닛 옆 청소 도구함 열
어 본다.
아무것도 없다. 옆에 캐비닛 문 열려는데, 그때 다시 '삐이-
삐이-' 울리는 경고음.
안 원장, 경고음 소리에 수술실로 다시 들어가며.

안 원장   뭐야. 저거 왜 또 울려?
원무 부장   아무래도 고장 난 게 맞는 거 같습니다.
안 원장   (한숨) 정리하고 수술 준비합시다.

안 원장, 밖으로 나가려다… 다시 돌아와 캐비닛 문을 '확' 연다.
사복 몇 개가 걸려 있는 텅 빈 캐비닛. 도기는 안 보인다.

안 원장   …

안 원장, 옷걸이에 걸린 옷가지들 '툭툭' 쳐 보고는 캐비닛 문
닫고 간다.

옆에 청소 도구함 문이 굳게 닫혀 있는 게 보인다.
콜 밴 안에 고은, 고개 갸웃한다.

고은   근데 카메라 탐지기는 왜 놔둔 거야?
한재덕(E)   아마 저 때문에 설치해 놨을 겁니다.

S#45.   대학병원 중환자실 앞 복도. 낮
               한재덕과 함께 나란히 앉아 있는 도기.
               산소마스크 낀 채 병실 침대에 누워 있는 수련.

한재덕   예전에 담당 경찰관에게 매일같이 가서 억울하다고 하소연 했
               었어요.
도기   …
한재덕   그때 그 경찰관이, 말만으로는 아무것도 안 된다고, 동영상이
               라도 있어야 뭐가 되도 된다고 해서… 제가 카메라 들고 수
               술실에 간 적이 있었어요.
도기   …
한재덕   (씁쓸한 웃음) 그것도 제대로 해 보지도 못하고 들통나는 바람에
               불법 건조물 침입으로 재판에서 집행 유예 선고를 받았어요.
도기   …

S#46.   지하 정비실. 밤

정비실에 모여 있는 멤버들.

고은   그렇다고 해도 꽤 먼 거리에서 기사님 카메라를 탐지했거든
        요? 그 정도 고급 장비면 가격이 꽤. 많이. 엄청. 비싸요.
도기   …
고은   절대 수술실 내부 촬영을 용납하지 않겠다는 의지가 마구마
        구 느껴지지 않아요?

박 주임, 녹물 떨어진 차트에 휘갈긴 글씨 보고는 입이 떡 벌
어진다.

박 주임   뭐야. 영어도 아니고 한글도 아니고. 하나도 못 알아보겠어.
          이게 한수련 씨 진료 기록 차트야?
고은   (절레절레) 이걸 쓴 당사자도 왠지 못 알아볼 거 같지 않아요?

최 주임, 진지한 표정으로 차트 보며 멋지게 읽어 내려간다.

최 주임   왼쪽 대퇴골이랑 골반이 만나는 곳이 안 좋아서 수술했네.
고은, 박 주임 (아니 그걸 어떻게) !!!
최 주임   아니, 다들 왜 나를 그렇게 쳐다봐?
고은   최 주임님, 젊을 때 공부 잘했다더니 의대 다녔어요?
박 주임   행님이 이걸 어떻게 읽었어? 진짜 의학 공부 했던 거야?
최 주임   아니 난 니들이 더 이상한데. 봐 봐. 여기 옆에 사람 그림 그려
          져 있잖아. 엑스 표시 막 해 놨지? 여기가 아프다는 거지 뭐.

박 주임	('그럼 그렇지.') 에이⋯

장 대표, 모니터에 병원 진료비 입원비 내역서 띄운다.

박 주임	와아⋯ 병원비가 장난 아니네.
장 대표	병원비만 봐도 의뢰인의 진짜 목적을 알 수 있어.
최 주임	내 눈에는 병원비가 꽤 많이 든 거 밖에 안 보이는데요.
장 대표	의료법상 가해자가 있는 경우에는 의료 보험 대상이 될 수가 없어. 다들 알겠지만 우리나라가 의료 보험 적용을 받고 안 받고의 금액 차이가 꽤 많이 나는 편이고.
도기	⋯
장 대표	가해자가 없는 그저 불운한 사고였다고 하면 의료 보험 혜택을 받을 수도 있었어. 하지만 의뢰인은 끝까지 그렇게 하지 않았어. 빚까지 져가면서 말이야. 돈보다 더 중요한 게 있었던 거지.
고은	진실.
장 대표	(끄덕끄덕)
도기	다시 한번 사건 현장으로 들어가야겠어요.
고은	사건 현장? 수술실이요?
도기	네. 확인해 볼 게 있어요.
고은	거기 한 번 들어가 봤잖아요. 어디 숨어 있을 곳도 없었잖아요.
도기	안 숨어 있을 건데요.
고은	그럼요?
도기	그냥 누워 있을 건데?

S#47.　　　병동 복도. 낮

　　　　　간호사3, 이동 침대 끌며 병실에서 나온다.

간호사3　　환자 분 수술방 들어가실게요~

　　　　　침대에 얌전히 누워 있는 도기.

간호사3　　(침대에 네임 카드 확인하며) 금식은 잘 하셨죠?
도기　　　(끄덕끄덕)

S#48.　　　수술실 앞 / 안. 낮

　　　　　도기의 침대가 수술실 앞에 도착한다.
　　　　　카드키를 찍자, 수술실 문이 열린다.

　　　　　인서트 콜 밴 안
　　　　　긴장한 표정의 고은, 결심한 듯. 카메라 전원 끈다.
　　　　　수술실 앞 상황을 보여 주던 모니터가 '뚝' 꺼진다.

　　　　　침대 끌며 안으로 들어가는 수술실 간호사1, 2.
　　　　　자동문이 닫히고 옆으로 '수술 중' LED 불이 '딸깍' 들어온다.

　　　　　수술실 안.
　　　　　중앙에 수술대가 보인다.

도기의 이동 침대를 수술대 바로 옆으로 붙이는 의료진들.

마취 주사액을 수액에 주입하는 마취과.

'스르르' 눈이 감기는 도기. 정신이 서서히 몽롱해진다.

커다란 원형의 수술 장비가 자리 잡는다.

수술용 모니터가 켜지고, 수술 도구가 세팅된 트레이가 도기 옆에 놓인다.

의료진들, 도기를 들어서 수술대 위에 눕힌다.

도기 머리 위에 수술 등이 켜진다.

수술실 안쪽 문에서 누군가가 나오는 게 흐릿하게 보인다.

도기, 누구인지 보려고 애써 눈을 뜨려 해 보지만… 눈꺼풀이 너무 무겁다.

녹색 수술복의 누군가가 도기에게 다가온다.

도기, 결국 얼굴 확인 못 하고 눈꺼풀이 감긴다.

도기 옆에 다가와 서는 흐릿한 누군가. 안 원장이다.

안 원장, 수술 차트와 정밀 검사 사진을 훑어보고 있다.

잠든 도기를 '툭툭' 건드려 보는 마취과.

도기, 미동도 없다.

마취과   수술 준비 끝났습니다.

안 원장, 도기 안경 벗겨 트레이에 안경 '툭' 올려놓는다.

수술대 앞으로 다가와 서는 안 원장. 물끄러미 도기 내려다보다가.

안 원장	시작합시다. 공 선생.

갑자기 집도의 자리에서 나가는 안 원장.
어둠 속에서 수술복을 입은 정체불명 남자가 '스윽' 나타나
안원장의 자리에 선다.
정체불명의 남자, 도기를 손으로 '툭툭' 건드려 보고는 작게
고개 끄덕인다.
안 원장, 장식장 문 닫고 수술실 안쪽에 또 다른 문으로 들어
간다.
마취 상태로 미동도 않고 자고 있는 도기.
정체불명의 남자, 손에 메스 쥐고 도기를 내려다본다.
도기의 맨살에 메스 갖다 댄다.
도기, 깊은 잠에서 깨지 않고 있다.
정체불명의 남자, 메스 쥔 손에 힘을 줘 누른다.
여전히 미동도 없는 도기 얼굴에서.

9화 끝.

TAXI DRIVER

두 번째 운행

10화

김도기는 내가
제일 잘 알아요

S#1.   출동 시퀀스
          지하 정비실.
          모범택시가 회전 강판을 타고, 회전하며 올라온다.

          공터.
          박 주임과 최 주임, 콜 밴에 탄다.
          콜 밴 뒷자리에 고은, 스위치 켠다.
          콜 밴 안에 모든 전자 기기들에 불이 들어온다.

          단독 주택 차고.
          차고 위로 올라오는 모범택시.
          외부 차고 셔터가 '지이잉' 올라간다.
          차고 밖으로 나오는 도기의 모범택시.
          도기. 귓속에 작은 이어폰 장착한다.

도기   5283 운행 시작합니다.

도로.
도로를 달리는 모범택시 뒤로 콜 밴이 붙는다.
뒤이어 모범택시 옆으로 합류하는 장 대표 차.

장 대표   살살할 거니까 걱정하지 마. 금방 뒤따라갈게.
도기   먼저 가서 기다리겠습니다.

가속 페달 '콱' 밟는 도기.
굉음을 내며 도로를 질주하는 모범택시.

S#2.   파출소 앞 거리. 낮
           파출소 앞 도로에 모범택시가 신호 대기로 멈춰 선다.
           파출소 문 열고 경찰관 한 명이 밖으로 나와 기분 좋게 기지
           개 켠다.

경찰   날씨도 좋고 오늘 하루도 평온하게…

장 대표 차가 다가와 모범택시 뒤를 '퉁' 들이받는다.
바로 눈앞에 교통사고에 깜짝 놀라는 경찰.
뒷목 잡고 내리는 도기. 바닥에 드러눕는다.
타이틀 '모범택시' 뜬다.

S#3.   제일 착한 병원 병동 복도. 낮

간호사3, 이동 침대 끌며 병실에서 나온다.

간호사3   환자 분 수술방 들어가실게요~

침대에 얌전히 누워 있는 도기.
구급대 복장의 박 주임과 최 주임, 구급용 휠체어 끌며 조용히 나간다.

간호사3   (침대에 네임 카드 확인하며) 금식은 잘 하셨죠?
도기   (끄덕끄덕)

인서트 지하 정비실. 밤. 회상

도기   기왕이면 한수련 씨랑 같은 병명으로 해 줘요.
고은   아니 그러다 실수로 수술 당하면 어떡해요. 마취부터 할 텐데?
도기   (미소) 혹시라도 그렇게 되면 고은 씨가 대신 잘 봐 줘요. 사고 현장인지 사건 현장인지.

S#4.   병동 복도. 낮

침대에 누워 수술실로 향하는 도기.
본인도 긴장이 되는지 작게 숨 고른다.

인서트 지하 정비실. 밤. 회상
고은, 도기에게 안경 건넨다.

고은   초광각이라 사각지대 없이 거의 다 잡혀요. 근데 카메라 탐지
      기도 그대로 있을 텐데.

도기   (받아 들며) 내가 들어가면 3분 뒤에 켜 주세요. 중간에 울리면
      오작동으로 생각할 거예요.

고은   (끄덕끄덕) 그들이 알아서 끄게끔 한다는 거죠? 처음에 시도했
      던 게 완전 실패는 아니네요?

      침대에 누워 있는 도기, 본인도 긴장이 되는지 작게 숨 고른다.

S#5.   수술실 앞 / 안. 낮
      도기의 침대가 수술실 앞에 도착한다.
      카드키를 찍자, 수술실 문이 열린다.

      인서트 콜 밴 안
      긴장한 표정의 고은, 결심한 듯. 카메라 전원 끈다.
      수술실 앞 상황을 보여 주던 모니터가 '뚝' 꺼진다.
      고은, 스톱워치 3분에 맞춰 누른다.

고은   (애써 태연) 그래 뭐. 별일이야 있겠어.

고은, 말은 그렇게 하지만 벌써 불안하다.

침대 인계 받아 안으로 끌고 들어가는 수술실 간호사들.
자동문이 닫히고 옆으로 '수술 중' LED 불이 '딸깍' 들어온다.

수술실 안.
중앙에 수술대가 보인다.
도기의 이동 침대를 수술대 바로 옆으로 붙이는 의료진들.

인서트 콜 밴 안
고은, 두 손 가지런히 모은 채 모니터 화면에 3분 타이머 보고 있다.

마취과, 도기 팔에 주사 바늘 꽂아 수액 연결한다.

마취과	자아, 긴장 푸시고요. 환자 분, 매캐한 냄새 좀 나실 거예요.
도기	…?

마취 주사액을 수액에 주입하는 마취과.
스르르 눈이 감기는 도기. 정신이 서서히 몽롱해진다.
커다란 원형의 수술 장비가 자리 잡는다.
수술용 모니터가 켜지고, 수술 도구가 세팅된 트레이가 도기 옆에 놓인다.

인서트 콜 밴 안
모니터 스톱워치 보고 있는 고은. 아직 2분 넘게 남았다.
점점 초조해진다.

의료진들, 도기를 들어서 수술대 위에 눕힌다.
도기 머리 위에 수술 등이 켜진다.
수술실 안쪽 문에서 누군가가 나오는 게 흐릿하게 보인다.
도기, 누구인지 보려고 애써 눈을 뜨려 해 보지만… 눈꺼풀이
너무 무겁다.
녹색 수술복의 정체불명의 누군가가 도기에게 다가온다.
도기, 결국 얼굴 확인 못 하고 눈꺼풀이 감긴다.
도기 옆에 다가와 서는 흐릿한 누군가. 안 원장이다.
안 원장, 수술 차트와 정밀 검사 사진들 훑어본다.
잠든 도기를 '툭툭' 건드려 보는 마취과.
도기, 미동도 없다.

마취과   수술 준비 끝났습니다.

도기 안경 벗기는 안 원장, 안경을 가만히 들여다본다.

인서트 콜 밴 안
모니터 스톱워치 보고 있는 고은. 1분 남았다.

안 원장, 트레이에 안경 '툭' 올려놓는다.

인서트 콜 밴 안

시커먼 모니터 화면에 비친 초조한 고은의 얼굴. 스톱워치 30초
남았다.

고은 　　몰라. 기다릴 만큼 기다렸어!

전원 켜는 고은.

트레이에 올려놓은 뿔테 안경 안쪽에 작은 빨간 불이 들어
온다.

인서트 콜 밴 안

모니터 화면에 수술방 화면이 들어온다.
화면 하단에 도기가 누워 있는 모습이 보인다.
괜찮아 보이는 도기 모습에 크게 안도의 한숨 내쉬는 고은.

경고등이 켜지며 '삐이- 삐이-' 경보음 울리기 시작하는 탐
지기.
주변 둘러보는 안 원장, 아무도 들어오고 나간 사람이 없다.
진열대에 탐지기 돌아보는 안 원장.

안 원장 　　저거 혼자 또 왜 저래?

안 원장, 진열대로 가서 탐지기 '툭툭' 쳐 본다. 계속 울리는

탐지기.
전원을 꺼 버리곤 짜증스레 내려놓는 안 원장.

안 원장   비싼 거 좀 사다 놓으라니까. 에이.

수술대 앞으로 다가와 서는 안 원장. 물끄러미 도기 내려다보다가.

안 원장   시작합시다. 공 선생.

갑자기 집도의 자리에서 나가는 안 원장.

인서트 콜 밴 안
모니터 화면 속 안 원장, 손을 쥐었다 폈다 하며 안으로 들어간다.

고은   공 선생?

어둠 속에서 수술복 차림에 마스크를 쓴 정체불명의 남자가 '스윽' 나타나 안 원장의 자리에 선다.

인서트 콜 밴 안

고은   (놀라는) 뭐야. 이 사람 어디서 나타난 거야?

정체불명의 남자, 도기를 손으로 '툭툭' 건드려 보고는 작게
고개 끄덕인다.

안 원장   난 안에 있을 테니까. 무슨 일 있으면 연락하고.

안 원장, 수술실 안쪽에 또 다른 문으로 들어간다.
마취 상태로 미동도 않고 자고 있는 도기.
간호사, 남자의 손에 메스 쥐어 준다.
정체불명의 남자, 손에 메스 쥐고 도기를 내려다본다.

인서트 콜 밴 안
고은, 휘둥그레진 눈으로 모니터 보고 있다.

고은   이 사람이 수술하는 거야?

정체불명의 남자, 도기의 옆구리에 메스 갖다 댄다.
여전히 미동도 없는 도기.
정체불명의 남자, 메스 쥔 손에 힘을 줘 누르려는데.
수술실 전화벨이 울린다.

수술간호사   (가서 전화 받으며) 네, 수술방입니다.
간호사3(E)   밖에 박동성 환자 분께서 언제 수술 받냐고 컴플레인 하셔
               서요.
수술간호사   (?) 박동성 환자 분 지금 수술하고 있는데요?

| 간호사3(E) | 네? 환자 분 지금 밖에서 기다리고 계신데요? |

혼란스러운 표정으로 전화 끊는 수술간호사.
정체불명의 남자를 포함한 의료진들, 의아한 표정으로 수술
간호사 본다.
수술실 안쪽 문이 열리며 안 원장이 들어온다.

| 안 원장 | 환자가 바뀌었다니 무슨 소리야 그게. |
| 수술간호사 | 저도 잘… |

안 원장, 정체불명의 남자를 쳐다본다.
정체불명의 남자, 집도의 자리에서 물러나 수술실 안쪽으로
사라진다.
수술실 밖으로 나가는 안 원장.

인서트 수술실 앞
수술실 문 열리면, 휠체어 탄 박동성 환자, 심기 불편한 표정
으로 앉아 있다.
빤히 환자 내려다보는 안 원장. 한숨 나온다.

| 안 원장 | (간호사 보며) 안에 환자 병실로 옮기고 영양제 하나 놔 드려요. |

수술대 위에 도기, 그저 세상 모르게 자고 있다.

S#6.   병실 화장실 안 / 콜 밴 안. 낮
        세수하는 도기, 머리가 아직 아프다.

고은   몸 괜찮아요? 아픈 데 없고요?
도기   아픈 곳도 나아야죠. 푹 자고 일어났는데.

        모니터에 병원 건물 도면과 수술실 내부 보고 있는 고은.

고은   수술실 구조가 실제 도면이랑 달라요. 애초에 없던 뒷문이 생
        겼어요.
도기   공 선생… 수술실 밖에선 결코 이 자의 존재를 절대 알 수가
        없는 구조예요. 처음부터 이걸 염두에 두고 변경한 거 같아요.
고은   직접 안 들어갔으면 몰랐을 거예요. 그런 면에서 김도기 기사
        님 인정.
도기   고은 씨가 봤죠. 난 자고 있었는데. 그런 면에서 고은 씨 인정.

        칭찬에 또 기분 좋아지는 고은.

S#7.   병실 안. 낮
        도기, 화장실 문 열고 병실로 나온다.
        안 원장, 도기 침대 앞에 서서 차트 보고 있다.

안 원장   어젯밤 응급으로 들어오셨군요. 교통사고로.

도기	네. 여기가 집에서 쬐끔 더 가깝더라고요.
안 원장	제법 잘 걸어 다니시네요. (차트 보며) 환자 분 진단명이면 지금도 많이 불편하실 텐데.
도기	(깜짝) 어쩐지 엄청 아프더라.

도기, 절뚝거리며 침대에 걸터앉는다.
안 원장, 도기 상태를 물끄러미 보고 있다.

안 원장	전산 오류가 있었던 거 같습니다. 원장으로서 먼저 사과드립니다.
도기	뭐. 그럴 수도 있죠.
안 원장	그런데 저희가 수술 전문 병원이라 교통사고 환자는 받지 않습니다. 다른 병원으로 전원하시죠. 걸어 다닐 수 있으니 퇴원하셔도 되고.
도기	저 아픈데요.
안 원장	퇴원하시죠.
도기	저 진짜 아픈데요.
안 원장	안 아픈 거 알고 있습니다.
도기	진짠데!

환자복 주섬주섬 들추는 도기. 옆구리에 대일밴드 하나가 붙어 있다.

도기	수술실 칼에 찔려보셨어요? 진짜 엄청 아파요 엄청!

안 원장	…지금 저한테 합의금 달라는 겁니까?
도기	그럴 리가요. 제가 나쁜 사람도 아니고. 저는 치료만 받으면 돼요.
안 원장	…

안 원장, 한숨 지으며 나간다.

간호사	(뒤따라오며) 김도기 환자 처방은 어떻게 할까요?
안 원장	루틴으로 그냥 주세요.

S#8.	병실 안. 밤
	병실 돌며 처방약 챙겨 주는 간호사2.
	간호사1, 주사 키트 챙겨 들어온다.

간호사1	주사 맞으실게요.

간호사1, 병실 커튼 열어젖히는데 침대가 비었다.

간호사1	(빈 침대 보며) 어? 선생님 김도기 환자 자리에 없는데요?
간호사2	없는 셈 쳐요.
간호사1	네?
간호사2	(속삭인다) 나일롱 환자.
간호사1	(아하)

S#9.	낮은 건물 앞. 밤

건물 앞 주차장에 멈추는 정체불명 남자의 차.
남자, 차에서 내려 건물 안으로 들어간다.
뒤이어 건물 주차장으로 들어서는 모범택시.

S#10.	낮은 건물 안. 밤

남자, 로비 엘리베이터 타고 올라간다.
엘리베이터가 5층에서 멈추는 걸 보고 층별 안내도 확인하는 도기.
'메디토피아'라는 상호명이 보인다.

도기	메디토피아…

인서트 콜 밴 안. 밤
업체명 검색하는 고은, 각종 의료 장비들이 뜬다.

고은	메디토피아. 국내 의료 기기 소모품 회사예요.

S#11.	낮은 건물 화장실 안. 밤

화장실로 들어오는 남자, 양복 겉옷을 벗으면 하얀 셔츠에 피가 튀어 있다.
세면대 물 틀어 놓고 피 튄 부분 닦아 내는 남자.

S#12.   낡은 건물 사무실 안. 밤

사람들이 퇴근한 사무실 안.
각각의 책상마다 파티션으로 구분돼 있는 안쪽 자리에 남자
가 보인다.
핸드폰이 울린다. 남자, 가방에 짐 풀다 말고 전화 받는다.

남자   네. 원장님… 네 지금 바로 그리로 가겠습니다.

엘리베이터 문이 열리면, 택배 상자 어깨에 멘 도기가 사무실
로 들어온다.
남자, 전화 끊고는 다시 일어나 무심히 도기 지나쳐 사무실을
나간다.
도기, 남자의 자리에 빈 택배 상자 올려놓고는 자리에 꽂힌
명함 집어 든다.

도기   메디토피아 의료영업팀 공수호 과장… 이로서 의사가 아닌
건 확실해졌네요.

탁상 달력 들어서 보는 도기. 표정이 굳어진다.

인서트 콜 밴 안
고은, 달력에 빼곡하게 적혀 있는 수술 일정 보고 입이 다물
어지지 않는다.

고은	세상에… 저게 전부 다 수술 일정이야?

물끄러미 달력 보고 있는 도기.

도기	궁금하지 않아요? 지역에서 1등으로 수술 많이 하는 사람이 안영숙 원장일지 (손에 든 명함 보며) 아니면 공수호 과장일지.

S#13. 지하 정비실. 밤
모니터 앞에 모여 수술실 화면 보고 있는 멤버들.

장 대표	저런 공생 관계를 두고 악어와 악어새라 그랬던가?
최 주임	아니. 본인이 잘 못하면 할 줄 아는 다른 의사를 섭외하면 되지. 왜 면허증도 없는 영업 사원에게 대리 수술을 시켜?
장 대표	돈 때문이지. 의사 인건비가 비싸거든. 영업 사원한테 대신 시킬 수만 있다면. 그것도 적지 않은 돈이지.
고은(E)	이거 한 번 봐주시겠어요?

고은, 모니터에 안지은 정보 띄운다.

고은	안영숙 원장 이름이 바뀌어서 몰랐었는데요. 재미난 사실을 하나 찾아냈어요.

모니터 화면에 의사 면허증. 이름 안지은. 그런데 사진은 안

영숙 원장이다.

고은	안지은에서 안영숙으로 4년 전에 개명했어요.
장 대표	개명?
고은	(타이핑하며) 그래서 개명 전 이름으로 서칭을 해 봤는데, 지방에서 개인 병원을 운영한 적이 있더라고요.

고은, 엔터키 누르면 모니터에 단신 기사들이 '주르륵' 뜬다.
멤버들, 모니터에 올라오는 단신 기사들 본다.

장 대표	그때도 지금처럼 하다가 걸려서 벌금형 받았었네.
박 주임	이제 보니 상습범이잖아. 저 정도면 의사 면허 취소시켜야 되지 않아?
고은	의사 면허는 6개월 정지 후 다시 풀렸어요.
최 주임	6개월 뒤에 풀려? 다시 의사를 할 수 있다고?
고은	정지 기간이 풀린 안지은 원장은 그 후 어떻게 했을까요?
도기	안지은에서 안영숙으로 이름을 바꿔서 과거를 지운 거였군요.
고은	빙고. 그리고 이 병원을 개업해서. 하던 짓을 계속하고 있는 거죠.

화면에 '제일 착한 병원' 입구가 나온다.

| 최 주임 | 영업 사원한테 수술 맡기고 무슨 공장처럼 돌리면서 제일 착하대. |

장 대표	(씁쓸한) 법원 판결이 오히려 더 큰 자신감을 심어 준 꼴이 됐어.

조용히 모니터만 보고 있는 도기. 뭔가 개운치가 않다.

도기	…

S#14. 고급 술집 룸 안. 밤
혼자서 고급 양주 마시고 있는 안 원장.
룸 안으로 들어오는 정체불명의 남자(이하 공 과장), 꾸벅 인사한다.

공 과장	늦어서 죄송합니다. 원장님.
안 원장	길이 막혔나 봐? 아니면 오기 싫었나?
공 과장	싫다니요 원장님. 한걸음에 달려왔습니다.

종업원(최 주임), 들어와 고급 양주와 과일 안주 쟁반 내려놓는다.

최 주임	더 필요하신 거 있으시면 (명찰 보여 주며) 로비에서 차은우를 찾아 주십시오. 즐거운 시간 되십시오.

꾸벅 인사하고 나가는 최 주임.

안 원장	모레는 OP 7건이라 평소보다 일찍 나와야 될 거 같아.
공 과장	그렇지 않아도 말씀드리려 했는데. 모레 어머니 제사라 그날은 제가 아무래도 수술을 못 할 거 같습니다. 원장님.
안 원장	그래? 그럼 나오지 마. 다른 데 또 알아봐야겠네. 내일부터 나오지 마.
공 과장	아니. 그 뜻이 아니라 원장님.
안 원장	그런 뜻이 아니면 수술 7건 비용 공 과장한테 다 청구하면 되나?
공 과장	(난처한) 제가 어떻게 그런 큰돈을…
안 원장	그럼 지금 나보고 그냥 손해 보라고? 이거. 공 과장 너무 실망인데.
공 과장	…
안 원장	그렇게 무책임하게 일하면 누가 공 과장을 환영하겠어. 이 바닥 좁아서 소문 돌면 어떻게 되는지 공 과장이 더 잘 알잖아.
공 과장	…제가 경솔했습니다. 모레 시간 맞춰 일찍 가겠습니다.

안 원장, 공 과장 잔에 술 따라 준다.

안 원장	우리 같은 사람들은 수술을 첫 번째로 생각해야 돼.

공 과장, 그래도 애써 표정 밝게 바꾸고.

공 과장	맞습니다. 원장님께서 다른 회사들 다 마다하고 저희 회사 제품을 써 주신 덕분입니다. 감사드립니다. 원장님.

안 원장	우린 또 비전이 있잖아.
공 과장	원장님, 지금도 너무 유명하신데요.
안 원장	지금보다 더 유명해져야지. 우리 병원도 더 유명해지고. 그때 되면 내가 우리 공 과장 행정 부원장 자리 앉혀 줄게. (테이블 위에 놓인 계산서 들며) 그런 의미에서 오늘은 특별히 내가 쏜다!
공 과장	(계산서 낚아채며) 아닙니다! 회사 카드 가지고 왔습니다.
안 원장	매번 그러다가 사장한테 불려 가는 거 아냐?
공 과장	아닙니다. 괜찮습니다. 원장님.
안 원장	그래. 만약 사장이 뭐라 그러면 바로 나한테 얘기해. 내가 혼 내 줄게.
공 과장	감사합니다. 원장님.
안 원장	자아. 이제 일어납시다. 돈 벌러 가야지. 오늘은 두 건밖에 없어.
공 과장	(다소 당황) 오늘도 있었습니까?
안 원장	아, 이런 내 정신 좀 봐. 전달을 안 했나 보네. 사무실에 용품 챙겨서 기다리고 있어. 차 보낼 테니까 타고 와.
공 과장	(애써 미소) 알겠습니다. 원장님.
안 원장	가는 길에 양주 두 병 더 계산하고. 테이크아웃.

테이블 과일 안주 쟁반 밑에 붙어 있는 까만 뭔가에서 빨간 불빛이 깜빡거리고 있다.

S#15.   콜 밴 안 / 모범택시 안. 밤
고은, 모니터로 술집 안 상황 보고 있다.

고은	남의 회삿돈으로 저렇게 술을 마시니 카드 내역에 술집이 없었지.
도기	지역에서 1등으로 수술 많이 하는 사람이 안영숙 원장이 아닌 건 확실해졌네요.
고은	근데 우리가 지금 들은 게 맞다면 저 사람들 술 마시고 또 수술하러 가려는 거잖아요.
도기	그러니까 가면 안 되죠.

S#16.   낡은 건물 앞. 밤

원무 부장의 차가 메디토피아 건물 앞에 멈춰 선다.

원무 부장	그냥 택시 불러 주면 되는 걸 꼭. 에이 구두쇠 원장. (유리창 호호 불며 먼지 닦는) 내가 진짜 우리 애기 봐서 참는다.

창문 내리고 회사 올려다보는 원무 부장.

원무 부장	(다소 짜증) 아 왜 이렇게 안 내려와.

그때 자신의 사이드미러를 툭 치고 가는 콜 밴.
순간적으로 일어난 일이라 아직 상황 파악이 안 되는 원무 부장, 너덜너덜해진 사이드미러 멀뚱히 내려다보다가 콜 밴을 보면.
비상등 켜고 잠깐 멈추는 듯 하다가 '쌩' 도망가는 콜 밴.

원무 부장	(울컥) 야 이 새끼야! 너 잡히면 죽었어!

끼음 울리며 거칠게 콜 밴 뒤쫓아 가는 원무 부장의 차.
원무 부장의 차가 있었던 자리에 모범택시가 다가와 멈춰 선다.
문 열고 밖으로 나오는 공 과장. 원무 부장의 차가 안 보인다.
'빵빵' 경적음 울리는 모범택시.

도기	공수호 과장님 픽업하러 왔습니다. 타시죠.
공 과장	…

S#17.   달리는 모범택시 안. 밤
공 과장, 핸드폰 꺼내 전화 걸려는데.

도기	전화는 나중에 했으면 좋겠는데. 물어보고 싶은 게 몇 가지 있어서.
공 과장	네?

도기, 내비 화면을 공 과장에게 보여 준다. 내비에 수술실 화면이 나온다.

공 과장	(당황) 다, 당신 누구야!

공 과장, 차 문 열고 도망치려는데, 안전벨트가 '혹' 당겨지며 결박한다.

공 과장	으앗!
도기	한수련 환자 알지?
공 과장	…!
도기	이름 기억하는 걸 보니까 네가 수술한 게 맞구나.
공 과장	사, 살려 주세요.
도기	그날 수술실에서 무슨 일이 있었는지 말해.
공 과장	…

공 과장, 도기의 눈빛에 고개 떨군다.

S#18.   수술실 안. 낮. 과거

녹색 수술포가 넓게 덮여 있는 수술대, 삐져나온 손목의 식별표에 한수련의 이름이 보인다.
수술포 한가운데 동그랗게 뚫려 있는 구멍으로 분주한 공 과장의 손.
갑자기 환자용 모니터에서 경고음이 울린다.

공 과장	(당황) 왜 이래요 이거?
간호사	한수련 환자 BP가 갑자기 떨어지고 있는데요?
공 과장	(다급하게) 원장님 노티 좀 해 주세요!

수술실 안쪽 내부 비밀 문이 열리며 안 원장이 다소 비틀거
리며 들어온다.

안 원장   뭔데?

공 과장   갑자기 혈압이⋯ 아무래도 제가 다 망친 거 같습니다.

안 원장   (무덤덤) 비켜 봐.

자기 뺨 가볍게 때리며 정신 집중하는 안 원장. 수술 부위 뒤
적거리며 본다.

안 원장   얘는 혈관이 뭐 이렇게 못 생겼어?

갑자기 안 원장과 공 과장의 얼굴로 피가 '팍' 튀긴다.
놀라는 공 과장과 피 닦아 내는 안 원장.

공 과장   (넋 나간 표정) ⋯

안 원장   (짜증 난다) 아이씨⋯ 혈액 연결하세요.

간호사   준비한 혈액이 다⋯

안 원장   그럼 빨리 가서 가져와요!

간호사   (서둘러 나가며) 네!!

S#19.   **수술실 앞 복도. 낮. 과거**
        두 손 가지런히 모은 채 초조하게 왔다 갔다 하는 한재덕.

간호사 하나가 작은 혈액 가방 들고서 수술실로 들어간다.

한재덕   …?

한재덕, 붙잡고 물어보고 싶지만 차마 그럴 순 없고, 불안감
만 더 쌓인다.

S#20.   수술실 안. 낮. 과거
            봉합하고 있는 안 원장. 또 다시 피가 튄다.

안 원장   뭐해! 클램프!

            안 원장, 간호사에게 빼앗듯이 클램프 낚아채 수술 부위에 혈
            관 '꽉' 잡는다.
            뒤에서 보고 있는 공 과장, 수술대 아래로 피가 '주르륵' 떨어
            지자, 외면하듯 아예 고개 돌린다.
            안 원장, 물끄러미 수술 부위 내려다보다가… 수술 도구들 내
            려놓는다.

안 원장   슈처.

            의아하게 쳐다보는 공 과장과 간호사들.

안 원장	(담담한) 수술 끝났으니까 봉합하라고.
간호사	네.
안 원장	(부드럽게) 공 선생 잠깐 들어와요.

S#21. 수술실 비밀 공간. 낮. 과거.
양주들로 가득 찬 진열대에서 양주 한 병 꺼내는 안 원장.

안 원장	(술 따라 주며) 한 잔 해.
공 과장	저는 괜찮습니다.
안 원장	마시라고.
공 과장	…네.

양주잔 드는 공 과장.
피가 튀어 있는 수술복 입은 채 술을 들이키는 공 과장과 안 원장.

안 원장	마취 부작용이야.
공 과장	예?
안 원장	누구나 겪을 수 있는 불운한 일이지… 공 과장은 오늘 일 다 잊고 내일 수술 일정이나 잘 맞춰. 무슨 말인지 이해했지?
공 과장	(고개 떨구는) … 네. 원장님.

다시 술 한 모금 '쭉' 들이키는 안 원장.

여유로운 안 원장과 달리, 잔을 쥔 손이 부들부들 떨리는 공과장.

S#22.   수술실 앞 복도. 낮. 과거
         '수술 중' 램프에 불이 꺼진다. 일어나 수술실 문 앞으로 오는 한재덕.
         침대에 누워 잠들어 있는 수련과 안 원장이 수술실에서 나온다.

안 원장   (미소) 한수련 환자 수술은 잘 끝났습니다.
한재덕   (십년감수) 아이고… 감사합니다.
안 원장   회복실에 있다가 마취 깨어나면 일반 병동으로 옮길 겁니다.
한재덕   감사합니다. 선생님.

         다시 마스크 쓰며 수술실로 들어가는 안 원장.
         회복실로 가는 수련을 대견스레 보며 따라가는 한재덕. 밝게 웃는다.

S#23.   공터. 밤. 현재
         공터 한 곳에 모범택시가 서 있다.

도기   1년 넘게 시위하고 있는 그 모습을 보고도 너는 침묵하고 있

	었어. 모든 걸 알면서.
공 과장	침묵 안 하면 뭐가 달라지는데요. 제 사수 양심 고백했다가 어떻게 됐는지 아세요? 회사에서 해고됐어요. 동종업계에서 받아 주지도 않아요. 블랙리스트에 올라서. 그런데 내가 어떻게 해요. 어차피 나도 똑같이 당할 텐데. 차라리 시키는 대로 하는 게 낫지.
도기	그게 문제야.
공 과장	?
도기	시키는 대로 하면 죄가 없는 줄 알아.
공 과장	…
도기	힘이 없어서. 할 수 있는 게 없어서. 결국 안 될 거니까… 차라리 같은 편이 되자. (공 과장 보며) 어차피 나한테 일어날 일도 아니니까.
공 과장	…
도기	당신의 그런 태도가 결국 안영숙 같은 인간을 더 활개 치게 만드는 거지. 결국 당신도 공범이야.
공 과장	(힘겹게 고개 떨구는) …

S#24.   **수술실 앞. 밤**
수술실 앞 복도에 조용히 서 있는 안 원장.

원무 부장	죄송합니다. 원장님. 어떤 새끼가 제 애기. 아니. 제 차를 긁고 가는 바람에.

안 원장	그래서 그 새끼는 잡았고?
원무 부장	…아뇨.
안 원장	(한숨) 공 과장 계속 연락이 안 되나?
원무 부장	네. 아예 전화기가 꺼져 있었습니다.
안 원장	의료 기기 납품하는 거래처 바꿀 거니까. 리스트업 해 와.
원무 부장	메디토피아는요?
안 원장	바꾸라면 바꿔.
원무 부장	남은 잔금 결제는…
안 원장	결제는 무슨. 한 푼도 주지 마. (열 받지만 꾹 참고) 오늘 수술 일정 전부 다 취소해.

안 원장, 수술 모자 아무데나 거칠게 집어 던지고는 가 버린다.

S#25. 병실 안. 밤
간호사1, 카트 끌고 병상 돌며 환자들 체크한다.

간호사1	여기는 주사. 여기는 금식. 여기는 나일롱이라 없을 거고. (무심코 커튼 열다가) 엄마야.
도기	(침대에 누워 졸린 눈으로 돌아보는)
간호사1	병원에 계셨네요?
도기	환자가 병원에 있어야죠.
간호사1	네… (돌아서려다 말고) 근데 우리 어디서 보지 않았어요?
도기	저 처음 보세요? 전 자주 봤었는데.

간호사1	그죠. 근데 어디서 봤었죠? 제가 기억이 잘…
도기	(서운한) 실망이에요 선생님. 삐졌어. 말 안 할래.

나가면서도 기억해 내려 애쓰는 간호사1. 다시 들어오며.

간호사1	기억났어요! 택시! 택시 기사님 맞죠!
도기	…

도기, 감탄하며 엄지손가락 들어 보인다.
뿌듯하게 병실 나가는 간호사1.

S#26.	병원 복도 / 콜 밴 안. 밤
	환자복 차림의 도기, 수액 스탠드 끌며 복도 걸어간다. 표정 이 안 좋다.

고은	근데 사건 현장까지 다 확인했는데 계속 여기 있을 이유 있어요?
도기	계속 퍼즐 하나가 안 맞춰져요.
고은	어떤 퍼즐이요?
도기	안영숙 원장. 목표 지향적이고 속내를 잘 숨기는 스타일이에요. 그런데 수술을 첫 번째로 생각하는 사람이 정작 술 때문에 손을 떨고, 많은 시간을 할애하며 무료 봉사 활동을 한다? 앞뒤가 안 맞아요.

고은	그래서 내내 기사님 표정이 안 좋았구나. 그건 그냥 취미 활동이거나 유명해지고 싶어서 그런 거 아닐까요?
온하준(E)	도기 형님?

도기, 돌아보면 온하준이다.

온하준	형님 어디 다치셨어요?
도기	거의 다 나았어요. 여긴 어떻게 왔어요?
온하준	저 아는 사람 병문안 왔다 가는 길이에요. 박 주임님이랑 최 주임님도 형님 입원한 거 알아요?
도기	금방 퇴원할 거예요.
온하준	에이 형님. 입원했을 때 푹 쉬어야죠. 그래야 후유증이 없어요.
도기	(생각난 듯) 그 친구는 어떻게 됐어요?
온하준	친구요? 아아. 친구 할지 말지 고민된다는 그 친구! 형님 말이 맞는 거 같아요.
도기	?
온하준	(도기 보며) 친구가 될 수 없는 사이였어요.
도기	…
온하준	(시계 보며 일어나는) 저 예약 손님이 있어서 먼저 가 볼게요. 몸 조리 잘 하시고 회사에서 봐요 형님.

복도 걸어가는 온하준 바라보고 있는 도기.

| 고은 | 그래도 온 기사님 참 착하지 않아요? 아픈 사람 병문안도 다 |

오고.

도기 (문득) 병문안… 바로 그거예요.

고은 네?

도기 하다못해 입원한 사람 병문안도 오잖아요.

고은 그런데요?

도기 이상하지 않아요? 수술이 그렇게 하루 종일 공장처럼 돌아가는데.

도기, 고개 돌려 수술실 앞 텅 빈 복도를 본다.

도기 왜 대기실에 보호자가 한 명도 없었을까요?

고은 생각해 보니까 그러네요. 보통은 수술 끝날 때까지 누군가는 기다려주지 않나요? 한수련 씨 아버님처럼 누군가 한 사람은.

도기, 텅 빈 수술실 앞 복도를 보며 어금니 '질끈' 문다.

도기 왜 그런지 알 것 같아요.

S#27. 제일 착한 병원 앞 주차장 / 총경실. 낮

주차장 돌아다니며 둘러보는 온하준. 한쪽에 주차된 모범택시 앞으로 온다.

'픽' 웃으며 핸드폰으로 모범택시 사진 찍는 온하준. 바로 전화 건다.

화면 교차되며 총경실에 박현조가 나온다.

온하준   사진 보낼 테니까. 바로 진행해 주세요.

박현조   어. 준비해 두긴 했는데… 이렇게까지 할 필요가 있는지.

온하준   이유는 저한테 맡기시고 현조님은 진행이나 잘 하세요. 조심
하고요.

박현조   (당혹스러운. 살짝 주변 살피고는) 조심.

온하준   (웃음 터트리는) 그 뜻이 아니라. 조심해서 잘 처리하라고요.

전화 끊는 온하준. 모범택시 한 번 보고는 돌아서 간다.
총경실에 박현조. 모멸감에 치를 떨며 주먹으로 책상 내려친
다. '쌍놈의 새끼'

S#28.   달동네. 낮
봉사 조끼 입은 안 원장, 허름한 판잣집 단칸방에서 김 노인
을 진찰하고 있다.
문밖에 방송용 카메라 몇 대가 안 원장을 촬영하고 있다.

안 원장   일찍 발견해서 망정이지 하마터면 큰일 날 뻔했습니다.

김 노인   이렇게 누추한 데까지 오셔서 뭐라 감사를 드려야 할지.

안 원장   상태가 악화되기 전에 제가 얼른 수술해서 치료해 드리겠습
니다.

김 노인   (주저) 그런데… 아직 불편한 걸 잘 못 느끼는데… 수술해야 할

까요?

안 원장　(말없이 정색) …

김 노인　(그저 황송) 아, 아닙니다. 원장님이 잘 아시지 저 같은 게 뭘 안
　　　　다고. 저는 그저 원장님께서 하라는 대로 하겠습니다.

안 원장　(미소) 그래요. 자아, 수술 일정 한 번 잡아 봅시다.

안 원장, 수술 일정표 빈칸에 김 노인 채워 넣는다.
채워 넣은 이름들이 빼곡하다.
핸드폰 꺼내 전화 거는 안 원장.

S#29.　**달동네 갓길 / 콜 밴 안. 낮**
　　　　갓길 주차 구역에 모범택시. 사이드미러가 미세하게 움직인다.
　　　　멀리 판잣집에서 안 원장이 전화 통화하며 나오는 게 보인다.

안 원장(E)　오늘 수술 네 건 더 잡았으니까, 2번 수술방도 같이 열어 놔.

고은　　　지금… 노인 분들 속여서 안 해도 되는 수술하는 거죠?

도기　　　수술실을 공장처럼 돌릴 수 있었던 이유가 이거였어요.

밖에서 기다리고 있던 다른 봉사자들과 다음 집으로 이동하
는 안 원장.

도기　　　안영숙이 접근한 노인 대다수가 기초의료수급자. 수술비 대
　　　　부분을 나라에서 지원해 준다는 걸 노린 거예요. 안 원장은

수술 후 청구만 하면 됐던 거죠.

고은 아무리 돈이 좋아도 어떻게 아프지도 않은 사람들을… 저런 짓을 하고도 어떻게 지금까지 안 걸릴 수가 있죠? 가족들이 가만있을 리 없잖아요.

도기 그게 바로 두 번째 이유였어요. 수술실에 보호자들이 없었던 이유.

플래시 인서트 병실 안

박 노인 가족 하나 없는 저한테 돈 한 푼 안 받으시고, 치료도 해 주시고…

도기 가족이 없는 독거노인들을 노린 거예요.

고은 그 말은 혹시나 나중에 수술이 잘못되더라도.

도기 네. 안영숙 자신이 가해 당사자이면서 동시에 보호자니까. 아무런 방해도 없고, 의심할 사람도 없는 거죠.

도기, 자상한 미소 짓고 있는 안영숙을 노려본다.

도기 법의 사각지대를 이용해 완전 범죄 사슬을 만든 거죠.

S#30. 억새숲. 낮

바람에 흔들리는 억새 숲 사이로 뒷짐 지고 걷고 있는 장 대표.
마이크와 녹음기 각각 들고 장 대표의 뒤를 따라 걷고 있는 최 주임과 박 주임.

박 주임   (속삭이며) 행님. 근데 이거 왜 하는 거야?

최 주임   생일 선물이라던데.

돌아보는 장 대표.

장 대표   쉿! (입 모양만) 조용히 해.

다시 녹음하며 장 대표 뒤따라가는 박 주임과 최 주임.

S#31.   대학병원 중환자실. 낮
        장 대표, 수련에게 헤드셋 씌워 준다.

장 대표   아빠랑 같이 가기로 약속했었다면서요. 아버님이 얘기해 줬
        어요.

장 대표, 녹음기 재생한다.
수련의 헤드셋에서 바람에 흩날려 사락사락거리는 억새소리
가 들리기 시작한다. 새소리, 풀벌레 소리, 바람 소리, 그리고
사락사락거리는 억새 소리.
헤드셋 낀 채 미동도 없이 누워 있는 수련.

인서트 억새 숲. 낮

바람에 일렁이는 은빛 물결의 억새풀들.

그 사이로 길게 뻗어 있는 길을 천천히 걷는 누군가의 뒷모습.

수련, 눈부신 햇살 받으며 억새 길 걷고 있다.

S#32.　　대학병원 중환자실 앞 복도. 낮

장 대표와 한재덕, 중환자실 대기 의자에 나란히 앉아 있다.

유리문 너머로 헤드셋 낀 수련이 보인다.

한재덕　　우리 수련이 병원비 계속 내주고 계신다는 얘기 들었습니다.
　　　　뭐라 감사드려야 할지… 정말 고맙습니다.

장 대표　　아닙니다. 빌려드린 거고, 다시 돌려받을 겁니다.

한재덕　　(무겁게 고개 끄덕이는) 네… 제가 어떻게 해서든 꼭 갚겠습니다.

장 대표　　그건 저희가 알아서 돌려받을 거니까. 아버님은 신경 쓰지 않
　　　　으셔도 됩니다.

한재덕　　(?) 네?

장 대표　　강한 아이에요. (한재덕 보며) 아버님 닮았나 봅니다.

장 대표, 흐뭇한 표정으로 중환자실에 있는 수련 본다.

S#33.　　골프장. 낮

골프 타석에서 골프 스윙 날리는 안 원장.

정장 차림의 젊은 영업 사원, 대기석에 정자세로 앉아 있다.
긴장한 표정이다.
안 원장, 타석에서 내려와 골프채 놓고 음료수 마시는 안 원장.

안 원장	김 대표가 칭찬 많이 하던데. 똑똑한 친구 하나 들어왔다고.
사원	감사합니다, 원장님.
안 원장	수술 경험은?
사원	(당황) 수술…이요? 아니요…
안 원장	메디토피아 공 과장이라고 알고 있나?
사원	네… 얘기는 들은 적 있습니다.
안 원장	그 친구 내가 훈련 시켰어. 지금은 퇴출 대상이 됐지만.
사원	(마른침 삼키는) …
안 원장	(덤덤하게 음료수 마시며) 인터넷에 보면 수술 연습하는 키트들 있어. 몇 만 원이면 살 수 있으니까 사서 연습해. 몇 번만 하면 금방 익숙해질 거야.
사원	…
안 원장	싫으면 지금 이 자리에서 얘기해. 딴 회사 연락해야 되니까.
사원	(당황스럽지만) 아… 아닙니다… 연습하겠습니다.
안 원장	(미소) 회사 들어가면 법인카드 하나 얻어서 우리 원무 부장 갖다 주고.

안 원장, 핸드폰 울린다. 사원에게 가라고 손짓한다.
인사하고 나가는 사원.
옆자리 타석에 세팅되어 있던 골프공 때리는 최 주임.

골프공 '휭' 날아가 화면 정중앙에 맞는다.
박 주임과 최 주임, 밖으로 나가는 사원 슬쩍 돌아본다.

박 주임	행님 지금 저 여자 또 다른 대리 수술할 사람 구하는 거 맞지?
최 주임	동네 알바도 저렇겐 안 구하겠다. (진중) 근데 진언아 지금 봤어?
박 주임	뭘?
최 주임	볼 쫙~쫙 뻗어 나가는 거. 나 드디어 재능을 찾았어. (감격)
박 주임	…
최 주임	(힘차게 빈 스윙 해 보며) 역시 프리미엄이 다르긴 다르다.
박 주임	(보며) 어! 형님. 저 여자 나간다.

안 원장, 전화 통화하며 나간다.

안 원장   언제부터 의식이 없었죠?

S#34.   병실 안 / 밖. 낮

의식 잃은 박 노인(9부에 나왔던 노인 환자) 자리에 커튼이 사방
으로 쳐져 있다.
박 노인 동공 반사 진찰하는 안 원장, 별 반응이 없다.
안 원장, 담담한 표정으로 병실에서 나온다.
걱정스런 표정으로 뒤따라 나오는 간호사3.

안 원장   노환이니까 계속 잘 보살펴 주세요.

간호사3	바이탈 사인도 점점 약해지고 IV도 안 잡히는데요.

걸음 멈추고 간호사3 돌아보는 안 원장.

안 원장	그래서요?
간호사3	(당황하는) 네?
안 원장	노환이라는 내 소견을 무시하고, 다른 원인이 있다고 말하고 싶은 거 같은데. 그 말 책임질 수 있어요?
간호사3	…아닙니다. 원장님.

간호사3, 병실 안으로 들어가면.
안 원장, 원무 부장에게 오라고 손짓한다.

원무 부장	네, 원장님.
안 원장	혹시 사망하게 되면, 오후쯤에 관할 경찰서 연락해서 병원에 독거노인 환자 숙환으로 사망했다고 신고하세요. 사망 진단서 발급 되는대로 구청 복지과랑 협의해서 장례 진행하고.
원무 부장	네.
안 원장	차 긁혔다며. 다시 새 차로 바꿔야죠.
원무 부장	(화색) 열심히 하겠습니다 원장님.
안 원장	간호 수기 차트 싹 다 수거해서 갖다 놓고.

담담하게 복도 걸어가는 안 원장.
기둥 뒤에 서 있는 도기. 지나가는 환자들과 온화하게 인사하

는 안 원장 본다.

병실에서 박 노인이 누워 있는 침대가 나와 도기 앞을 지나
간다.

인서트 콜 밴 안
고은, 모니터 속 박 노인이 못내 불쌍하고 안타깝다.

고은   진짜 말도 안 돼. 힘없는 노인을 저 지경까지 만들어 놓고 어
         떻게 저렇게 태연할 수 있죠?

도기   가벼운 행정 처분과 벌금, 손쉬운 면허 재발급. 안영숙이 안
         지은이었을 때 충분히 학습했으니까요. 그래서 이 병원 모델
         이 만들어진 거고.

원무 부장, 의료 기록물들이 담긴 박스 들고 지나간다.
도기, 표정이 날카로워진다.

S#35.   병원 지하 의무 기록 보관실 안. 낮
         의료 기록물 박스 들고 들어오는 원무 부장.
         천정에 녹물 떨어지는 곳으로 가서는 그 아래쪽에 일부러 박
         스 내려놓는다.
         원무 부장, 박스 위로 녹물이 '뚝뚝' 떨어지는 거까지 확인하
         고 돌아서려는데 보관실에 불이 꺼진다.

| 원무 부장 | 뭐야. 누구 들어왔어? 여기 사람 있어! |

원무 부장, 급하게 출입문 쪽으로 가는데, 문 앞에 역광을 받으며 서 있는 누군가의 실루엣이 보인다. 가죽장갑을 낀 도기가 서 있다.

원무 부장	누구요. 여기 외부인 출입 금지에요! 얼른 나가요!
도기	(가죽장갑 끼며) 외부인 출입 못 하게 해서 뭐 하려고?
원무 부장	(도기의 서슬에 놀란) 사… 사람 살려!

보관실 문이 '퉁' 닫히며, 원무 부장의 외침 소리가 묻힌다.

S#36. **대학병원 로비 / 의무 기록 보관실 앞 복도. 낮**
한수련의 중환자실 복도 걸어가는 장 대표. 전화 받는다.

| 장 대표 | 어어. 김 군. |

도기, 가죽장갑 벗으며 복도 걸어오고 있다.

도기	제일 착한 안영숙 원장님. 유명하게 해 드리고 싶은데요.
장 대표	(미소) 일손이 필요한가?
도기	많을수록 좋죠.
장 대표	바로 가지.

전화 끊고 걸어가는 장 대표.

S#37.　　　병원 엘리베이터 앞 복도. 낮
　　　　　엘리베이터 문이 열리고 복도로 나오는 멤버들.
　　　　　간호사 고은, 보안 요원 박 주임, 청소 용역 최 주임, 의사 장
　　　　　대표.

청소 최 주임　누가 보면 병원 주인인 줄.
의사 장 대표　(청소 최 보며) 앞에 쓰레기나 좀 주워.
보안 박 주임　쉿.
간호사 고은　저기 나이롱 환자다!

　　　　　대기 의자에 앉아 있는 환자 복장의 도기.
　　　　　'스윽' 모였다가 각자 위치로 산개한다.

S#38.　　　몽타주. 낮
　　　　　간호사 데스크.

환자　　　(데스크로 오며) 저 링거 다 맞았는데요.
간호사　　네. 빼 드릴게요.

　　　　　수액 세트 챙겨서 자리 비우는 간호사.

간호사 고은, 데스크 안쪽으로 들어간다.

병원 약제실.
원무과 직원, 약제실 열쇠로 문을 열려는데 열려 있다.

원무과 직원　부장님이 문 안 잠궜나?

청소부 최 주임, 청소기를 끌고 복도 지나간다.

복도.
간호사, 수액 세트 들고 복도로 오는데.
보안 박 주임이 길 막는다.

박 주임　이쪽으로 오시면 안 됩니다.
간호사　(당황) 그럼 언제 와요?
박 주임　지금은 사안이 중대해서 조금 있다가 다시 오시죠.

간호사, 긴가민가하며 다시 돌아간다.
의사 장 대표, 의식 잃고 누워 있는 박 노인 침대를 끌고 나
온다.

장 대표　조금만 참으세요. 병원 옮겨 드릴게요.

병원 복도.

의자에 앉아 신문 보며 건들건들 앉아 있는 도기.
도기 앞을 간호사 고은이 지나간다.

고은   난 다 끝났어요.

의사 장 대표, 박 노인 침대 끌고 도기 앞을 지나간다.

장 대표   나 의사 가운이 잘 어울리는 거 같아.
도기   (픽)
최 주임   (도기에게 다가와) 나 잘하지?
박 주임   쉿! (어느새 나타나 최 주임 끌고 가는)

보안 박 주임, 최 주임 데리고 지나간다.

도기   안영숙 원장님이 모쪼록 이 특별한 하루를 좋아해야 할 텐데요.
장 대표(E)   좋아할 거야. 더 유명해질 테니까.

도기, 보고 있던 잡지를 '탁' 접으며 일어나 간호사1에게 다가간다.

도기   선생님.
간호사1   네?
도기   저 다 나았어요. 퇴원할게요.

간호사1	(어리둥절) 다 나아요? 이렇게 갑자기요?
도기	네. (쿨하게 돌아서 나가며) 갑자기 다 나았어요.

S#39.   **북카페. 낮**
'달동네 슈바이처 출간 기념 사인회' 푯말 아래로 안 원장, 책상에 앉아 사인회 진행하고 있다.
스무 명 남짓한 남녀노소 팬들이 줄 서서 사인 받고 있다.

S#40.   **방송국 스튜디오. 낮**
오프닝 시그널과 함께 녹화 시작하는 스튜디오.

MC	원장님, 이번에 책을 내셨네요.
안 원장	네. 부끄럽습니다.
MC	책 제목이 너무 좋아요. '달동네 슈바이처' 소개 한 번 해 주시겠어요?
안 원장	네. 제가 의사를…
MC	(인이어 듣다가) 잠시만요. 말씀하시기 앞서 먼저 이 소식을 전해 드리지 않을 수가 없네요. 조금 전에 안영숙 원장님에 관한 제보가 하나 왔어요.
안 원장	?
MC	바쁜 진료 시간 쪼개서, 무료 봉사하시는 것도 대단한데, 이런 일까지… 정말 너무 존경스럽습니다.

안원장	(미소) 갑자기 무슨 말씀이신지 모르겠습니다.
MC	이런 좋은 일은 겸손 안 하셔도 됩니다. 전국에 독거노인 복지를 위해 올 한 해 번 병원 수익 전액을 기부하기로 약정하셨다면요.
안 원장	(미소는 짓고 있지만) 제가요?

맞은편에 앉아 있는 30여 명의 방청객들, 박수 쳐 준다.

MC	저희가 방송 전에 사실 확인차 병원 관계자랑 통화를 했는데, 그분들도 까맣게 모르고 계시다가 약정서를 받고 나서야 알았다는 거예요. 정말 이런 한국의 슈바이처가 또 있을까요? 박수 한 번 다시 주세요.

다시 기계적인 환호성과 박수 쳐 주는 방청객들.
같이 앉아 있는 의사 패널들도 흐뭇한 표정으로 안 원장에게 박수 쳐 준다.
안 원장, 애써 미소 짓고 있지만 뭔가가 몹시 불안하다. 입안이 바짝 마른다.

S#41.   방송국 앞. 낮

전화 통화하며 밖으로 나오는 안 원장.

안 원장	이봐! 김 부장.

원무 직원(E)   원무 부장님 지금 연락이 안 되는데요.

안 원장   혹시 내 이름으로 기부 같은 거 승인한 거 있어?

원무직원(E)   네. 재무팀 통해서 올해 수익금 전액 파랑새 노인 복지 재단
           으로 송금 완료했습니다.

치솟는 혈압 때문에 잠시 말을 잇지 못하는 안 원장.

안 원장   그러니까 그 기부 서류에 내 사인이 있었다고? 내 친필 사인
           이?! 나는! 그런 사인 한 적이 없다고!

인서트 북카페. 과거
안 원장, 책상에 앉아 사인해 주고 있다.
박 주임, A4 용지 내밀며 안 원장에게 사인 받고 있다. '열혈
팬입니다.'
안 원장, 담담히 사인해 주면 용지 밑에 받쳐 둔 디지털 패드
에 입력된다.

인서트 콜 밴 안
모니터 속 기부 약정서에 실시간으로 사인이 입력되고 있다.

방송국 앞에 안 원장. 열불 나는데 주변 사람들 때문에 소리
지를 수가 없다.

안 원장   니들 하는 일이 뭐야! 왜 일을 이따위로 처리해! 왜!

원무 직원(E)	저는 원장님 사인도 일치하고, 또 평소 원장님이 이런 봉사 활동에 적극적으로 참여하고 계시고, 방송국에서도 전화 오고 하니까 당연히…
안 원장	그거 돌려받을 수 있어? 달라고 하면 다시 주나?
원무 직원(E)	그게… 적법한 절차로 기부한 건 돌려받을 수 없다고 알고 있는데… 그리고 벌써 사람들도 다들 원장님이 남 모르게 선행을…
안 원장	선행 같은 소리하고 있네! 원무 부장 들어오면 당장 전화하라고 해!

신경질적으로 전화 끊어 버리는 안 원장.

안 원장	(열 받는) 오늘 일진 왜 이래…

안 원장, 전화벨이 울린다.

안 원장	(전화 받으며) 또 뭐!

S#42.	병원 내 몽타주. 낮

로비.
공무원 느낌 물씬 나는 사람들, '우루루' 병원 안으로 들어온다.

지하 주차장.

안 원장의 차가 급하게 지하 주차장 안으로 들어온다.
차에서 내리는 안 원장. 상기된 얼굴로 전화 통화하며 뛰어간다.

안 원장   실사 나왔으면 무슨 이유가 있을 거 아냐! 그 사람들 지금 어
         딨어!

간호 데스크.
공무원들, 간호사들과 문답 주고받고 있다.
안 원장, 가쁜 숨 몰아쉬며 뛰어온다.
공무원1, 돌아보면.

안 원장   무슨 일입니까? 제가 이 병원 원장입니다.
공무원1   (신분증 보여 주며) 심사평가원 합동 조사팀에서 나왔습니다. 1회
         용 주사기 재사용 내부 민원이 있었습니다.
안 원장   (뭔 소리야) 주사기 재사용이요? 뭔가 잘못 알고 오신 거 같은
         데. 저희는 그딴 짓 안 합니다. 그거 하나에 얼마나 한다고.
공무원2(E) 찾았습니다.

데스크 문 안에서 커다란 밥통 들고 나오는 공무원2.
책상에 올려놓고 밥통 뚜껑 열면 새하얀 수증기가 뭉게뭉게
올라온다.
수증기가 빠지고 나면, 밥통 안에 1회용 주사기들이 뜨거운
물속에 잠겨 있다.
한숨 쉬며 눈살 찌푸리는 공무원들.

멍하게 보고 있던 안 원장, 간호사들 돌아본다.
영문을 모르는 간호사들 역시, 어리둥절하다.

안 원장   병원에서 이런 장난치면 어떡합니까! 이분들이 오해하잖아
         요. 누구에요? 누가 이런 장난쳤어요?!

공무원1   향정의약품은 어딨습니까?

안 원장   (공무원 돌아보며) ?

공무원1   그것도 수량 조작되어 있다던데.

안 원장   (울컥) 무슨 말씀 하시는 겁니까, 지금!

약제실 안.
작은 금고문이 열린다.
안 원장, 텅 빈 금고 안 멍하게 보고 있다.

안 원장   여기 있던 향정약품… 누가 다 가져갔어? 분출일지 가져와.

공무원1   프로그램 들어가서 분출일지 다 확인했습니다. 안영숙 원장
         님이 꾸준히 오더를 내셨던데요.

안 원장   내가요? 여기 있던 마약을 내가 가져갔다고요!?

공무원3, 공무원1에게 다가와 귓속말한다.

공무원1   (이건 또 뭐야) 유통기한 1년 넘긴 약품들이 있어?

공무원3   (끄덕끄덕)

공무원1   (혀를 내두르는) 뭐지 이거? 종합선물세트도 아니고.

가만히 듣고 있던 안 원장. 이제야 감이 잡힌다.

안 원장	이건 음모야.
공무원들	?
안 원장	누군가가 조작을 했어. 나를 모함하려고 어떤 놈이 전부 조작한 거야!
공무원들	…
안 원장	그래 CCTV! CCTV 확인하면 여기 누가 들락거렸는지 알 수 있어요. CCTV 확인하면 그놈 잡을 수 있어!

원무과.
원무과 직원, 몹시 난처한 표정으로 서 있다.
안 원장, 이 상황이 믿겨지지 않는다.

안 원장	포맷이 돼?
원무 직원	네… 저희 시스템이 원래 주기적으로 포맷하는 시스템인데요… 어제 자정에 포맷됐습니다.
안 원장	도대체 어떤 새끼가 시스템을 이딴 식으로 해 놨어!
원무 직원	(괜히 눈치 보인다) 원장님이신데요… 2주 간격으로 무조건 자동 포맷하게 하라고… 복구도 안 되게끔…
안 원장	(멍) …

공무원들, 이정도면 충분히 확인했다.

공무원1	더 확인할 것도 없네.
안 원장	왜 내 말을 안 믿어~!! 이거 다 거짓말이라고~~!!

낯선 사람들 몇 명이 원무과로 들어온다.

원무 직원	저. 여기 외부인은 들어오시면 안 되는데.

낯선 남자, 경찰 배지 보여 주자, 당황하며 뒤로 물러서는 원무 직원.

형사	메디토피아 공수호 과장 아시죠?
안 원장	(돌아보며)?
형사	어젯밤 경찰에 자수했습니다.
안 원장	(사색이 되는)!

인서트 경찰서 앞. 밤
경찰서 입구에 멈춰 서는 모범택시.
모범택시 뒷문 열고 내리는 공 과장. 입구에 경찰관에게 다가
간다.
공 과장, 모범택시 살짝 돌아보고는 자포자기한 표정으로.

공 과장	자수하러 왔습니다.

S#43.   매스컴 몽타주

인터넷 뉴스 기사가 한 장씩 오버랩 된다.

'달동네 슈바이처의 민낯. 수술 기록 조작해 진실 은폐 확인'

'대리 수술 지시'

'관계자들 줄줄이 입건'

'제일 착한 병원 영업정지 처분'

마지막으로 오버랩 되는 기사. '한모 양 의료사고 판결 건. 재심 청구 인용'

S#44.   제일 착한 병원 안. 밤

텅 빈 로비를 또각또각 걸어오는 발소리. 안 원장이다.

안 원장. 흐트러짐 없이 깔끔한 옷차림으로 로비 가로질러 승강기 탄다.

S#45.   수술실 내부 공간. 밤

진열대에서 의사 면허증 꺼내 드는 안 원장.

안 원장   흥. 어차피 벌금 내고, 개명해서 또 병원 차리면 돼. 날 뭘로 보고. 흥 등신 같은 것들. 금방 다 잊어버릴 거면서. 잘난 척들은.

안 원장, 큰 가방에 양주병들 챙기는데, 카메라 탐지기 소리가 들린다.

　　　수술실 안. 밤

수술실로 들어오는 안 원장. 카메라 탐지기 들어서 바닥에 던
져 버린다.
경보음이 멈춘다.
안 원장, 다시 비밀 공간으로 들어가려는데, 어두운 공간에서
수술복 차림에 마스크까지 한 누군가가 '스윽' 나온다.

안 원장　　공 과장?

도기　　　만약 이 수술 공장이 문을 닫고 나면 당신은 어떡할까.

안 원장　　누구야 당신.

도기　　　자신의 죄를 뉘우칠까. 아니면 또 다시 개명을 준비할까. 만
약 후자라면. 그건 불치병인거지.

도기, 마스크를 '스윽' 내린다.

안 원장　　(놀라는) 너는!

도기　　　걱정 마세요 환자분. 그 불치병. 내가 수술해서 치료해 줄게요.

안 원장　　(매스 쥐어 들며) 네가 다 이런 거야? … 네가?!

안 원장, 분노 참지 못하고 메스 치켜들어 도기 공격한다.
이미 이성의 끈을 놓은 채 마구잡이로 메스 휘두르는 안 원장.

도기, 간발의 차이로 안 원장의 칼을 피한다.

안 원장   네깟 게 이 짓거리를 한 거냐고! 죽어!

안 원장의 메스 든 손 붙잡아 비트는 도기. 안 원장의 뒷덜미
에 주사기 꽂는다.
칼 놓치고 고통스러워하는 안 원장.

도기   마취될 때 매캐한 마늘 냄새 같은 게 나던데.
안 원장   이 나이롱 새끼가 감히!

수술대 위로 '쿵' 쓰러지는 안 원장. 몸이 잘 안 움직인다.
알코올로 세심하게 손 소독하는 도기.

도기   예전 우리 부대 씨름판에 새 모래가 들어온 적이 있었어.
안 원장   (악에 받힌) 끄아아…
도기   첫 모래는 불순물도 없고 부드러워서 맨발에 닿는 느낌이 좋
          거든. 그런데 후임 하나가 그 모래판에 앉아 군복 꿰매다가
          그만 바늘을 잃어버렸지 뭐야. 그 뒤로 어떻게 됐는지 알아?

손에 힘이 서서히 풀리는 안 원장.

도기   아무도 그 모래판에 들어가질 못했어. 그 넓고 깨끗한 새 모
          래판이 바늘 하나 때문에 위험한 곳이 돼 버린 거야. 겨우 바

늘 하나 때문에. (안 원장 노려보며) 너 하나 때문에.

스위치 켜는 도기, 수술등에 불이 '팍' 들어온다.
눈이 부셔 질끈 감는 안 원장.

도기   여기 누워 보니까 기분이 어때?

안 원장 내가 부원장 시켜 줄게.

도기   잠깐이었지만 이 수술대 위에 누웠을 때, 오만가지 생각이 들
        었어. 만약 내가 정말 환자였다면 나는 여기 누워서 뭘 할 수
        있을까. 바로 너를 믿는 거였어.

안 원장 수익은 6:4. 내가 6, 네가 4.

도기   (픽 웃는) 네가 영업 사원에게 대신 수술을 시키고, 술을 마시
        는 동안, 수술대에 누워 있는 내가 할 수 있는 유일한 일은, 그
        저 온몸으로 너를 믿는 거였어… 한수련이 그랬고, 한수련 아
        버지가 그랬겠지.

안 원장 (덜덜 떨며) 아니. 네가 6해. 내가 4 할게.

도기   (씨익) 아니. 너 다 해.

안 원장 (비명 지르듯) 7:3 해 줄게! 살려 줘~!

안 원장의 비명 소리가 수술실에 가득 찬다.

S#47.   수술실 앞. 밤
         텅 빈 수술실 앞 복도.

모니터 화면에 환자명 안영숙. 수술 대기 중이 '수술 중'으로
바뀐다.

S#48.   대학병원 중환자실 안. 낮
          한재덕, 수련의 침대에 엎드려 자고 있다.
          수련, 서서히 눈을 뜬다.
          흐릿한 시야가 조금씩 선명해지며 중환자실 천장이 보인다.
          옆에서 잠들어 있는 아빠를 본다.
          수련, 손이 잘 안 움직여진다. 손끝으로 조금씩 움직여서 아
          빠 손 잡는다.
          손길에 서서히 눈 뜨는 한재덕. 내 딸 수련이 깨어났다.

한재덕   수련아…
한수련   나 갈대밭 걷는 꿈꿨어… 아빠랑.

          눈물이 맺히는 한재덕. 수련의 손을 '꼭' 잡는다.

S#49.   제일 착한 병원 주차장. 밤
          주차장을 빠져나오는 모범택시.
          그 뒤를 따라 콜 밴이 따라붙는다.

S#50.   도기 집 옥상. 밤.

온하준, 도기 자리에서 가볍게 운동하고 있다.

S#51.   도로. 밤

기분 좋게 함께 도로를 달리는 모범택시와 콜 밴.

도기	운행 종료합니다.
고은	수고했어요.
장 대표(E)	모두들 고생 많았어.
최 주임	수고 수고.
박 주임	오늘은 회식 얘기 안 해?
최 주임	왜? 한우 먹고 싶어?
박 주임	그럼 그렇지. 왜 한우 얘기 안 하나 했어.

S#52.   도기 집 안. 밤

집 안으로 들어와 도기 소지품들 구경하는 온하준.
서랍에서 포장지도 뜯지 않은 호루라기 꺼내 보며 '피식' 웃
는다.

S#53.   도로. 밤

도기 모범택시 달리면 뒤로 콜 밴 함께 달린다.

고은	김도기 기사님. 거기 괜찮아요?
도기	?
고은	(모니터 보며 혼잣말) 이상하다… 방금 전부터 모범택시에서 계속 이상한 노이즈 신호가 잡혀요.
도기	노이즈 신호요?
고은	김도기 기사님 내 말 들려요?
도기	고은 씨, 고은 씨? 들려요?

갑자기 굉음과 함께 폭발하는 모범택시.

S#54. 몽타주 이미지

- 콜 밴 벌컥 여는 고은, 폭발하는 모범택시 열기에 뒤로 넘어진다.
- 충격 받은 얼굴로 운전석과 조수석에 앉아 있는 박 주임과 최 주임.
- 장 대표실에 앉아 있는 장 대표. 표정이 '확' 굳어지며 창밖을 본다.
- 도기 소지품들 구경하다가 담담하게 고개 드는 온하준.
- 활활 불타는 모범택시. 또 한 번 2차 폭발한다.
  솟아오르는 불기둥에서.

10화 끝.

TAXI DRIVER

두 번째 운행

11화

당신
이제 엿됐어

S#1.　　　도기의 장례식장 안. 밤

도기의 영정 사진이 놓여 있는 장례식장 안.

상주복 차림의 고은, 믿을 수 없다는 듯 고개 가로 저으며 오열하고 있다.

조문 온 서 기사를 포함한 택시 기사들, 고은을 위로한다.

최 주임, 얼이 나간 채 영정 사진 보고 서 있다.

최 주임　　　말도 안 돼… 김도기 기사가 죽다니…

식당에 박 주임과 온하준, 조문객들에게 식사 가져다주고 있다.

박 주임, 다 먹은 식기들 치우다 말고 주저앉는다. 그저 멍하게 허공을 본다.

온하준, 1회용 용기가 다 떨어졌다.

온하준　　　(박 주임에게 다가가) 가서 그릇들 좀 가져올게요.
박 주임　　　(멍한) …

식당에서 나와 영정실 앞 지나가는 온하준. 도기의 영정 사진을 본다.

온하준   …

물끄러미 영정 사진 보고 있는 온하준의 무덤덤한 얼굴.

S#2.   제일 착한 병원 앞 주차장. 밤. 과거
              제일 착한 병원 앞에 주차해 있는 온하준의 차.
              운전석에 온하준, 전화 통화 중이다.

박현조(E)   우편물은 검찰청으로 갔어. 그런데 수취인은 거기 없는 사람
              이야.
온하준   그러니까 정리해 보자면, 존재하지도 않는 한국의 디텍티브
              장이라는 형사가, 있지도 않은 검사실로 우편을 보내서 택시
              기사가 받아 봤다? (웃는) 현조님 말대로 이제 소꿉놀이 그만
              해야 되겠다.
박현조(E)   라인도 다 끊겨 있어서 실체 파악이 쉽지도 않아.
온하준   실체가 더 있는지 수면 위로 끌어올려 보면 알겠죠.
박현조(E)   수면 위로 어떻게. 수사 구실도 마땅히 없는데.

주차장으로 모범택시가 들어와 멈춰 선다.

온하준   현조님 방식 말고요.

도기, 모범택시에서 내려 병원으로 들어간다.
온하준, 물끄러미 도기 보고 있다.

온하준   저들의 방식으로요.

S#3.   도기 집 안. 밤. 과거
              집 안으로 들어와 소지품들 구경하는 온하준.
              서랍에서 포장지도 뜯지 않은 호루라기 꺼내 보며 '피식' 웃
              는다.

S#4.   도로. 밤. 과거
              도로 한가운데서 달리던 모범택시가 갑자기 굉음과 함께 폭
              발한다.

S#5.   몽타주 이미지. 과거
              - 콜 밴 벌컥 여는 고은, 폭발하는 모범택시 열기에 뒤로 넘어
                진다.
              - 충격 받은 얼굴로 운전석과 조수석에 앉아 있는 박 주임과
                최 주임.

- 장 대표실에 장 대표. 표정이 '확' 굳어지며 창밖을 본다.
- 활활 불타는 모범택시. 또 한 번 2차 폭발하며 솟아오르는 불기둥.

S#6.   대저택 내 욕실 / 총경실. 낮

고즈넉한 음악이 흐르는 대형 원형 욕조에 반쯤 몸 담근 채 위스키 마시는 온하준. 스피커폰으로 전화 통화하고 있다.

박현조(E)   (퉁명스레) 온 실장 하자는 대로 다 했으니까 이러면 다 끝났지?

온하준   현조님 왜 화가 나셨을까? 택시에 폭발물 설치하라고 해서 자존심 상하셨어요?

박현조, 총경실 책상에 앉아 짜증 참으며 전화 통화하고 있다.

박현조   흙장난은 온 실장이 하고 있는데, 자꾸 내 손만 더러워져서 말이야. 파리 잡자고 초가삼간 태운다고. 꼭 이렇게까지 무리하게 했어야 돼?

온하준, 무심한 표정으로 호루라기 (도기방에 있었던) 집어 든다.

온하준   꼭 남남처럼 말씀하시네 서운하게. 어쨌든 수고하셨어요. 수고하신 김에.

손에든 호루라기 내려놓는 온하준. 표정 굳히며.

온하준   장례식에 조문객들 올 거예요. 한 명도 빠짐없이 모조리 파악
       주세요. 금융 거래 기록 포함해서.

박현조   뭐? (울컥 짜증) 이봐 온 실장! 지금 나랑 장난쳐?

온하준   만약 이 오합지졸들 뒤에 누군가가 있다면, 행동 대장이 죽었
       는데 어떤 식으로든 움직임이 있지 않겠어요? 장례식이니 겸
       사겸사 오기도 편할 테고.

박현조   (어금니 질끈) …

온하준   밑에 부하 경찰 말고 다른 애들 시키세요. 눈에 안 띄게.

       스피커폰 끊는 온하준. 다시 호루라기 집어 들어 무심히 보며
       위스키 마신다.

S#7.   장례식장 몽타주. 밤
       물끄러미 영정 사진 보고 있는 온하준의 무덤덤한 얼굴.

온하준   얼굴 한 번 보여 주세요. 형님 뒤에 누가 숨어 있는지.

       장례식장 앞 주차장.
       주차장 가운데 내부가 안 보이는 밴 한 대가 주차되어 있다.
       밴 내부에 너댓 명의 검은 양복들, 창문에 붙어 쉴 새 없이 사
       진 찍는다.

주차장 안으로 들어오는 차량들의 번호판, 차에서 내리는 조문객들 사진을 쉴 새 없이 찍고 있는 검은 양복들.

장례식장 앞.
자판기 앞에서 커피 마시는 조문객들. 종이컵 박스에 넣고 간다.
검은 양복남1, 조문객들이 버리고 간 종이컵 박스 들고 간다.

장례식장 내 흡연 구역.
검은 양복2, 카트 끌고 와 쓰레기통 봉투 수거해 싣고 간다.

장례식장 앞 주차장.
검은 양복2, 검은 밴 안에 쓰레기봉투 들여 놓는데, 한쪽에 종이컵 박스가 놓여 있는 게 보인다.

장례식장 앞 주차장.
검은 밴 내부에 큰 체구의 가드장. 카메라에 담긴 정보를 USB로 옮긴다.
USB 빼내 봉투에 담는 가드장. '기밀 문건' 적힌 스티커로 봉투 입구 봉인한다.
검은 차량 한 대가 주차장으로 들어와 검은 밴 뒤에 주차한다.
검은 밴에서 내리는 가드장. 검은 차량 뒷좌석의 누군가에게 꾸벅 인사하며 기밀 문건 봉투 넘긴다.
검은 양복남2, 검은 밴에서 종이컵들이 든 상자와 쓰레기봉투 가져와 내려 검은 차량 트렁크에 싣는다.

S#8.   **총경실. 낮**
        수사계장, 총경실로 들어와 경례한다.
        박현조, 수사계장에게 기밀 문건 스티커 붙은 봉투 '툭' 던져
        준다.

박현조   여기 있는 거, 금융 기록 포함해서 신상 싹 훑어서 가져와. (종
         이컵 상자와 쓰레기봉투 가리키며) 저것들도 갖고 가서 지문 다 따
         보고.
계장   (쓰레기봉투에서 냄새가) 근데 이건 무슨 사건입니까?
박현조   (정색) 거기 뭐라고 쓰여 있는지 읽어 봐.
계장   기밀 문건이라 되어 있습니다.
박현조   그런데 왜 물어봐 이 새끼야! 너도 내 윗대가리 행세하냐!
계장   (긴장) 죄송합니다!
박현조   취합되는 대로 바로 가져와.
계장   네. 알겠습니다!

        계장, 봉투와 상자 들고 급하게 나간다.
        박현조, 굳은 표정으로 애꿎은 창밖 노려보고 있다.

박현조   (분노 섞인) 온 실장 이 싸가지 없는 새끼.

S#9.	지하 정비실. 밤

검은 옷차림의 멤버들. 침울한 분위기로 힘없이 앉아 있다.

최 주임	(한숨) 몇 시야?
고은	(한숨) 9시.
최 주임	(더 큰 한숨) 9시인데 왜 안 와?
박 주임	오겠지.

문 열고 장 대표가 들어온다.

장 대표	(둘러보며) 아직 안 왔어? 9시에 온다고 하지 않았나?

그때, 육중한 기계 소리와 함께 리프트가 내려온다.
새로운 모범택시가 리프트를 타고 내려온다.
침울하던 멤버들의 표정이 하나 둘씩 밝아진다.

S#10.	도로. 밤. 과거

도로를 달리는 모범택시 옆으로 콜 밴이 붙는다.

고은	김도기 기사님. 거기 괜찮아요?
도기	?
고은	(모니터 보며) 이상하다… 아까부터 기사님 쪽 발신에서 계속 이상한 노이즈가 잡혀요.

도기	(지직) 노이즈 신호요?
고은	(지직 지직) 김도기 기사님 내 말 들려요?
도기	(이상한 예감) 고은 씨, 고은 씨? 들려요?

어느 순간, 고은의 목소리는 들리지 않고 노이즈 소리가 '꽉' 차게 들린다.

순간적으로 표정이 굳어지는 도기. 달리는 모범택시에서 '확' 뛰어내린다.

도기가 몸을 날림과 동시에, 폭발하는 모범택시.

뒤따라오던 콜 밴, 갑작스런 택시 폭발에 휘청한다.

갓길에 멈춰 서는 콜 밴.

충격 받은 얼굴로 운전석과 조수석에 앉아 있는 박 주임과 최 주임. 콜 밴 문 벌컥 여는 고은, 또 한 번 폭발하는 열기에 뒤로 넘어진다.

| 고은 | 김도기 기사님! |
| 박 주임 | 김도기 기사! |

최 주임, 사색이 된 표정으로 급하게 전화한다.

인서트 장 대표실. 밤

표정이 '확' 굳어지는 장 대표. 벌떡 일어나 창밖 본다.

고은, 힘겹게 일어나 다시 택시로 달려가려는데.

도기(E)	가지 말아요.

고은, 돌아보면, 도기가 아픈 팔 부여잡고 걸어온다.

도기	잔여 폭발이 또 날지도 몰라요.
고은	김도기 기사님!

고은, 달려와 도기 몸 곳곳 살펴본다.

고은	괜찮아요? 많이 안 다쳤어요?
도기	(끄덕끄덕) 괜찮아요.
고은	(다친 팔 보며) 여기 많이 아플 거 같은데.
도기	조금 긁힌 정도예요.

콜 밴 문 벌컥 열고 나오는 박 주임과 최 주임.

박 주임	김도기 기사!

박 주임, 급하게 달려오다가 자기 발에 걸려 자기가 '꽈당' 넘어진다.
뒤따라오며 전화 통화하던 최 주임, 박 주임에게 걸려 넘어진다.

최 주임(E)	아우 아파! 멀쩡한 길에서 왜 넘어져!

박 주임(E)   갑자기 다리에 힘이 풀렸어.

인서트 장 대표실. 밤

장 대표   그래 알았어. 아무도 안 다쳤다니 정말 다행이야.

전화 끊는 장 대표. 역시 다리에 힘이 풀려 의자에 털썩 앉는다.
안도의 한숨이 절로 나온다.

S#11.   공터. 밤. 과거
연기가 모락모락 올라오는 불타 버린 모범택시 옆으로 택시
RC카 한 대가 다가간다.
근처 콜 밴에 모여 있는 택시 멤버들.
최 주임, 리모컨 조정하며 고프로 달린 RC카를 모범택시 밑
으로 보낸다.
멤버들, 택시 바닥에 흩어져 있는 이상한 파편들을 콜 밴 모
니터로 보고 있다.
고은, 파편 조각에 쓰여 있는 '$C_6H_2(NO_2)_3CH_3$,' 가리킨다.

고은   이거 원소 기호 맞죠?

도기   트라이나이트로톨루엔. 줄여서 TNT라고도 부르죠. 출처를
숨기기 위해 외피를 벗겨 내고 부착한 모양이에요.

박 주임   이게 TNT 원소 기호야? (끄덕끄덕) 폭탄이 질산과 황산을 이

용해서 만드는 거였어. 생각보다 단순한데.

최 주임　현장 학습 나왔니? 이 흉측한 게 지금 우리 택시를 날려 버렸다고. 공부할 때가 아냐.

도기　모범택시에 저걸 설치했다는 건 이미 우릴 다 알고 있다는 거예요.

최 주임　알다 뿐이겠어? 우릴 몹시 싫어하는 거지.

도기　누군가가 우릴 몹시 싫어하는데, 우리도 알아야 되지 않겠어요? 이참에 얼굴 한 번 보죠.

박 주임　어떡하려고?

도기　저 죽었잖아요. 장례식 치러야죠.

고은　장례식이요?

도기　내가 죽은 다음 움직이는 사람을 집중하세요.

불탄 모범택시 바라보는 도기. 눈빛이 날카로워진다.

인서트　장 대표실. 밤
장 대표. 표정 굳히며 일어나 창밖을 본다.

장 대표　누군가 우릴 몹시 싫어한다…

S#12.　도기의 장례식장 안. 밤. 과거
도기의 영정 사진이 놓여 있는 장례식장 안.
상주복 차림의 고은, 믿을 수 없다는 듯 고개 가로 저으며 오열하고 있다.
조문 온 서 기사를 포함한 택시 기사들, 고은을 위로한다.
최 주임, 얼이 나간 채 영정 사진 보고 서 있다.

최 주임   말도 안 돼… 김도기 기사가 죽다니…

조문객이 나가면, 최 주임, 다가가 고은을 다독인다.

최 주임   (토닥토닥) 근데 안 죽었잖아. 왜 이렇게 울어?
고은   (도기 영정 사진 가리키며 울먹) 저 사진 보면 안 슬퍼요?
최주임   …듣고 보니 정말 좀 그렇네.

영정 사진 보는 최 주임, 덩달아 마음이 짠해지는데.
눈가 그렁한 고은, 도기에게 교신이 들어온다.

도기(E)   이제 움직일 때가 된 거 같은데요.

고은, 도기 교신 받자마자 잠깐 고개 숙였다가 들면, 언제 울
었냐는 듯 멀쩡해졌다.

고은   난 준비 됐어요.

바로 벌떡 일어나 나가는 고은.
마음 짠해지고 있던 최 주임, 고은의 초고속 태도 전환에 적

응이 안 된다.

최 주임   역시 알면 알수록 너무 무서워. (새삼스런 다짐) 말 잘 들어야지.

         인서트 콜 밴 안. 밤. 과거
         고은의 모니터에 장례식장 곳곳의 CCTV 화면이 떠 있다.

         도기, 고은 자리에 앉아 모니터 보고 있다.

도기   우리가 모르는 손님들이 누가 와 있는지 한 번 볼까요?

S#13.   장례식장 몽타주. 밤. 과거
         장례식장 앞.
         검은 양복남1, 조문객들이 버리고 간 종이컵 박스 들고 나가
         는데.

고은   (지나가며) 잠깐 실례합니다.

         양복남1, 고은이 지나가는 동안 옆으로 비켜 서 있다.

고은   고맙습니다.

         핸드백 고쳐 메며 인사하는 고은. 핸드백 단추가 양복남1을

'찰칵' 찍는다.

콜 밴 안.
모니터 화면에 양복남1의 얼굴이 캡처 된다.
화면들 주시하고 있는 도기.

화장실 앞.
화장실에서 나오는 검은 양복남3.
최 주임, 화장실로 들어가다가 '툭' 부딪힌다.

최 주임   어이쿠 죄송합니다.

최 주임, 검은 양복남3에게 사과하며 넥타이핀 바로 잡는다.
'찰칵'

콜 밴 안.
모니터에 검은 양복남3 캡처 화면이 뜬다.
도기, 분할 CCTV 화면들을 빠르게 살펴보고 있다.

도기   박 주임님 옆에 아까부터 밥을 안 먹는 두 사람이 있네요.

장례식장 안.
검은 양복남 두 명, 밥은 손도 안 대고 주변 사람들 관찰하고
있다.

옆 테이블에 앉아 다 먹은 식기들 치우는 박 주임. 안경 '스윽' 올려 쓰려는데.

온하준   (박 주임에게 다가가) 가서 그릇들 좀 가져올게요.

흠칫하며 허공 향해 멍 때리는 박 주임.
온하준이 가면, 다시 안경 올려 쓰는 박 주임. 검은 양복남 두 명 '찰칵' 찍는다.

콜 밴 안.
식당에 검은 양복남 두 명의 얼굴이 모니터에 뜬다.
도기, 주차장 가운데 서 있는 검은 밴을 보며 마우스 움직인다.

장례식장 앞 주차장.
장례식장 외부 CCTV가 주차장에 주차된 검은 밴을 향해 움직인다.

콜 밴 안.
도기, 주차장에 검은 밴을 확대해 본다. 화면이 깨지며 차 번호판이 안 보인다.

도기   CCTV 화질로는 번호판 식별이 안 돼요.
고은(E)   내가 바로 갈게요.

장례식장 앞 주차장.

검은 밴에서 내리는 검은 양복남들.

검은 밴 앞을 지나가는 고은. 작은 핸드백 고쳐 메면.

차 번호판과 검은 양복남들이 연속적으로 '찰칵찰칵' 찍힌다.

고은   근데 기사님 내 자리 앉는 거 처음이죠? 기분이 어때요?

콜 밴 안.

차 번호판 캡처 화면들이 모니터에 뜬다.

도기   고은 씨가 그동안 어떤 마음이었는지가 느껴지는데요.

고은(E)   어떤 마음인데요?

도기   (미소) 몹시… 걱정하게 되는 마음?

고은(E)   정답입니다~

또 다른 모니터 화면에 영정 사진으로 다가오는 온하준의 모
습이 보인다.

도기   …

장례식장 앞 주차장.

검은 차량 한 대가 주차장으로 들어와 검은 밴 뒤에 주차한다.

콜 밴 안.

검은 밴에서 내린 가드장, 인사하며 봉투 넘기는 모습이 모니
터에 나온다.
창문 열고 손 하나(유문현) 나와 봉투 받아 든다. 손에 낀 인장
반지가 보인다.
그 모습을 놓치지 않고 보고 있는 도기의 날선 눈빛.

플래시 인서트 이미지 코타야 공항 CCTV 사진
모자를 푹 눌러쓰고 선글라스를 낀 온하준의 옆모습 사진 속
인장 반지 낀 손.

도기   …!

검은 차량이 장례식장을 빠져나간다.
모자 꾹 눌러쓰는 도기. 운전석으로 자리 옮겨 콜 밴 시동 건다.

S#14.   도로 몽타주. 밤. 과거
           도로를 달리는 검은 차량.
           도기, 거리를 두고 검은 차량을 뒤쫓고 있다.
           운전하고 있는 인장 반지 남자의 뒷모습, 고개 돌려 사이드미
           러를 본다.
           사이드미러에 콜 밴이 비친다.
           도기, 마치 시선이라도 느낀 듯 검은 차량 추월해 우회전한다.
           콜 밴이 시야에서 멀어지자 다시 담담하게 운전하는 인장 반

지 남자의 뒷모습.

번화가 거리로 들어서는 검은 차량.

건물 입구 차단기가 올라간다.

안으로 들어가는 검은 차량.

경비원들, 다시 차단기 내린다.

도기의 콜 밴, 그 앞으로 '스윽' 지나간다.

건물 주차장으로 들어가는 검은 차량을 흘끔 보는 도기. 간판 올려다본다.

검은 태양 로고의 '클럽 블랙썬' 간판이 눈에 들어온다.

도기   …

S#15.   화장터. 낮

직원, 유골함 들고서 화장터에서 나온다.

예를 갖춰 유골함 인계 받는 장 대표.

S#16.   납골당. 낮

납골당 한쪽 자리에 유골함 넣는 장 대표.

꽃 한 송이와 사진 한 장을 유골함 옆에 내려놓는다.

사진 속 도기가 환하게 웃고 있다.

유골함 보고 있는 장 대표 뒤로 숨어서 보고 있는 검은 양복.

핸드폰 꺼내 전화 건다.

S#17.	대저택 회의실. 낮
	20여 명 남짓 착석할 수 있는 규모의 원탁 회의실.
	온하준, 실망스런 표정으로 신상 파일들 보고 있다.
	박현조, 무덤덤하게 전화 통화하고 있다.

박현조	그래 알았어. 이만 철수해. (전화 끊고) 뼛가루가 돼서 납골당에 들어갔다는구먼.
온하준	…
박현조	장례식장 드나든 개미 새끼 한 마리까지 다 털었는데 나오는 거 하나도 없었어. 이제 만족스러운가?
온하준	(갸웃) 뭐가 이렇게 찝찝하지. (혼잣말) 하나 더 죽여 볼까?
박현조	교구장님 조만간 들어오실 텐데 그럴 겨를이 있겠어?
온하준	(?) 교구장님이 들어오신다고요?

박현조, 굳은 표정에 조금씩 화색이 돈다.

박현조	뭐야? 교구장님 오신다는 거 온 실장은 모르는 거야? 교구장님이 나한테만 얘기하신 건가? 그럼 이 얘기도 못 들었겠구먼.
온하준	?
박현조	지시하신 사항이 있어. 소꿉장난 그만하고 본래 일에 집중하라고.

순간, 얼굴에 살기가 '확' 도는 온하준. 박현조를 노려본다.

온하준	농담한 거면 타이밍이 아주 안 좋은데. 정말 교구장님이 그렇게 말씀하셨어요?
박현조	(움찔했지만 밀리지 않고) 시답잖은 짓거리 당장 그만두고 본래의 일에 집중하라. 교구장님이 친히 말씀하셨어.
온하준	…
부하	(들어오며) 다들 도착하셨습니다. 들어오시라고 할까요?
박현조	(끄덕끄덕) 어. 들어들 오시라 그래.
온하준	?
박현조	(깜빡한 척) 아, 교구장님이 오늘 금사회 간부회의 소집하라고 하셨는데, 온 실장한테 말한다는 걸 깜빡했네.
온하준	…

회의실 문 열고 금사회 간부들이 들어온다.
박현조, 마치 자기가 주인인 양, 다가가 미소와 악수로 간부들 맞이한다.
악수하는 두 손에 모두 인장 반지가 끼워져 있다.
다가와 인사 건네는 간부들과 가벼운 목례 주고받는 온하준.
20여 명 내외의 간부들이 테이블에 착석하면.
박현조, 테이블 제일 상석에 카메라 위치 조정한다.
카메라에 빨간 불이 '딸깍' 들어온다.
카메라 향해 목례하는 간부들.
온하준, 카메라의 빨간 불을 물끄러미 본다.

온하준	…

S#18.   장 대표실 안 / 앞. 밤

책상에 하얀 봉투 '툭' 던져 놓는 온하준. 무심히 돌아서서 나
간다.
장 대표실에서 나오는 온하준.
장 대표, 복도 걸어오다가 온하준 본다.

장 대표   온 기사. 어쩐 일이야?
온하준   (미소) 아무것도 아닙니다.
장 대표   나한테 무슨 볼일 있어서 온 거 아니야?
온하준   볼일 다 봤어요.

돌아서 가려다 다시 장 대표 돌아보는 온하준.

온하준   예전에 제가 사고 내고 들어왔을 때 기억나세요?
장 대표   ?
온하준   그때 혼내지 않고 따뜻하게 대해 주신 거. 좋았어요. 살면서
            나를 그렇게 대해 준 사람이 대표님이 처음이었던 거 같네요.
장 대표   …
온하준   (미소) 오래오래 사세요. 너무 무리하지 마시고요.
장 대표   ?

돌아서서 뚜벅뚜벅 가는 온하준.

온하준   (혼잣말) 그 잠깐의 호의가 대표님을 살렸어요.

S#19.   택시 회사 안. 밤
         자판기 커피 뽑아 주차장으로 나오는 온하준.
         지나다니는 사람이 하나도 안 보인다.

온하준   겨우 사람 하나 나갔는데 너무 빈 집 같네. 하긴 뭐 일이 손에
         잡히겠어.

         온하준. 회한에 젖은 표정으로 다시 회사 내부 둘러본다.

온하준   (작은 한숨) 놀 땐 재밌는데 끝이 너무 허무해. 참 이게 별로야.

         주차장에 도기의 일반 택시가 보인다. 뚜벅뚜벅 택시로 걸어
         가는 온하준.

온하준   형님이랑은 왠지 친구가 될 수 있을 줄 알았는데… 아쉽네.

         온하준, 택시 보닛에 자판기 커피 내려놓고 택시 회사를 떠
         난다.
         커피 잔에 수증기가 향처럼 피어오르면.

S#20.   지하 정비실. 밤
         검은 옷차림의 멤버들. 침울한 분위기로 힘없이 앉아 있다.

최 주임	(한숨) 몇 시야?
고은	(한숨) 9시.
최 주임	(더 큰 한숨) 9시인데 왜 안 와?
박 주임	오겠지.

문 열고 장 대표가 들어온다.

장 대표	(둘러보며) 아직 안 왔어? 9시에 온다고 하지 않았나?

육중한 기계 소리와 함께 리프트가 내려온다.
새로운 모범택시가 리프트를 타고 내려온다.
침울하던 멤버들의 표정이 하나둘씩 밝아진다.
운전석에는 선글라스를 낀 도기가 건재하게 앉아 있다.
모범택시, 바닥에 안착하면. 택시에서 내리는 도기.

최 주임	죽은 사람이 돌아왔네? 와우 귀신이다~
박 주임	행님. 안 웃기거든.
최 주임	잘 때 웃겨. 너 이제 잠은 다 잤다.
도기	(선글라스 벗으며) 결과 나왔어요?

키보드 당겨 와 타이핑하는 고은.

고은	김도기 기사님 장례식에 있었던 낯선 사람들 신원 나왔어요.

장례식장에 검은 양복들 사진이 모니터에 뜬다.

박 주임 (보며) 모두 같은 용역 업체 소속이네.

고은 그리고 이들 모두 여기서 근무 중이네요.

고은, 엔터키를 치면, 검은 태양 로고가 모니터에 뜬다.

도기 블랙썬이네요.

최 주임 블랙썬? 정삼에 그 유명한 클럽?

박 주임 클럽에서 왜 김도기 기사를 노려?

최 주임 김도기 기사 술 먹고 돈 안 낸 적 있어?

박 주임 (안 웃김) 아이 행님.

최 주임 (아무 말이나 툭) 아니면 뭐 우리가 쟤네들 뭔가를 건드렸나 부지. 원래 어둠의 종사자들이 자기 영역이나 사업장 침범하는 거 진짜 싫어하잖아. 안 그래?

멤버들 …

최 주임 (뒤늦게 멤버들 분위기 파악하고는 스스로 소스라치는) 뭐야 뭐야! 나 지금 날카롭게 뭔가를 파고든 거지? 그치??

장 대표 거기에 하나 더.

멤버들 ?

장 대표 김 군이 그랬었지. 죽은 다음 움직이는 사람한테 집중하라고.

장 대표, 책상에 하얀 봉투 내려놓는다.

고은   (봉투 펴 보며) 사직서? 온 기사님 그만뒀어요?

장 대표   가장 먼저 움직인 사람이 우리 가까이 있었어.

박 주임   김도기 기사가 갑자기 사고당해서 너무 슬퍼서 그만둔 건 아
         닐까요?

장 대표   그렇게 생각하기에는 이상한 점들이 몇 번 있긴 했었어.

         인서트 무지개 택시 회사 내 낡은 창고 안. 과거
         택시 멤버들의 비밀 통로 버튼을 누르려는 온하준.

장 대표   거기서 지금 뭐하나?

장 대표(E) 우연히 우리 출입구를 찾아낸 것도 그렇고.

         인서트 무지개 택시 회사 사무실 안
         장 대표, 무심히 지나가다가 온하준을 본다.
         온하준이 커피 마시며 택시 직원 명부를 핸드폰으로 찍는다.

장 대표   ?

         다시 지하 정비실 안.
         온하준 이력서 내려놓는 장 대표.

장 대표   입사할 때 제출했던 이력서에 이전 주소지랑 전 직장을 다 찾
         아가 확인해 봤는데. 온하준이란 사람을 전혀 모르고 있었어.

고은   (전화 끊으며) 핸드폰도 없는 번호라고 나오는데요.

박 주임	그럼… 온 기사가 김도기 기사를 죽이려고 했던 거야? 말도 안 돼.
최 주임	(고개 절레절레) 천길 물속은 알아도 한 길 사람 속은 모른다더니.
장 대표	처음부터 다른 목적을 가지고 접근한 거였어.
도기	(담담하게 사직서 보며) 친구 안 하길 잘했네요.
박 주임	이 자식. 우리가 그렇게 잘해줬는데. 잡아서 가만 안 둬.
최 주임	어디 있는 줄 알고 잡아? 우리가 알고 있는 전부가 다 가짠데.
도기	모든 실마리는 저기에 있겠죠.
고은	?

고은, 도기의 시선 따라서 돌아보면, 모니터에 클럽 블랙썬이 떠 있다.
멤버들도 하나둘씩 클럽 블랙썬을 본다.

S#21.   **클럽 블랙썬 앞 / 콜 밴 안. 밤**

번쩍이는 블랙썬 간판 아래로 대기 줄이 길게 늘어서 있다.
입구에 가드, 입장 손님의 용모와 신분증 확인하고 있다.
맞은편 갓길에 모범택시, 그 뒤로 콜 밴이 서 있다.
도기, 선글라스 끼며 택시에서 내리려는데.

고은(E)	잠깐만요 김도기 기사님!
도기	(멈칫) ?

콜 밴 안에 인형 안고 모니터 보고 있는 고은. 설마 하는 표정.

고은	지금 그 복장으로 저 안으로 들어가려고 하는 거죠?
도기	(잠바 옷깃 여미며) 네. 안되나요?
고은	솔직히 말해 봐요. 김도기 기사님 클럽에 한 번도 가 본 적 없죠?
도기	(클럽 간판 보며) 뭐. 내 취향이 아니라.
고은	공부만 했죠? 뻔하지 뭐.
최 주임	오케이! 공부 안 한 우리가 간다!
박 주임	그래. 김도기 기사는 죽었잖아. 우리한테 맡겨. 들어가서 필요한 상황 전달해 주면 되는 거 아냐.
고은	정말 들어가게요?
최 주임	(고은이 안고 있는 인형 보며) 근데 그건 뭐야? 못 보던 거네?
고은	(안고 있던 인형 발견하고 깜짝) 어머. 이게 언제부터 여기 있었어?
	혹시 기사님이 인형 갖다 놓으신 거예요?
도기	혼자 있을 때 친구라도 옆에 있으면 어떨까 싶어서요.
고은	(무음의 '꺄악' 인형 잡아 늘어뜨려 보며) 말랑한 게 기분 좋아요.

호기롭게 콜 밴에서 내리는 박 주임과 최 주임. 멋지게 선글라스 낀다.
클럽 앞에 박 주임과 최 주임, 한껏 자기만의 리듬(?)타며 안으로 들어가려는데.
도어가드, 두 사람을 위아래로 스캔하고는 팔로 입구 '턱' 막는다.
최 주임. 막상 그렇게 기분 나쁘진 않다.

| 최 주임 | 미성년자 지난 지 한참 됐는데. 보여 드리자. |

박 주임과 최 주임, 신분증 꺼내 도어가드에게 보여 주며 다시 들어가려는데.
어이없는 미소 지으며 다시 앞을 막아서는 도어가드.

도어가드	담당 MD도 없으신 거 같은데. 이쪽으론 길이 없습니다.
최 주임	(블랙썬 입구 가리키며) 조기 있는데.
도어가드	모퉁이 돌아가면 거기 노래 주점들 있습니다. 거기로들 가시죠.
최 주임	(당황) 아니 우리는…
박 주임	(최 주임에게 귓속말) 행님. 나한테 맡겨. (가드에게 활짝 웃어 보이며) 헤이~ 수고 많아요 엉클 브로~!

박 주임, 어설픈 힙합 느낌 악수로 도어가드 손에 뭔가 쥐어 주는 최 주임.

| 박 주임 | 나중에 맥주 한 잔 할 때 보태 써요. Are you get it?! |

도어가드, 자기 손 펴 보면 꼬깃꼬깃 접힌 만 원짜리 한 장이다.
만 원 더 보태서 박 주임 손에 거칠게 쥐어 주는 도어가드.

| 도어가드 | 좋은 말로 할 때. 주접 그만 떨고 주점 가라고. |

도어가드의 날선 눈빛에 얌전히 돌아서는 박 주임과 최 주임.
고은, 한심한 눈빛으로 콜 밴에 타는 두 사람 본다.

고은   큰소리 칠 때부터 알아봤다 내가.
최 주임   (눈치) 나도 너무 공부만 했나 봐.
박 주임   아무래도 죽은 김도기 기사가 가는 게 낫겠어.
고은   벌써 갔어요.
최 주임   언제? 입구에서 못 봤는데?
고은   다른 입구로 간대요. 시선 교란해 준 두 사람 덕분이라고 전
         해 달래요.
최 주임   (귀 쫑긋) 우리 덕분? (다시 기분 좋아짐) 뭘 또 그렇게까지.

이미지 인서트 블랙썬 옆 골목. 밤
블랙썬 건물과 옆 건물 사이에 비좁은 골목이 보인다.
그 골목에서 위를 올려다보면 밤하늘에 반달이 떠 있다.
그 반달 아래로 건물 사이를 '휙' 넘어가는 도기의 실루엣이
보인다.

S#22.   블랙썬 옥상. 밤
         옥상으로 한 바퀴 구르며 착지하는 도기.
         옷 '툭툭' 털고는 옥상 문 열고 들어가려는데, 인기척이 느껴
         진다.
         재빨리 엄폐물 뒤로 숨는 도기.

문이 '벌컥' 열리며 가드 두 명이 남자(김용민) 하나 끌고 들어온다.

김용민, 이미 흠씬 두들겨 맞은 몰골이다.

가드1　　아, 이 지겨운 기레기 새끼. 이번엔 또 어디로 들어왔냐?

가드2　　막는다고 막았는데 쥐구멍을 왜 이렇게 잘 찾아? 너 사람이 아니라 쥐새끼지?

가드1　　맞네, 쥐새끼. (뒷덜미 잡아 흔들며) 곱게 보내 줘 봤자 또 들어올 거 아냐 이거.

김용민, 어금니 '꽉' 문 채 고통 참으며 가드1, 2 노려본다.
엄폐물 뒤에 도기, 말없이 상황을 주시하고 있다.
가드1, 김용민에게 술 뿌린다.

가드1　　야, 119에 신고해. 어떤 새끼가 술 훔쳐 먹고 도망치다가 옥상에서 떨어졌다고.

김용민　　그만둬!

가드1　　그냥 죽어라 이 새끼야!

가드1, 2, 김용민 폭행하며 난간으로 끌고 간다.
나름 저항해 보지만 속절없이 얻어맞으며 끌려가는 김용민.
도기, 한숨 쉬며 품에서 모자 꺼내 쓴다.
가드1, 2, 김용민을 난간에서 밀치려는데.
모자를 눌러 쓴 도기, 달려와 빠른 속도로 가드1, 2를 제압한다.

얼굴도 제대로 못 보고 당하는 가드1, 2.
도기, 쓰러져 있는 김용민에게 다가가 살펴본다.

도기   괜찮아요?

김용민, 뒤늦게 정신 차리고 주변 보는데, 가드들 쓰러져 있다.

김용민   뭐야.

김용민, 허둥지둥 달려가 옥상 한쪽에 몰래 설치해 둔 카메라
꺼낸다.

도기   …?

녹화된 영상 확인하는 김용민. 도기에게 제압당하는 가드
1, 2 장면이 나오자, 인상이 '확' 구겨진다.

김용민   (달려와 도기 밀치는) 너 뭐야!
도기   ?
김용민   네가 뭔데 끼어들어 일을 다 망쳐!

예상치 못한 김용민의 반응이 당황스러운 도기.

김용민   잘 될 수 있었는데… 에이씨!

스스로 화를 주체하지 못하는 김용민, 마지막까지 도기 원망 하며 나간다.

도기   …

인서트 콜 밴 안. 밤
벙찐 표정으로 모니터 보고 있는 고은.

고은   기껏 구해줬더니 뭐야. 고맙단 말은 못할망정. 자해 공갈단
             아니에요 저 사람? 재수 없어.
도기   (쓰러진 가드1, 2 보며 한숨 쉬는) 다른 입구를 찾는 게 좋겠어요.
고은   다른 입구 내가 알려 줄까요?
도기   …?

옥상 문 열고 들어오는 가드3. 쓰러져 있는 가드1, 2에게 달
려온다.
주변 둘러보는 가드4.
옥상엔 이미 아무도 없다.

S#23.   테일러 샵. 낮
             고은, 테일러 샵 고객 소파에 앉아 노트북 보며 얘기하고 있다.

고은   옥상에 그 사람 있잖아요. 이름 김용민, 전직 한백일보 기자

였고요, 이전에는 언론기자상도 받고 나름 잘 나가는 기자였
는데요. 뇌물 받은 게 걸려서 회사에서도 잘리고 기레기를 대
표하는 기자가 되었네요. 웬만하면 이 사람이랑 엮이지 않는
게 좋겠어요.

도기(E)　　그렇게까진 안 보였는데.

커튼 열고 맞춤 슈트 차림의 도기가 나온다.
고은, 입가에 다정한 미소가 지어진다.

고은　　잘 어울려요.

도기　　이러면 괜찮겠어요?

고은　　너무 잘 어울려서 클럽에서 다들 기사님만 쳐다볼 거 같은
데요.

도기　　(웃는)

S#24.　　**블랙썬 입구. 밤**
입구 앞에 줄 선 사람들.
블랙썬에서 20대 중반의 여자 MD(윈디)가 입구로 나온다.
윈디, 도어가드와 몇 마디 얘기 나누고는 뒷모습의 남자에게
다가간다.

윈디　　김도기님?

돌아서는 슈트 차림의 도기.

도기   네.

윈디   테이블 안내해 드리겠습니다. 들어오세요.

윈디의 안내 받으며 블랙썬 안으로 들어가는 도기.

S#25.   **블랙썬 입구 복도 / 콜 밴 안. 밤**
복도 걸어오는 도기. 넥타이핀 끝에 카메라 렌즈가 보인다.
콜 밴 안에 고은, 넥타이핀 시점의 블랙썬 내부를 모니터로
보고 있다.

고은   (새삼스레 놀라운) 한 테이블 예약하는데 제일 싼 게 얼만지 알
              아요?

도기   얼만데요?

고은   300만 원. 근데 이것도 다른 사람이 350 부르면 예약 취소된
              대요. 무슨 경매하는 거 같지 않아요? 이상해.

도기   두 번 오기 쉽지 않은 곳이네요.

콜 밴 안에 고은, 윈디가 자꾸 흘끔흘끔 도기 돌아보는 모습
보고 있다.

고은   거 봐요. 다들 기사님만 쳐다볼 거라 그랬죠?

윈디	오빠 여기 처음이지?
도기	?
윈디	다음부터는 차라리 트레이닝복 입고 와. 명품으로. 그게 더 좋아.
도기	…
윈디	요즘 누가 클럽 오는데 슈트 입고 와. 스테이지에서 춤추는 것도 얼마나 불편한데. 사람들도 오해해.
도기	…오해?

맞은편에서 걸어오는 부티나 보이는 양 사모, 가볍게 도기를 잡는다.
마음에 드는 눈빛으로 도기를 위아래로 훑어보는 양 사모.

양 사모	명찰 안 했네? 몇 번?
도기	?
윈디	(친절한 미소) 아아. 이분은 손님입니다.
양 사모	쏘리. 이렇게 입어서 가드인 줄. 즐거운 시간 보내요. (가는)

다시 앞서서 걸어가는 윈디.
도기, 거울에 비친 자기 모습 본다.

도기	고은 씨. 솔직히 말해 봐요. 클럽 와 본 적 없죠?

인서트 콜 밴 안

괜히 헛기침하며 모니터 닦고 있는 고은.

고은   아니 뭐… 내가 공부만 하느라 바쁘기도 했고…

      창문으로 다가오는 박 주임과 최 주임 얼굴. 의혹의 눈빛으로
      고은을 본다.

최 주임 딱히 공부만 한 거 같진 않은데.
박 주임 그니까.
고은(E) 다 들리거든요!

      '후다닥' 창문에서 사라지는 박 주임과 최 주임.
      복도에 도기, 미소 지으며 안으로 들어간다. 미소가 다정하게
      느껴진다.

S#26.   **블랙썬 홀 / 콜 밴 안. 밤**
      2층으로 된 클럽 내부.
      좁은 스테이지 안에서 춤추고 있는 사람들.
      도기, 구석 기둥 뒤 좁은 테이블에 앉는다. 자리도 다소 불편
      하다.

도기   이 자리가 삼백만 원이라고요? 삼십만 원도 비싼 거 같은데.
고은   그 자리가 제일 싼 곳이었어요. 기사님 맞은편 테이블들 보이

죠? 그 자리가 오백만 원. 스테이지 앞에 있는 자리들이 칠백만 원.

고은 얘기에 맞춰 스테이지 둘러보는 도기.

고은(E)	위를 한 번 봐 보세요.
도기	(이층 올려다보면) ?
고은	스테이지 전체를 조망할 수 있는 저 자리가 딱 천만 원. 정말 놀랍지 않아요? 계곡에 평상 10만 원 달라는 것도 진짜 고민 되던데.

도기, 홀(Hall)로 들어오는 가드 두 명(가드3, 4)이 내부 복도로 들어가는 걸 본다.

도기	조금 전에 들어온 가드 두 명. 장례식에 온 친구들 맞죠?
고은	(확인해 보며) 네. 근데 저 사람들도 기사님 알아보지 않을까요?
도기	영정 사진 한 번 보고 기억하긴 쉽지 않죠. 알아본다면 오히려 고은 씨를 알아보겠죠. 상주였으니까.
고은	(끄덕끄덕) 아. 내가 상주였지 참.

윈디, 도기 앞자리에 불쑥 앉는다.

윈디	어때 재밌어? 벌써 재미없지?
도기	…?

윈디	여기선 물건 하나만 봐도 다 스캔할 수 있어.
도기	스캔?
윈디	(위아래 훑어보며) 음. 연봉은 많아 봤자 4천 언더. 한 달 월급 고스란히 털어서 여기 예약하고 새 옷까지 사 입었는데, 매칭도 안 되고 슬슬 본전 생각나. 맞지 오빠?
도기	(웃는) 대단한데. 거짓말하면 안 되겠다.
윈디	여기 이렇게 다들 섞여 있으니까 다 똑같은 사람들 같지? 아니, 여기는 철저하게 계급 사회야. 양반부터 노비까지 다 섞여 있어. 돈 많은 놈이 귀족, 양반이고 돈 없는 게 상놈이고 노비야.
고은	뭐야. 사람을 왜 그렇게 나눠? 자기는 얼마나 잘났다고?

윈디, 다른 테이블 한 곳을 손으로 가리킨다.

윈디	저 테이블 보이지? 쟤네들 양반인 척하고 있지만, 사실 노비들이야. 엔빵 하고 들어온 거야. 근데 저렇게 해 봐야 소용없어. 금방 들통 나. 여기서는 절대 못 속여.
도기	그럼 저 위에 앉아 있는 사람들이 귀족?
윈디	귀족은 아니고 양반. 귀족은 아랫것들이랑 겸상 안 하지.

그때, 음악과 조명이 바뀌며 가드들이 스테이지에 길을 만든다.
수영복 차림의 여성 종업원들이 주방에서부터 고급 술병과 안주를 들고 퍼포먼스하며 나오고 있다.

가드들이 붙으며 행렬을 보호한다.

윈디   저걸 주문할 수 있어야 바로 귀족이지.

콜 밴 안에 고은 바로 서칭한다.

고은   기사님 놀라지 마세요. 지금 저 세트 메뉴 하나가 천팔백만
         원이에요! 정말 기가 막히지 않아요?
윈디   황제 세트. 저거 하나가 1억 8천만 원이야.

고은, 모니터에 나온 숫자 개수 다시 헤아려 보고는 깜짝 놀
란다.

고은   (현실감 없음) 진짜 1억 8천이야… 우리 집 전세 보증금이 1억
         6천인데… 뭐지? 도대체 왜…?

사람들 사이를 뚫고 가드들 호위 받으며 VIP 전용 복도로 들
어가는 행렬.
그 행렬의 끝에 늘씬한 큰 키의 가드장이 보인다.

도기   …

인서트 장례식장 주차장. 밤. 과거
밴에서 내린 가드장, 꾸벅 인사하며 봉투 넘긴다.

도기	…

행렬이 지나가자 다시 원래 음악과 조명으로 돌아온다.
윈디, 핸드폰 울리자 발신자 확인하고는 자리에서 일어난다.

윈디	평민 하나 신분 상승해 보겠다고 열심히 전화한다 또. (가다가 도기 돌아보며) 피크타임 들어가면 오빠도 어쩔 수 없이 물갈이 대상이니까. 그동안 열심히 놀아.

전화 받으며 가는 윈디.
도기, 다시 가드장 주시한다.
가드장, 가드5, 6에게 몇 가지 지시하고는 VIP 전용 복도로
들어간다.

도기	우리한테 필요한 사람이 전부 저쪽으로 가네요.

도기, 일어나 가드장이 들어간 복도로 들어가려는데, 검은 양
복 차림의 가드가 길을 막는다.

가드5	몇 번 룸이십니까?
도기	아아. 저는 구경 좀 하려고.
가드5	죄송합니다. 이쪽은 VIP 전용이라 일반 손님은 들어갈 수 없습니다.
도기	아아… (미소) 네.

순순히 돌아서서 나오는 도기.

도기   안에 들어와서도 못 가는 곳이 또 있네요.
고은   이렇게 겉돌기만 해선 시간만 낭비하겠어요. 어떡하죠?
도기   고은 씨 말 대로 거리를 좁힐 필요가 있겠어요.
고은   거리를 어떻게 좁혀요? (웃는) 어디 VIP 친구라도 사귀게요?

도기, VIP 구역으로 들어가는 후드티에 마스크 쓴 남자(빅터)
를 주시한다.

도기   좋은 생각이에요. (성큼성큼 걸어가며) 고은 씨만 믿어요.
고은   나만 믿어? (뭔가 불안) 뭘? 무엇을요?? (설마!!) 잠깐만요!

가드5, VIP 손님들 안내해 주고 돌아서는데, 도기가 성큼성
큼 다가온다.

고은   김도기 기사님! 그거 좋은 생각 아닌 거 같아요! 잠깐만요!

도기, 가드5가 제지하기 전에 VIP룸의 문을 활짝 열어젖힌다.

도기   반갑다 친구야!
고은(E)   꺄아아아악!

S#27.　　　　VIP룸 / 콜 밴 안. 밤

　　　　　　윈디, 고개 갸웃하며 도기 보고 있다.
　　　　　　룸 안에 사람들, 도기에게 시선이 몰린다.
　　　　　　콜 밴 안에 고은, 급하게 키보드 당겨 오며 서칭 준비한다.

고은　　　　(울고 싶다) 어떡해 어떡해.

　　　　　　문 앞에 도기, 만면에 미소 머금은 채 서 있다.
　　　　　　마스크 벗으며 돌아서는 빅터. 도기 보며 고개 갸웃한다.
　　　　　　콜 밴 안에 고은, 모니터 빅터 얼굴 보고는 더 울고 싶다.

고은　　　　웬일이니 연예인이야. 연예인이랑 친구를 어떻게 만들어!

　　　　　　룸 안에 사람들, 고개 갸웃거리며 도기 보고 있다.

빅터　　　　Who?
윈디　　　　(빅터에게 나즈막히) 빅터 오빠 아는 사람이야?
빅터　　　　…?

　　　　　　도기, 시종 반가운 미소 지은 채 빅터에게 조금씩 다가간다.

도기　　　　여기서 다시 만날 줄은 몰랐네.

　　　　　　콜 밴 안에 고은, 빅터의 초창기 기사와 이미지들을 빠르게 서칭한다.

의자 '차르륵' 밀며 또 다른 노트북으로 SNS 따고 들어간다.

가운데 자리에 앉아 있는 빅터, 도기를 빤히 쳐다본다.

도기   이게 얼마만이야? 나 김도기야 친구야.

콜 밴 안 고은, 엔터키 누르면 빅터의 LA 연습생 시절 사진들
이 모니터에 산개되며 뜬다.

빅터   (픽 웃으며) 얼마 만이래. 네가 누군지 모른다고.

윈디, 가드5, 6에게 눈짓한다.

문 밖에서 보고 있던 가드5, 6, 인상 쓰며 도기에게 다가온다.

고은(E)   돼지껍데기!

미소 머금고 있던 도기, 미소가 싹 없어진다.

도기   서운한데. 내가 구워 준 껍데기가 얼만데.

빅터   (움찔) …

사진들 '휙휙' 넘겨 보는 고은, '연습생 분기 발표회' 플래카
드 아래로 단체 연습생 사진이 나온다. 빅터가 센터에서 양손
브이 자세 취하고 있다.

타이핑이 빨라지는 고은.

도기   연습생 분기 발표회에서 네가 1등 했을 때 내가 얼마나 기뻤
                는데.

빅터   (혼란스런) …

고은(E)   김도기 기사님 사진 하나 보냈어요.

도기   내가 민망해서 이 사진은 안 보여 주고 싶었는데.

도기, 핸드폰 꺼내 빅터에게 사진 하나 보여 준다.
단체 연습생 사진 속 양손 브이 자세의 빅터 뒤로 도기가 빼
꼼히 보인다.

도기   요즘도 일 안 풀릴 때 이 사진 보면 힘 받는다니까. 네가 내
                롤모델이니까.

빅터, 혼란스러운 표정이 미소로 바뀐다.

빅터   기억 안 나긴. 오랜만이다 김도기. 못 알아봐서 미안. (어깨동무
                하며) 너도 알다시피 그때 들락날락하던 연습생들이 한 둘이
                었냐!

도기   (끄덕끄덕) 그 들락날락하던 애 중 하나가 바로 나야.

빅터   하하하!!!

원디, 다시 눈짓하면 문 닫고 나가는 가드5, 6.

콜 밴 안에 고은, 갑자기 기운이 쪽 빠진다.

<시간 경과>
VIP룸에 도기, 모임에 섞여 자연스레 대화 나누고 있다.
빅터, 리모컨으로 대형 벽걸이 TV 켠다.

빅터   주문한 거 아직 멀었어? 빨리 갖다 줘. 인형 뽑기하게!

박수 치며 환호하는 사람들.
도기, 분위기에 맞게 호응해 주며 조용히 밖으로 나온다.

S#28.   VIP룸 앞 복도 / 콜 밴 안. 밤
룸에서 나오는 도기.
다른 룸들이 양쪽으로 길게 늘어서 있는 복도를 본다.
또 다른 손님들이 MD 안내 받으며 VIP 구역으로 들어온다.
도기, 입구 지키고 있는 가드5, 6 등진 채, 태연히 복도 안쪽
으로 들어간다.
다소 앳되어 보이는 남자 손님들, 장난치며 도기 옆을 스쳐
지나간다.

미자1   여기 어떻게 뚫었냐고. 빨리 비결 좀 공유해 보라고 새끼야.
미자2   비결 뭐 있어? 돈이지 새끼야. 엄마 카드로 한도 끝까지 풀로
긁어서 하이패스 하나 끊었다.

| 미자3 | 와 씨. 고삐리가 출세했다. |

자기들끼리 시시덕거리며 룸 안으로 들어가는 미자(미성년자)들.

| 도기 | (핸드폰 꺼내 문자 보내며) 여긴 놀랄 일이 끊이질 않네요. |

메시지 전송하는 도기. 복도 주변을 살피며 걸어오는데, 모퉁이에서 사람들 인기척이 들린다.

| 가드장(E) | 야, 그 새끼 빨리 튀어오라고 해. |
| 가드4(E) | 네, 알겠습니다. |

도기, 주변 둘러보다가 7번 룸이 열려 있다.

S#29. 7번 VIP룸 안. 밤

텅 빈 룸 안으로 들어오는 도기. 문밖 기척 살피는데.

| 가드장(E) | 야. 7번 룸 손님 잡지 마. |
| 도기 | ! |

문 '벌컥' 열고 들어오는 가드장. 뒤이어 가드들이 '우루루' 들어온다.
룸 내 화장실에 숨어 있는 도기. 살짝 열린 문틈으로 상황 보

고 있다.

가드1, 2를 포함한 대여섯 명의 가드들, 가드장 앞에서 단체 기합 받고 있다.

| 가드장 | 조만간 여기 중요한 행사 있으니까 물 관리 잘하라고 했어 안 했어. 새끼들이 어디서 설렁설렁 일하고 있어. 정신들 똑바로 안 차려? 여기가 니들 놀이터냐? |

가드장, 앞에 원산폭격하고 있는 가드1, 2를 발로 툭툭 찬다.

| 가드장 | 그 기레기 새끼 다신 못 들어오게 하라 그랬더니 얻어터지기나 하고. |
| 가드1 | 제가 그 쥐새끼 잡아서 확실하게 단도리 치겠습니다. |

가드장, 가드1의 복부를 '퍽' 찬다.
배 부여잡고 고통스러워하는 가드1.
가드장, 가드1 더 때리려는데, 전화벨이 울린다.

가드장	네. 형님 어쩐 일이요? (무덤덤한) 그래요? … (한숨) 그럽시다. 그놈 번호나 좀 보내 줘요. (전화 끊고) 밖에서는 기레기 함부로 건들지 마라. 지 알리바이 다 만들어 놓고 다니는 새끼니까. 괜히 안에서 조지라고 한 줄 알아?
가드2	시정하겠습니다.
가드장	(한숨) 니들 때린 그 새끼 얼굴은 기억 안 나고?

| 가드1 | 네. 워낙 순식간에 일어난 일이라서. |
| 도기 | … |

문 열고 윈디가 들어온다.

| 윈디 | (화장실로 뛰어가며) 쏴리. 나 화장실. |

도기, 재빨리 화장실 문을 조용히 닫는다.
윈디, 다가와 문손잡이 돌리는데 문이 잠겨 있다.

| 윈디 | (?) 안에 누가 들어갔어? |

화장실에서 변기 물 내리는 소리가 들린다.

| 가드장 | …? |

표정 굳히며 돌아보는 가드장.
옷 추스르며 화장실 문 열고 나오는 도기.

도기	(민망한) 어이쿠. 비어 있길래 들어왔는데 사람이 많네.
윈디	왜 여기 있어? 빅터 오빠는 3번 룸인데.
도기	아, 내가 화장실이 너무 급해서.
윈디	그 방에도 화장실 있잖아.
도기	안에 사람이 들어가서 너무 안 나와서. 나는 급해 죽겠는데.

윈디	그래도 다른 방에 들어오면 안 되지.
도기	(따라가며) 죄송합니다. 죄송합니다.
가드장	…

나가는 도기 물끄러미 보고 있는 가드장. 문자 메시지가 온다.

S#30.   **콜 밴 안. 밤**

박 주임, 기지개 켜며 하품한다.

박 주임	어우. 피곤해. 고은이는 안 피곤해?
고은	피곤해요. (코피코 한 개 까먹고) 이제 안 피곤해요.

고은, 코피코 먹으며 모니터로 블랙썬 앞에 서 있는 경찰차를
물끄러미 본다.

고은	(갸웃) 왜 안 들어가고 계속 저러고 있어?
최 주임	(돌아보며) 뭐가?
고은	저 경찰차요. 김도기 기사님이 블랙썬 안에 미성년자 신고했거든요. 아까 왔으면서 그냥 계속 저러고만 있어요.

최 주임, 블랙썬 앞에 서 있는 경찰차 본다.

최 주임	뭐야? 왜 안 들어가?

S#31.   블랙썬 VIP 전용 복도. 밤
               윈디 안내 받으며 복도 걸어가는 도기.
               도기의 핸드폰이 울린다. 처음 보는 번호다.

도기   (받으며) 여보세요?
가드장(E)   너냐?
도기   …?

               돌아보는 도기.
               가드장, 전화 통화하며 복도로 나온다.

가드장   (전화 끊으며) 신고한 새끼가?
도기   !

               가드들, 도기가 못 도망가게 에워싼다.

도기   …

S#32.   블랙썬 앞 / 콜 밴 안. 밤
               도기, 가드3, 4에 붙들려 강제로 밖으로 끌려 나온다.

도기   (소심하게 저항하며) 아니 잠깐만! 이유나 알고 쫓겨납시다!

뒤따라 나오는 가드장, 가드 두 명에게 눈짓하면 가드3, 4 도
기 팔을 뒤에서 잡는다.
가드장, 다짜고짜 도기 복부에 강하게 주먹 내지른다.
콜 밴 안에 고은, 걱정 가득한 표정으로 모니터 보고 있다.
잠시 후, 최 주임과 박 주임이 문을 벌컥 열고 도기를 구하려
고 나선다.

최 주임	김도기 기사는 우리가 구한다!
고은	안 돼요!
최 주임	안 된다니?
고은	기사님이 절대 오지 말랬어요.
박 주임	정말 안 가도 돼?
고은	(점점 열 받는) 아니 근데 저 경찰차는 왜 보고도 가만있는 거 야? 뭐야 쟤네들?

경찰차와 사람들이 있는 데도 일방적으로 도기를 구타하는
가드장. 도기, 가드장의 주먹이 얼굴로 날아오자 고개 숙이며
일부러 주저앉는다.
그 바람에 뒤에서 잡고 있던 가드3의 얼굴에 가드장 주먹이
꽂힌다. 얼굴 부여잡고 나가떨어지는 가드3.
다리에 힘 풀린 채 주저앉아 있는 도기 내려다보는 가드장.
경찰차 슬쩍 보며 눈짓한다.
그제야 경찰차에서 내리는 장 경사와 조 경장. 어슬렁거리며
다가온다.

장 경사	누가 신고하셨습니까?

가드장과 간단한 귓속말 주고받는 장 경사. 도기에게 다가온다.

장 경사	일어날 수 있습니까?

도기, 힘겹게 일어나면.
장 경사, 도기 팔을 뒤로 꺾어 수갑 채운다.

도기	뭡니까?
장 경사	자아, 당신을 영업 방해 혐의로 긴급 체포합니다.
도기	?

콜 밴 안에 고은, 어이없는 표정으로 보고 있다.

고은	저건 또 무슨 시추에이션이야?

장 경사, 도기 끌고 가 경찰차에 태운다.
도기, 순순히 경찰차 뒷좌석에 탄다.

장 경사	다른 불편 사항 없으시면 저흰 그만 철수하겠습니다.

떠나는 경찰차.
콜 밴 안에서 멍하게 보고 있는 고은, 탄식 섞인 한숨 나온다.

고은   눈앞에서 봤는데도 너무 거짓말 같다.

S#33.   대학교 내 주차장. 밤

건물 앞 주차장에 멈춰 서는 장 대표의 차.
교수, 차에서 내리는 장 대표를 반갑게 맞이한다.

교수   제가 바로 찾아뵐려고 했는데…

장 대표   아니야, 바쁜 사람한테 어려운 부탁까지 했는데 내가 직접 와
야지.

교수   일단 들어가시죠.

건물 안으로 들어가는 두 사람.

S#34.   교수실 안. 밤

교수, 보드 판에 실험 사진들 몇 장을 붙인다.

교수   보내 주셨던 사진을 바탕으로 차량의 폭발 유형을 실험해 봤
습니다. 동일 차종에 직접 실험하면 더 좋겠지만, 재질만 같
은 조건으로 했어요.

장 대표, 보드 판 앞으로 다가와 사진들 본다.
각기 다른 폭발 그을음이 묻어 있는 사각 철판 사진들이다.

장 대표	이 작은 철판들 하나가 택시 밑판인 셈이구먼.
교수	폭발물은 화약 종류, 형식, 양에 따라 패턴이 다르게 나타나죠. 그것을 이용해서 출처를 파악할 수 있죠.
장 대표	사람으로 치면 지문 같은 건가?
교수	몇 개 안 되는 지문이죠. 우리나라에서 폭발물 취급하는 곳이 국방부, 국정원, 행안부, 얼마 없으니까요.

교수, 택시 밑판에 생긴 그을음 사진을 네 번째 철판 그을음 사진과 나란히 붙여 놓는다. 모양이 비슷하다.

장 대표	모양이 비슷하구먼.
교수	CFEI라고 제가 미국 화재폭발조사관 자격증 준비할 때 가장 많이 접했던 패턴이에요. C4 중에서도 A5 패턴과 일치합니다.
장 대표	우리나라에서 이 패턴의 폭발물을 다루는 곳이…
교수	행안부 대테러용으로 주로 사용하는 소형 폭약입니다.
장 대표	행안부 대테러라면… 경찰이라는 얘기?
교수	자료상으로는 그렇습니다.
장 대표	…

인서트 장어집. 과거

조진우	수사 라인도 이미 오염됐다고 봐야 돼.
장 대표	…

교수	(안색 살피며) 장 대표님?
장 대표	(다시 미소 찾으며) 고마워. 어려운 부탁을 했는데, 이유도 안 물어보고 도와줘서.
교수	이유는 중요하지 않으니까요. 파랑새에서 저희 가족에게 준 도움에 비하면 이건 아무것도 아니죠. 제 도움이 필요하시면 언제든 말씀해 주세요.
장 대표	(미소) 그렇게 얘기해 줘서 더 고마워.

폭발 사진 바라보는 장 대표. 미소가 서서히 걷힌다.

장 대표	폭발물 출처가 경찰이라···

장 대표, 눈빛이 날카롭다.

S#35.   **정삼경찰서 안. 밤**
도기, 수갑 채워진 그대로 유치장 안으로 떠밀려 들어간다.
조 경장, 철창문 잠근다.

도기	피해자는 난데 왜 날 가두는 거죠?
조 경장	아까 다 얘기해 줬잖아요. 영업 방해 및 기물 파손 현행범으로 체포된 거라고.
도기	어떤 기물이죠?
조 경장	?

도기	내가 어떤 기물을 파손했습니까?
조 경장	⋯
도기	미성년자 출입 신고한 건 어떻게 됐습니까?
조 경장	(으쓱) 신고 받은 거 없는데?
도기	있을 텐데요.
조 경장	거 없는 얘기 지어내지 말고 남의 기물 부수지나 말아요. 멀쩡하게 생겨 가지고 말이야.
도기	미성년자 출입 신고한 내 말은 안 믿고 기물 파손했다는 클럽 직원 얘기는 믿는군요. 정작 클럽 안에는 들어가 보지도 않고.
조 경장	⋯

말문 막히는 조 경장, 괜히 눈 부라리며 자리 뜬다.

도기	⋯

장 경사, 누군가와 전화 통화하고 있다.

장 경사	어. 진술은 다 받았고? 그래 알았어.

'픽' 웃으며 전화 끊는 장 경사. 도기 앞으로 온다.

장 경사	이름이 김도기라고 했나?
도기	⋯

장경사	지금부터 당신은 클럽 직원 성추행 혐의로 긴급 체포된 겁니다.
도기	!
장경사	(다가와) 그렇게 조용히 놀다 갈 것이지. 왜 분란을 일으켜 가지고, 여러 사람 피곤하게 말이야.

장 경사, 도기에게 조용히 속삭인다.

장경사	넌 이제 엿 됐어.

어금니 질끈 물며 장 경사 노려보는 도기 얼굴에서.

11화 끝.

TAXI DRIVER

두 번째 운행

12화

내부로 다시
들어가 봐야겠어요

S#1.　　　　　**블랙썬 앞 / 콜 밴 안. 밤**
　　　　　　도기, 가드들에 붙들려 강제로 밖으로 끌려 나온다.

도기　　　　(소심하게 저항하며) 아니 잠깐만! 이유나 알고 쫓겨납시다!

　　　　　　뒤따라 나오는 가드장, 가드 두 명에게 눈짓하면 가드3, 4 도
　　　　　　기 팔을 뒤에서 잡는다.
　　　　　　가드장, 다짜고짜 도기 복부에 강하게 주먹 내지른다.
　　　　　　콜 밴 안에 고은, 걱정 가득한 표정으로 모니터 보고 있다.
　　　　　　최 주임과 박 주임이 문을 '벌컥' 열고 도기를 구하려고 나선다.

최 주임　　　김도기 기사는 우리가 구한다!
고은　　　　안 돼요!
최 주임　　　안 된다니?
고은　　　　기사님이 절대 오지 말랬어요.
박 주임　　　정말 안 가도 돼?

고은	(점점 열 받는) 아니 근데 저 경찰차는 왜 보고도 가만있는 거야? 뭐야 쟤네들?

경찰차와 사람들이 있는 데도 일방적으로 도기 구타하는 가드장.
도기, 가드장의 주먹이 얼굴로 날아오자 고개 숙이며 일부러 주저앉는다.
그 바람에 뒤에서 잡고 있던 가드3의 얼굴에 가드장 주먹이 꽂힌다.
얼굴 부여잡고 나가떨어지는 가드3.
다리에 힘 풀린 채 주저앉아 있는 도기 내려다보는 가드장.
경찰차 슬쩍 보며 눈짓한다.
그제야 경찰차에서 내리는 장 경사와 조 경장. 어슬렁거리며 다가온다.
가드장과 간단한 귓속말 주고받는 장 경사. 도기에게 다가온다.
도기, 힘겹게 일어나면.
장 경사, 도기 팔을 뒤로 꺾어 수갑 채운다.

도기	뭡니까?
장 경사	자아, 당신을 영업 방해 혐의로 긴급 체포합니다.
도기	?

콜 밴 안에 고은, 어이없는 표정으로 보고 있다.

고은	저건 또 무슨 시추에이션이야?

장 경사, 도기 끌고 가 경찰차에 태운다.
도기, 순순히 경찰차 뒷좌석에 탄다.

장 경사	다른 불편 사항 없으시면 저흰 그만 철수하겠습니다.

떠나는 경찰차.
콜 밴 안에서 멍하게 보고 있는 고은, 탄식 섞인 한숨 나온다.

고은	눈앞에서 봤는데도 너무 거짓말 같다.

박 주임, 차 시동 걸고 뒤따라가려는데.

고은(E)	잠깐만 스톱!
박 주임	(가려다가 멈추고) 왜? 김도기 기사 안 따라가?
고은(E)	확인 하나만 해 보고 가요.
최 주임	확인? 어떤 거?

고은, 모니터 주시하고 있다.

고은	저 사설 구급차가 왜 블랙썬에 왔는지요.

블랙썬 앞에 멈추는 사설 구급차.

구급 대원 두 명이 소방 호스 가지고 안으로 들어간다.
고은, 입구에서 짜증스레 전화 통화하는 가드장을 모니터로 보고 있다.

박 주임　　　안에 누가 다쳤나?

블랙썬 입구로 미자2가 호스에 꽁꽁 묶인 채 구급 대원에게 들려 나온다.
버둥거리며 소리치는 미자2.
중년 여성 한 명이 화가 단단히 난 표정으로 구급차 조수석에서 내린다.

미자2　　　（화들짝） 엄마!

중년 여성, 미자2 주머니에서 카드 꺼낸다.

중년 여성　　차에 실어요.

구급차에 미자2 싣는 구급 대원들.
중년 여성, 구급차 조수석에 다시 타려다가 가드장 돌아보며.

중년 여성　　내가 신고해서 당신들 가만 안 둘 줄 알아!

떨떠름한 표정으로 말없이 서 있는 가드장.

사이렌을 울리며 떠나는 사설 구급차.
도어가드 조인트 '꽉' 까는 가드장.

가드장	미자는 안 통한다고 얘기했어, 안 했어!
도어가드	했습니다.
가드장	알면서 애새끼들을 들여보내?
도어가드	MD쪽 하이패스로 들어온 애들입니다.
가드장	하이패스? MD가 누구야?
도어가드	윈디입니다.
가드장	(차갑게 웃는) 애 돈독 올랐나 보다. 꽁치 한 번 먹이자. (정색하며) 윈디 쪽 스케줄 싹 다 중지시켜!
도어가드	네!

블랙썬 안으로 들어가는 가드장.
콜 밴 안에 고은, 모니터로 상황 보고 있다.

고은	(갸웃) 돈독이 올랐는데 꽁치를 먹여? 뭔 소리야?

S#2.   **블랙썬 VIP룸 앞 / 안. 밤**
홍분한 표정으로 복도를 뚜벅뚜벅 걸어오는 윈디.
손님 없는 VIP룸 안에서 위스키 마시고 있는 가드장.
윈디, 문 박차고 들어오더니 가드장 뺨을 때린다.

가드장	(어이없는) 죽고 싶어서 미쳤구나.
윈디	네가 뭔데 내가 잡은 예약을 취소시켜? 네가 뭔데!
가드장	(어이없는) 장사 하루 공치더니 눈에 뵈는 게 없구나. 네가.
윈디	내가 오늘 손해 본 게 얼만지나 알아?
가드장	네가 생각 없이 받은 미자 때문에 우리 입장이 아주 난처했 었는데, 일단 무릎 꿇고 사과부터 해야 하지 않나?
윈디	(더 열 받는) 고작 그거 때문에 날 꽁치구이 먹여? 이 양아치 새 끼야!

다시 가드장 따귀 때리는 윈디.
가볍게 피하는 가드장, 윈디 목을 콱 움켜잡고 들어 올린다.
숨 못 쉬고 컥컥거리는 윈디.

가드장	내가 알아듣게 얘기했지. 추행을 하던 폭행을 하던 별지랄을 다 해도 손님들끼리 썸씽이라고 하면 돼. 근데 미자는 방법이 안 서.
윈디	(컥컥) 놔… 이 양아치 새끼…
가드장	미성년자 들어온 건 도망갈 데가 없어. 무조건 내가 덤탱이 라고.

윈디, 테이블에 술병 잡아 가드장 머리 내려친다.
불의의 일격에 머리 감싸며 휘청거리는 가드장.
가쁜 숨 몰아쉬는 윈디.

| 가드장 | (열 받는) 이게 진짜 죽을라고! |
| 윈디 | (또 다른 술병 집어 들며) 너부터 죽을 거다 양아치 새끼야! |

서로가 날 세우며 한판 붙으려는데, 유문현, 문 열고 들여다 본다.
싸움 중단하고 옷매무새 가다듬는 가드장과 윈디.

유문현	뭐하냐 니네?
가드장	아무것도 아닙니다.
윈디	(애써 미소) 대화 좀 나누고 있었어요. 오빠.

유문현, 혀 '끌끌' 차며 두 사람 보고 있다.

유문현	손님들 계시니까 할 얘기 있으면 영업 끝나고 조용히 해라.
가드장	네. 조판장님.
윈디	저도 지금 영업 나갈 참이에요.

윈디, 유문현 눈치 보며 따라 나간다.
열 받는 가드장, 핸드폰 꺼내 전화 건다.

| 가드장 | 장 경사님 저예요. |

S#3.   정삼경찰서 안. 밤

도기, 수갑 채워진 그대로 유치장 안으로 떠밀려 들어간다.
조 경장, 철창문 잠근다.

도기   피해자는 난데 왜 날 가두는 거죠?

조 경장   아까 다 얘기해 줬잖아요. 영업 방해 및 기물 파손 현행범으
         로 체포된 거라고.

도기   어떤 기물이죠?

조 경장   ?

도기   내가 어떤 기물을 파손했습니까?

조 경장   …

도기   미성년자 출입 신고한 건 어떻게 됐습니까?

조 경장   (으쓱) 신고 받은 거 없는데?

도기   있을 텐데요.

조 경장   거 없는 얘기 지어내지 말고 남의 기물 부수지나 말아요. 멀
         쩡하게 생겨 가지고 말이야.

도기   미성년자 출입 신고한 내 말은 안 믿고 기물 파손했다는 클
         럽 직원 얘기는 믿는군요. 정작 클럽 안에는 들어가 보지도
         않고.

조 경장   …

말문 막히는 조 경장, 괜히 눈 부라리는데, 장 경사, 누군가와
전화 통화하고 있다.

장 경사   어. 진술은 다 받았고? 그래 알았어.

'픽' 웃으며 전화 끊는 장 경사. 도기 앞으로 온다.

장 경사	이름이 김도기라고 했나?
도기	…
장 경사	지금부터 당신은 클럽 직원 성추행 혐의로 긴급 체포된 겁니다.
도기	!
장 경사	(다가와) 그렇게 조용히 놀다 갈 것이지. 왜 분란을 일으켜 가지고, 여러 사람 피곤하게 말이야.

장 경사, 도기에게 조용히 속삭인다.

장 경사	넌 이제 엿 됐어.

어금니 질끈 물며 장 경사 노려보는 도기.

S#4. **정삼경찰서 앞 / 콜 밴 안. 밤**

고은, 모니터로 블랙썬 MD 데이터 찾고 있지만 쉽지 않다.

고은	(짜증) 전부 가명을 쓰고 있으니까 더 못 찾겠어. 이 중에 도대체 누가 김도기 기사님을 신고한 거야. 내 손에 걸리기만 해봐.

경찰서 앞에 낡은 승용차 한 대가 멈춰 선다.

콜 밴 안에 고은, 모니터 보며 고개 갸웃한다.

고은   저 사람이 여긴 왜 왔대?

S#5.   정삼경찰서 안. 밤
             경찰서 문 열고 김용민이 들어온다.
             장 경사, 김용민 보자마자 무시하듯 돌아앉아 신문 본다.
             순경 한 명이 일어나 김용민을 응대한다.

순경   어떻게 오셨습니까?

             경찰서 둘러보던 김용민, 유치장 안에 도기 발견하고는 다가
             와 선다.

도기   ?
김용민   …

             장 경사, 김용민의 모습 곁눈질로 보다가 짜증 나는 한숨 내
             쉰다.

S#6.   정삼경찰서 앞. 밤
             도기, 경찰서 문 열고 밖으로 나온다.

경찰서 앞에 서서 담배 꺼내는 김용민. 빈 갑이다. 다시 주머니에 넣는다.

김용민	(도기 돌아보며) 거 고맙다는 인사 정도는 해야 하는 거 아닌가?
도기	저번에 나도 고맙다는 인사는 못 들은 거 같은데. 욕을 들었지.

'픽' 웃는 김용민, 별말도 없이 앞서서 걸어간다.

김용민	(USB 흔들어 보이며) 이거 받고 싶으면 맥주 한 잔 사.
도기	…?

S#7.	범 맥주 안. 밤
	통닭과 스테이크. 맥주 두 잔이 테이블 위에 놓여 있다.
	김용민, 맥주 '벌컥벌컥' 한 번에 들이킨다. "아 시원하고 좋네."
	통닭 먹으며 맥주 한 잔 더 주문하는 김용민.
	도기, 태블릿에 USB 꽂은 채 차량 블랙박스 영상 보고 있다.
	도기가 가드들에게 두들겨 맞는 장면이 나온다.

김용민	맷집 좋던데. 그 정도 맞았으면 쓰러져 기절할 법도 한데.

경찰차가 도기를 태우고 떠나는 영상 보고 있는 도기. 태블릿 돌려주며.

도기	딱히 받고 싶은 영상은 아닌데.
김용민	(도기 앞에 맥주 가져오며) 계속 봐 봐.
도기	…?

다시 영상 보는 도기.
블랙썬 앞으로 택시 한 대가 멈추더니 여자 한 명이 내린다.

김용민	지금 택시에서 내리는 그 여자. 성추행 당했다고 허위 신고한 게 바로 그 사람이야. 닉네임이 애이나라고 그 클럽 소속 MD.
도기	…
김용민	당신이 경찰에 붙잡혀 가고 난 뒤에 출근했으니 거짓말이 들통 난거지. 그래서 바로 풀려난 거고. (도기 잔에 부딪히고는 벌컥 마시는)
도기	…

도기, 태블릿 돌려주고는 맥주 마신다.

김용민	(생각할수록 웃기는) 어떻게 그 소굴 안에서 미성년자 신고할 생각을 하지? 겁이 없는 건지 배짱이 좋은 건지.
도기	보통 기자는 옥상에서 그렇게 모질게 맞는 직업이 아닐 텐데요.
김용민	내가 기자인 걸 어떻게 알았지?
도기	기레기라고 대놓고 부르던데.

김용민	(웃는)
도기	기자가 옥상에서 자신이 폭행당하는 걸 굳이 촬영하려고 한 이유가 뭐였죠?
김용민	(픽 웃는) 돈 뜯으려 했나 보지. 기레기니까.
도기	돈이 목적이었으면 입구에서 했겠죠. 목격자들도 저절로 확보되니까.
김용민	…
도기	불청객이 나타나면 안 되는 거였겠죠. 이를테면 경찰 같은.
김용민	…
도기	자신이 폭행당하는 장면을 촬영해서 협박용으로 쓰려고 한 건가? 아니면 협상용?
김용민	무슨 목적인지는 모르겠지만 더 이상 블랙썬 근처에는 얼씬 거리지 마. 협박이 아니라 선의의 충고야.
도기	?
김용민	그쪽도 제대로 경험했잖아? 선의로 미성년자 신고한 결과가 어떻게 됐는지.
도기	…
김용민	블랙썬은 당신이 생각하는 상식이 통하는 곳이 아니야. 그러니 몸 성할 때 그만두는 게 좋아.

김용민, 잔 바닥까지 비우고는 일어난다.

김용민	앞에서 얼쩡대면 나한테도 방해되고. 어쨌든 맥주 잘 마셨어.
도기	…

김용민, 담배 찾으며 다소 비틀거리며 나간다.
그런 김용민의 뒷모습을 물끄러미 보는 도기.

S#8.   지하 정비실. 낮
        지하 정비실에 모여 있는 도기와 멤버들.

장 대표   어쨌거나 천만다행이야. 속내야 어떻든 김용민 기자의 도움
          이 없었으면 김 군이 아주 곤란할 뻔했어.

고은   근데 너무 어이없지 않아요? 신고했다는 이유로 이렇게 대놓
          고 출동한 경찰도 너무 이상하고.

도기   가짜 피해자를 만들어 곤경에 빠뜨리게 하고. 기자를 옥상에
          서 밀어 버리려 할 정도로 행동에 망설임이 전혀 없어요. 블
          랙썬 내부에 감추고 싶은 게 많다는 반증이기도 하죠.

최 주임   일단 클럽 사장 잡아다가 탈탈 털어 보는 건 어때?

고은   (타이핑하며) 여기서 돌발 퀴즈! 블랙썬 사장은 과연 몇 명일
          까요?

박 주임   사장은 한 명 아니야?

고은   땡.

        모니터에 '1번 두 명. 2번 세 명… 5번 여섯 명.' 오지선다형으
        로 뜬다.

최 주임   (고민할 필요도 없음) 마지막 5번.

고은	(감탄) 이런 건 정말 잘 맞춘단 말이야. 최 주임님 정답.
최 주임	(빙긋. 박 주임에게 조용히) 사람 참 안 변해. 일관성 있어.
고은	근데 더 놀라운 게 뭔지 알아요? 여섯 명 다 진짜 사장이 아니에요. 전부 바지 사장이에요.
도기	진짜 사장은 아무도 모른다…
최 주임	으음. 이상해, 이상해.

도기, 모니터 속 블랙썬을 물끄러미 본다.

도기	블랙썬으로 다시 들어가 봐야겠어요.
고은	테이블 예약할까요?
도기	아뇨. 손님으로는 내부를 자유롭게 돌아다니는 게 한계가 있어요. 다른 방식으로 들어가는 게 더 좋겠어요.

S#9.   **블랙썬 VIP룸. 밤**
빅터, 박현조의 잔에 공손하면서도 장난스럽게 술 따라 준다.

빅터	총경님 아니었으면 정말 큰일 날 뻔 했습니다.
박현조	어허, 여기서는 그렇게 부르지 말라니까.
빅터	네, 사장님.

너털웃음 터트리는 박현조. 빅터와 건배한다.

박현조	술 마셨으면 웬만하면 대리 불러. 모양 빠지게 음주 운전이 뭐냐. 그것도 대로 한가운데서.
빅터	안 그래도 내가 훈종이 그 새끼한테 확실하게 일러뒀어요. 다음 음주 운전은 절대 안 막아 줄 거라고. 그건 그렇고 총경, 아니 사장님. 저 이번 새 앨범 발매 기념으로 섬에 리조트 통으로 빌려서 파티 할까 싶은데 오실 거죠?
박현조	괜찮은 연예인도 오나? 난 요즘 모델 같은 애들이 참 좋더라.
빅터	제가 총경님 딱 알잖아요. 잘 대주는 모델 같은 애들로 섭외할게요.
박현조	너 또 열애설 기사 났더라?
빅터	누구랑요?
박현조	(어이없는) 야 씨. 넌 네가 누구랑 붙어먹었는지도 모르냐?
빅터	아 몰라. 난 다 붙어먹고 결혼은 외국 여자랑 할 거야.

박장대소하는 박현조와 빅터.
유문현, VIP 룸으로 들어와 박현조에게 서류 건넨다.

유문현	이번 달 결산 끝냈습니다.
박현조	(서류 보며) 맨 마지막 줄 숫자만 보면 되잖아. (흐뭇하게 웃으며 빅터 보는) 자네가 홍보해 준 뒤로 매출이 달마다 기록 경신이야.
빅터	남의 일도 아닌데요 뭐.

박현조, 환하게 웃으며 빅터 잔에 술 따라 준다.

빅터   그럼 총경님 오시는 걸로 알고 세팅할게요.

박현조   (잔 들며) 자, 우리의 성공을 위하여!

빅터   위하여!!

S#10.   몽타주. 밤

         블랙썬 뒷골목.

         담배 피우러 나온 가드1.

         가드1 앞에 오백 원짜리 동전 한 개가 '떼구르르' 굴러온다.

가드1   (동전 집어 들며) ?

         가드 동전 주워 돌아서는데, 갑자기 격렬하게 몸부림치고 쓰러지는 가드1.

         전기 충격기를 들고 서 있는 최 주임과 박 주임.

         기절한 가드1 끌고 어두운 골목 안으로 '쏙' 사라진다.

         블랙썬 앞 도로.

         길가로 나와 택시 잡고 있는 가드2, 3.

         모범택시 한 대가 '빈 차' 등 켜고 가드2 앞에 와 선다.

         모범택시 뒷문 열고 타는 가드2, 3.

         운전석에 도기, 담담하게 출발한다.

         화장실 안.

세면대에서 손 씻고 있는 가드4. 돌아서서 나가면, 가려져 있던 옆 세면대에 도기. 손에 물기 털며 뒤따라 나간다.

S#11. 블랙썬 홀. 낮
유문현, 가드장 정강이를 '팍' 차버린다.
정강이 붙들고 고통스러워하는 가드장.

유문현 가드장이란 놈이 애들한테 뭔 짓을 했길래 단체로 잠수를 타!
가드장 저번에 기레기 처리하는 것도 제대로 못 해서 홧김에 그만두라고 했는데. 진짜 이런 식으로 그만둘 줄 몰랐습니다.

한숨 쉬며 어디론가 전화 거는 유문현.

유문현 지금 갈 테니까 애들 좀 추려 놔. 비실비실한 것들 말고 깡 좀 쓰는 애들로.

밖으로 나가는 유문현.
가드장, 유문현이 나가자 주저앉아 아픈 정강이 비빈다.

S#12. 가드썬 인력 사무소. 낮
오래된 헬스장 같은 가드썬 인력 사무소 안.
몸 여기저기 문신한 사람들, 각자 기구로 운동하고 있다.

유문현, 한쪽 소파에 다리 꼬고 앉아 사람들 둘러보고 있다.
소장, 유문현에게 음료 가져와 건넨다.

유문현   요즘 애들은 어째 하나같이 기본이 안 돼 있어.

소장   죄송합니다 조판장님. 저번 그 애들도 나쁘진 않았는데. 이상
하네요.

유문현   잠수 탄 새끼들 집 주소 나한테 보내. 무책임하게 행동한 교
훈은 있어야지.

소장   그게… 여기 다 소개로 오는 애들이라 제가 따로 주소 같은
걸 안 받았습니다.

유문현   (소장 노려보면서) 내가 왜 널 고용한 거 같냐?

소장   네?

유문현   기본 안 된 새끼들 거르라고 내가 너한테 돈 주는 거 아니겠어?

소장   (깨갱) 죄송합니다. 말도 없이 나간 새끼들은 제가 다 찾아서
혼쭐을 내놓겠습니다. 일단 여기 쓸 만한 애들 잘 한번 골라
보시죠.

운동하는 사람들 무심히 둘러보는 유문현.
운동하는 사람들 사이에, 민소매 차림으로 벤치에 앉아 묵직
한 바벨 들고 팔 운동하는 도기가 보인다.
덩치 하나가 도기에게 다가가 '툭' 친다.

덩치   비켜.

도기   나 아직 운동 안 끝났는데.

옆에 있던 덩치2, 인상 쓰며 다가온다.

덩치2	그건 네 사정이고. 우리가 쓸 거니까 딴 데로 꺼지라고.
도기	(바벨 옆에 내려놓고) 아직 운동 안 끝났다고.
덩치	(인상 팍) 이 건방진 새끼가 어디서!

덩치, 도기 얼굴 향해 주먹 날린다.
도기, 날아오는 주먹 피하며 때려눕힌다.
마구잡이로 주먹 날리는 덩치2.
도기, 덩치2 뒷덜미 잡아 바벨 위로 내리꽂는다.
얼굴 부여잡고 '데구르르' 구르는 덩치2.
도기, 벽면을 가리킨다.
종이에 조악하게 '차례를 지킵시다.' 문구가 떡하니 붙어 있다.

도기	최소한의 기본은 지켜. 양아치 새끼들.

덩치들, 슬금슬금 자리 피한다.
도기, 담담하게 다시 바벨 들다가 말고.

도기	아아. 단백질 보충할 타이밍.

도기, 자리에 앉아 마치 광고(?)의 한 장면처럼 멋지게 단백질
음료 들이킨다.
멍하게 보고 있는 유문현, 덩달아 마른침 꿀꺽 삼킨다.

유문현	저 새끼는 뭐야?
소장	우식이 감빵 동기라던데요. 얘기 듣고 찾아왔답니다.
유문현	종목이 뭔데?
소장	폭행이라고만 들었고 자세한 건 못 들었습니다. 온 지 얼마 안 돼서.
유문현	(피식) 폭행. 주먹 쓰는 애들이 순수한 면이 있지. 맑아. 똥인지 된장인지 모를 정도로.

S#13.   **블랙썬 7번 VIP룸 안. 낮**
노크하고 들어와 꾸벅 인사하는 가드장.

가드장	부르셨습니까.

유문현, 신입 가드들과 데리고 룸 중앙에 앉아 있다.

유문현	데리고 가서 잘 교육시켜 봐.
가드장	네. 수고하셨습니다.

가드장, 신입 가드들 사이에 도기를 발견한다.

가드장	어! 너 이 새끼!
유문현	왜. 아는 얼굴이야?
가드장	이 새끼가 미자 신고한 그 새끼입니다.

유문현	뭐? (인상 찌푸리며 도기 보는)
도기	…
가드장	신고 정신 투철하신 분을 여기서 다시 볼 줄은 몰랐네? 용케도 잘 빠져나왔다?
도기	일전에는 실례 많았습니다. 제가 너무 흥분해서.
유문현	…?
도기	사실 제가 편의점에서도 잠깐 일을 했었는데 나이 속이고 술 담배 사러 오는 미성년자 새끼들 때문에 여러 번 피 봤거든요. 합의금으로 월급 다 날리고.
유문현	…
도기	그러다보니까 나이 속이고 들어오는 기본 안 된 놈들만 보면 뚜껑이 열려서, 앞뒤 안 가리고 신고했습니다. (꾸벅) 죄송합니다.
가드장	미안하다면 다야 이 새끼야! 내가 그거 때문에 고생한 거 생각하면!
유문현	잘했어.

가드장, 도기 때리려 손 치켜들다가 유문현의 한마디에 다시
손 내린다.
고개 끄덕이는 유문현, 도기 얘기가 마음에 든다.

도기	?
유문현	다음에도 그런 새끼들 눈에 띄면 바로 신고해. 단, 경찰 말고 나한테.

도기   …네.

              가드장, 도기가 마음에 안 들지만 내색 않고 참는다.

S#14.   블랙썬 홀. 낮
             영업 전 블랙썬 홀 내부.
             열 명 남짓한 가드들이 도열해 있다.
             도기를 포함한 네 명의 신참 가드들 선배 가드들에게 꾸벅
             인사한다.

가드장   인사는 나중에 제대로 하고. 집중.

              도기와 신참 가드들, 줄 끝으로 가 선다.

가드장   업장 내에서 우리가 담당할 업무 분야는 홀, 입장 관리, VIP
              마킹, 딜리버리 이 네 파트다. 초짜들은 마킹이랑 딜리버리는
              알 필요 없고.

              사수 가드, 도기와 신참들에게 무전기와 번호표 나눠 준다.
              도기, 9번 번호표 받아 든다.

가드장   홀 담당은 술 취해 서로 싸우고 비비적거려도 간섭하지 말
              것. 정도가 심해지면 남자 새끼들만 밖으로 내쫓아. 어려운

거 없지?

도기   …

가드장   입장 관리하는 애들. 수질 관리는 전적으로 니들 책임이다.
            지금부터 수질 관리 방법 알려 줄 테니까 잘 새겨 들어.

가드 몇 명, 서둘러 메모지 꺼내 받아 적는다.

가드장   손님별로 영업 시작 직후 여자는 폭탄만 아니면 입장. 남자는
            아저씨와 대학생 스타일 무조건 제외시켜. 알았어?

가드들   네.

가드장   업장이 좀 찼다 싶으면 바로 수질 관리 들어가. 여자는 하마,
            돼지 무조건 입밴. 친구가 모델급이어도 안 돼. 물 버려. 남자
            는 부티 나고 스타일 죽인다는 느낌 안 오면 무조건 입밴. 그
            러다가 (가볍게 춤추는) 미드나잇! 업장 피크타임! 남자는 VIP
            아니면 무조건 입밴. 여자는 쩜오 모델급까지 커트라인. 헷갈
            리면 바로 나한테 물어보고. 자, 질문!

도어가드   (손 들며) MD가 예약한 손님인데 스타일이 아저씨면요?

가드장   좋은 질문이야. 예약 손님인데 스타일이 꽝이다 그럴 때는,
            VIP 손님이라면 통과 그 이하 평민들은 무조건 입밴.

가드들   네!

가드장   블랙썬에서 일어나는 모든 일이 바로 우리 업무다. 우리가 곧
            블랙썬이고, 우리가 곧 이 클럽의 시작과 끝이다. 자부심을
            가져라. 알았어?

블랙썬 안으로 들어오는 윈디, 다른 길 많은데 굳이 스테이지 가로질러 가드장과 가드들 사이 지나간다.

윈디   (다 들리는 혼잣말) 시작과 끝이래. 하나님이야 뭐야.

가드장 너 지금 뭐라 그랬냐?

윈디   혼잣말하는데 들렸어? 우리 가드장님 귀 너무 밝으시다. 개 같아.

가드장과 윈디, 서로 안 좋은 감정 '팍팍' 드러내며 쳐다본다.

윈디   (또 다 들리는 혼잣말) 뭘 쳐다봐 병신이.

가드장 (헛웃음) 아직 정신 못 차렸네, 저게. 꽁치구이 좀 더 멕여야겠네.

윈디   (표독스런) 하기만 해 봐. 방마다 병 뽑기 돌릴 테니까.

VIP 전용 복도로 들어가는 윈디.
대립각 세우는 두 사람을 조용히 보고 있는 도기.
가드장, 기분 '팍' 잡친다.

가드장 뭘 멀뚱멀뚱 서 있어. 영업 준비해 새끼들아!

각자 번호표 가슴에 붙이는 가드들. 도기, 가슴에 번호표 9번 붙인다.
EDM 음악이 터질 듯 울려 퍼진다.

S#15.	블랙썬 홀. 밤

춤추는 사람들로 가득한 블랙썬 스테이지.

스테이지 곳곳에 서서 사람들 살펴보는 가드들.

도기, 다른 가드들과 마찬가지로 스테이지에 사람들 보고 있다.

스테이지에 남자 두 명이 서로 시비가 붙는다.

도기, 가서 말리려는데, 사수 가드가 도기를 저지한다.

사수 가드	명심해. 넌 붕어야. 눈 뜬 붕어.
도기	?
사수 가드	뭘 보든 다 잊어버리라고. 알았어?
도기	…네.
사수 가드	괜히 오지랖 설레발쳐서 분위기 깨지 말란 말이야.
도기	여기 조판장님 사무실은 없습니까?
사수 가드	이 새끼 봐라. 네가 그거 알아서 뭐하게!
도기	조판장님이 저한테 무슨 일 생기면 제일 먼저 신고하라고 하셨거든요. 근데 여기 사장님이 조판장님이에요?
사수 가드	(도기 머리 톡톡 치며) 요거 벌써부터 빼질빼질하게 위에 점수 딸 생각부터 하고 있네 요거. 확 그냥.
양 사모(E)	뭐야, 뭐야?

복도에서 양 사모가 일행들이 들어온다.

꾸벅 인사하는 사수 가드.

사수 가드	어서 오십시오. 양 사모님.
양 사모	(도기 보며) 자기는? 가드가 아니라고 하지 않았나?
도기	(꾸벅 인사하며) 지금은 맞습니다. 어서 오십시오.

빙긋 웃는 양 사모, 도기 가슴팍에 9번 확인하고는 안으로 들
어간다.

도기	…

S#16.   **블랙썬 앞. 밤**

멜빵바지에 팔 토시한 박 주임과 최 주임, 콜 밴 앞에 간이 그
늘막 하나 쳐 놓고 장사하고 있다. '내 손안에 작은 책방' 앞
에서 커피 마시고 있는 도기와 고은.

도기	블랙썬 내부에 다른 공간을 아직 찾지 못했어요.
박 주임	아예 안 만들어 놓은 거 아냐?
고은	매출 정산하고 관리하려면 사무 공간은 필요해요. 여기 주변에 CCTV 회선도 많아서 서버 설비 공간도 있어야 되고.
도기	공간을 숨겨 놓은 거라면 숨겨야 할 물건도 많은 거겠죠. 더 찾아볼게요.

블랙썬 밖으로 나오는 가드장. 콜 밴 앞에 서 있는 도기 발견
한다.

가드장	저 농땡이 까는 거 봐라. 들어온 지도 얼마 안 된 신입 새끼가.

가드장, 콜 밴으로 저벅저벅 다가온다.

고은	(흘끔 보며) 왠지 우리한테 오는 거 같은데요?

고은, 책 하나 든 채 자연스레 자리를 뜬다.
도기, 유리에 비친 가드장 보자마자 선반에 물건들 '확' 쓸어
내며 깽판 친다.

도기	내가 여기에 이런 거 깔아 놓고 장사하지 말랬지!

화들짝 놀라는 박 주임과 최 주임, 쪼그려 앉아 물건들 줍는다.

박 주임	같이 좀 먹고 삽시다.

콜 밴 앞으로 다가오는 가드장.

가드장	뭐야?
도기	손님들 주차하기 힘들다고 얘기를 해도 안 통해서.
가드장	이건 또 언제 생겼어. 어이 아저씨들 여기서 이런 거 하면 안 돼. 딴 데 가서 해, 딴 데 가서.
최 주임	클럽에서 한바탕 놀고 나오면 사람들이 얼마나 배고프겠어 요. 책은 마음에 양식. 독서만큼 몸에 좋은 것도 없어요.

가드장	(뭐야 이것들) 딴 데 가라고!
최 주임	(박 주임 보며) 딴 데 가자.

급하게 책방 콜 밴 타고 떠나는 박 주임과 최 주임.
가드장, 콜 밴이 시야에서 사라지면 도기 향해 돌아선다.

가드장	너 양 사모님이랑 어떻게 아는 사이냐?
도기	양 사모님이 누굽니까?
가드장	쇼하네, 이 새끼. 누군지도 모르는데 어떻게 (9번 번호표 콕콕 찌르며) 네 번호를 콕 집어서 마킹을 시키냐.
도기	…
가드장	이 새끼 이거 은근 재수 없네. 따라와.

도기, 가드장 뒤따라 들어간다.

S#17.   **블랙썬 홀. 밤**
수영복 차림의 여성 종업원들이 퍼포먼스 벌이며 황제 세트 나르고 있다.
가드장과 도기, 홀 안에 서서 퍼포먼스 행렬 보고 있다.

가드장	잘 들어. 넌 지금부터 VIP 마킹을 할 건데 사람을 지키는 게 아냐. 넌 무조건 네 번호가 붙은 술병을 보호하는 거야. 알았어?
도기	?

도기, 고급 술병들에 번호가 하나씩 다 붙어 있다.
번호에 맞춰 가드들이 술병 가까이 하나씩 붙어서 호위한다.

가드장   만약 술병이 도난당하거나 깨지면 너도 깨지는 거야.

도기   …

가드장   가서 네 주인 지켜.

도기, 작게 한숨 쉬며 9번 술병 옆에 붙어서 호위한다.
VIP룸 안으로 들어가는 술병들의 행렬.

S#18.   **블랙썬 VIP룸 안. 밤**
9번 술병 따라서 VIP룸 안으로 들어가는 도기.
룸 안에서도 퍼포먼스가 이어지는 황제 세트 행렬들.
즐겁게 공연 구경하는 손님들.
중앙에 양 사모, 누군가와 전화 통화 중이라 도기를 아직 못
봤다.
윈디, 테이블에 술과 안주들을 적절히 배치한다.
가드들, 자기 술병이 놓인 곳 뒷벽으로 가 자리 잡고 선다.
도기, 다른 가드들 행동 보며 9번 술병 놓인 곳 뒷벽에 가 선다.

양 사모   (전화 통화) 어디야? 왜 아직도 안 와.

인서트 블랙썬 전용 주차장. 밤

온하준, 주차하며 전화 통화하고 있다.

온하준   일정이 밀려서 출발이 늦었어요. 지금 주차하는 중입니다.
양 사모(E) 심심해서 제일 비싼 거 시켰어. 늦는 사람이 술값 내.

차에서 내리는 온하준, 건물 안으로 들어간다.

온하준   (웃으며 승강기 버튼 누르는) 네. 마음껏 시키십시오.

VIP룸 문을 반쯤 슬쩍 여는 사수 가드. 도기에게 잠깐 나오라
고 눈짓한다.

도기   …?

도기, 9번 술병 한 번 슬쩍 보고는 밖으로 나간다.

S#19.   VIP룸 앞. 밤
        사수 가드, 밖으로 나오는 도기를 거칠게 벽으로 밀친다.

사수 가드 (가슴팍에 9번 번호표 주먹으로 툭툭 치며) 상도덕 없고, 위아래도 없는
        새끼야. 나도 몇 번 못 해 본 양 사모 마킹을 들어가? 너 뭔데?
도기   가드장님이 들어가라고 해서.
사수 가드 뭐야 너 낙하산이야? (다소 쎄게 툭 치며) 거절했어야지 새끼야.

도기	…
사수가드	팁 받았어 안 받았어?
도기	…아직 안 받았습니다.

말 끝나기 무섭게 도기 가슴에 9번 번호표 떼어 내는 사수 가드. 자신의 2번 번호표를 도기 가슴에 붙여 준다.

사수 가드	내가 양 사모 방 들어갈 테니까. 넌 뒷문으로 가서 딜리버리 해.
도기	…

사수 가드, 가슴에 9번 번호표 붙이고는 VIP룸 안으로 들어간다.
도기, 어이없이 웃으며 스테이지 쪽으로 나간다.
승강기 문이 '땅' 열리며 온하준이 복도로 들어온다.
룸으로 들어가다가 문득 시선 돌리는 온하준. 모퉁이 돌아 나가는 도기 뒷모습이 언뜻 보인다.

온하준	…?

무심히 시선 거두고 들어가는 온하준.

S#20.   블랙썬 전용 주차장. 밤
뒷문 열고 나오는 도기.

딜리버리가드1, 2, 정신 잃은 여자를 양쪽에서 부축하며 차에 태우고 있다.

도기	(순간 당황하는) …?
딜가드1	(도기 2번 번호표 보자마자) 뭐야 네가 왜 와?
도기	가서 딜리버리 하라고 해서…
딜가드2	아씨. 힘들어 죽겠구먼. 너 면허 있어?
도기	네.
딜가드1	(차 열쇠 던져 주며) 튀어 와 운전해.
도기	…

도기, 여자 상태 살피며 순순히 운전석 문 열고 탄다.

S#21.　VIP룸 안. 밤

양 사모, 9번 술병 앞에 서 있는 사수 가드를 탐탁찮게 보고 있다.

9번 술병 집어 들자, 바로 움직이는 사수 가드.

양 사모	이 술 보호자 당신 맞아?
사수 가드	(기대하며) 네. 저 맞습니다.
양 사모	이상하다. 내가 번호를 잘못 봤나. 김샜어.

양 사모, 바닥에 술병 던져버린다. 술이 사방에 튀며 박살이

난다.

사색이 되는 사수 가드.

다른 사람들과 술 마시던 온하준. 일어나 양 사모에게 다가
온다.

양 사모	교구장님은 아직도 성지 순례 중이셔?
온하준	네. 양 사모님 오시면 지극 정성으로 모시라고 당부하셨습니다. 그런 의미에서 양 사모님 심심하신데 병 뽑기 한번 하실래요?
양 사모	내기 아니면 재미도 없어.
온하준	(빙긋) 내기 하죠 뭐.
양 사모	이긴 사람 소원 들어주기?
온하준	제가 할 수 있는 거라면 뭐든지.

장난스런 미소 가득한 양 사모, 테이블에 양주병 하나 집어
든다.

양 사모	이거 누구야? (양주병에 붙은 번호 확인하며) 3번.

벽에 도열해 있던 가드들 중 가슴에 3번 명찰을 단 가드가 앞
으로 나온다.

양 사모	(또 다른 양주병 하나 뽑아서 번호 확인하는) 4번. 어딨어?

4번 명찰 단 또 다른 가드가 앞으로 나온다.

양 사모   온 실장은 누구한테 걸 거야?

온하준, 양주 한 병 뽑아 들자, 1번 가드가 앞으로 나온다.
양주 세 개를 하나로 모으는 온하준.

온하준   얘네 셋이 같은 편. 그리고 상대 선수는 바로 나.
양 사모   (웃는) 어머 뭐야, 뭐야. 벌써 재밌잖아.

앞으로 나서는 온하준.

온하준   양 사모님 어디에 거실래요?
양 사모   나야 당연히 온 실장이지만, 그럼 게임이 안 되니까 난 이쪽.

온하준, 지갑에서 수표 뭉치 꺼내 테이블에 올려놓는다.

온하준   나 이기면 세 사람이 이거 나눠 가져. 이러면 동기 부여 좀 되지?

수표 뭉치 보고 눈빛이 달라지는 가드 세 명. 서로 눈짓 주고
받고는 동시에 온하준에게 달려든다.
온하준, 달려드는 가드 세 명을 붙잡아 차례로 관절을 모조리
꺾어 버린다.
저돌적이며 잔인한 방식의 격투 기술을 구사하는 온하준.

사수 가드, 바닥에 깨진 병 조각들 줍고 있다가 손이 발에 밟혀 비명 지른다.
룸 안이 단발마의 비명 소리로 가득하다.
양 사모, 박수 치며 좋아한다.

양 사모   어쩜 좋아! 온 실장 너무 섹시하다 정말.
온하준   약속대로 나중에 제 소원 하나 들어주기.
양 사모   (술병 들며) 자, 승리의 술 한 잔 받아.

양 사모가 따라 주는 술 한 번에 쭉 들이키는 온하준. 미소가
서늘하다.

S#22.   도로. 밤
           딜리버리 차를 운전하고 있는 도기. 백미러로 뒷좌석 살펴본다.
           만취한 여자를 중간에 두고 양옆으로 앉아 있는 딜가드1, 2.

도기   어디로 갑니까?
딜가드1   거기 내비 찍혀 있잖아. 배달 늦었으니까 좀 더 서둘러.
도기   …

           말없이 내비 보는 도기.

           인서트 콜 밴 안

고은, 내비 목적지 찾아서 확대시켜 본다.

고은   목적지가 호텔인 거 같은데. 배달이 늦었다는 게 무슨 소리야?

묵묵히 운전하고 있는 도기. 사이드미러에 걸리는 차량이 계
속 신경 쓰인다.
차선 바꾸는 도기, 그러자 뒤에 차량도 따라서 차선을 변경
한다.
도기, 아예 우측 길로 빠져나간다.

딜가드1   뭐야? 왜 옆으로 빠져!
도기   우리 뒤에 차 한 대가 쫓아오는 거 같아서요.
딜가드2   뭐?

딜가드1, 2, 뒤돌아보는데.
정체불명의 차가 달려와 딜리버리 차 옆을 다짜고짜 들이받
는다.
갑작스런 공격에 휘청하는 도기 차.

딜가드1   뭐야 저거!

다시 달려드는 정체불명의 차. 급제동으로 공격을 피하는
도기.
정체불명의 차, 뒤이어 급정거하며 또다시 딜리버리 차를 들

이받으려 한다.

빠르게 차선 변경하며 피하는 도기. 가속 페달 '꽉' 밟으며 앞으로 나간다.

덩달아 굉음 울리며 따라붙는 정체불명의 차. 위협적으로 계속 달려든다.

도기, 능숙하게 방어 운전하며 차량 옆에 붙어서 운전자 확인하는데, 운전자가 김용민이다.

도기   !

인서트 콜 밴 안
운전자 보고 놀라는 고은.

고은   저 사람 김용민 기자 맞죠!

뒷자리 딜가드1, 2도 김용민 얼굴을 봤다.

딜가드1   저 기레기 새끼 또 나타났어!
딜가드2   야! 차 세워!

저돌적으로 핸들 '확' 잡아 돌리는 김용민.
충돌하며 스파크 일으키는 두 차량.
김용민, 핸들 돌리는데, 차량 바퀴가 서로 걸리며 조작이 안 된다.

도기, 달리는 길 전방에 덤프트럭이 주차된 것이 보인다.

인서트 콜 밴 안

고은　　　(다급한) 김도기 기사님 그대로 가면 위험해요!

도기, 사이드 브레이크 당기며 핸들 돌린다.
굉음을 올리며 맞물려 빙글 도는 두 차량.
이리저리 휩쓸리며 비명 지르는 딜가드1, 2.
도기, 트럭이 눈앞에 보이자 빠르게 핸들 틀며 브레이크 밟는다.
빙글빙글 돌며 달리는 두 차량이 덤프트럭 바로 옆 가드레일에 부딪히며 멈춘다.

인서트 콜 밴 안
안도의 한숨 내쉬는 고은.

정신 차리고 차에서 내리는 김용민.
딜가드1, 2, 인상 쓰며 차에서 나와 김용민에게 달려드는데,
김용민, 딜가드1, 2에게 호신용 가스총 쏜다.
콜록대며 정신 못 차리는 가드들.
김용민, 각목으로 딜가드1, 2 때려 기절시킨다.
뒷좌석에 여자 안전 확인하고는 차에서 내리는 도기.
도기 뒤에서 각목으로 도기를 공격하는 김용민.

피하는 도기, 김용민 손에 각목 잡아채 빼앗는다.
뒤늦게 상대가 도기라는 것에 놀라는 김용민.

김용민   (어리둥절) 당신이 왜…
도기   지금 뭐 하는 거죠?
김용민   (차 안에 여자 상태 살피며) 빨리 저 여자를 병원으로 데려가야 돼!
         시간이 없어!
도기   …?

S#23.   병원 앞 / 응급실. 밤
          병원 앞.
          빠르게 병원으로 들어서는 김용민의 차.

          응급실.
          침대에 옮겨진 여자의 혈액을 채취하는 간호사.
          응급실 입구에 서서 진행 상황을 지켜보고 있는 김용민과
          도기.

간호사   (키트 가져가며) 간이 테스트는 10분 정도 걸릴 겁니다.
김용민   네.
도기   …?

S#24. 병원 복도. 밤

응급실 앞 대기 의자에 앉아 있는 김용민과 도기.
김용민, 주머니에서 코피코를 하나 꺼내 먹고는 도기에게 건넨다.

김용민   피곤할 텐데 먹어. 좀 기다려야 하니까.

도기   (말없이 받아 먹는) …

김용민   당신이 거기 있을 줄 생각도 못 했어.

도기   그건 내가 할 말 같은데.

김용민   내가 알아듣게 얘기했을 텐데 방해 말라고.

도기   그것도 내가 할 말 같고.

김용민   (픽 웃어 버리는)

도기   간이 테스트라면 시약 검사 말하는 건가?

김용민   확실한 건 아니지만 분명 특정 약물에 노출된 게 틀림없어.

도기   …

김용민   저 여자를 그냥 내버려 뒀으면 어떻게 되는지 내가 말해 줄까? 알지도 못하는 곳에 끌려가 몹쓸 짓을 당할 거야. 그리고 깨어나 신고해 봤자 달라지는 건 아무것도 없고. 오히려 억울한 가해자가 될 수도 있지.

도기   …?

간호사, 두 사람에게 다가온다.

간호사   안에 있는 환자 분이랑 관계가 어떻게 되십니까?

김용민	결과 나왔습니까?
간호사	간이 검사에서 마약류 양성 반응이 나왔어요.
김용민	(역시!) 내 이럴 줄 알았어!
간호사	경찰엔 바로 신고했습니다.
김용민	(깜짝 놀라는) 신고를 했다고요? 그렇게 맘대로 신고하면 어떡합니까!
간호사	(왜 이래?) 저희는 마약 검사에 양성 반응이 나오면 경찰에 신고 의무가 있어요.
김용민	신고한 지 얼마나 됐습니까?
간호사	양성 뜨자마자 했으니까 거의 다 왔을 거예요.

간호사의 말에 크게 낙담하는 김용민.

도기	…?

S#25.　　병원 앞. 밤

응급실 앞에 경찰차 몇 대가 주차되어 있다.
응급실 문이 열리며 여경들이 여자를 부축하며 나오고 있다.
밖에서 기다리고 있던 장 경사, 담배 부벼 끄고는 여자에게 다가간다.

장 경사	(여자에게) 제 말 들리시죠? 자아, 당신은 현 시간부로 마약류 관리법 위반으로 체포되셨고, 묵비권을 행사할 수 있어요. 들

리세요?

미란다 원칙 고지하며 경찰차에 태우는 장 경사와 여경들.
여자 태우고 병원 빠져나가는 경찰차들.
멀리서 그 모습을 지켜보고 있던 김용민, 쓰레기통 걷어차며
화풀이한다.

김용민   거의 다 됐는데…

자괴감 가득한 표정으로 터덜터덜 가는 김용민.

도기   …
고은(E)   기사님. 최 주임님이 그 사람들 곧 깨어날 거 같다는데요.
도기   네. 지금 갈게요.

김용민 뒷모습 물끄러미 보는 도기, 발걸음 돌려 간다.

S#26.   공터. 밤
           차량 뒷좌석에 쓰러져 있는 딜가드1, 서서히 정신이 든다.

딜가드1   어우. 머리야…

뒤이어 깨어나는 딜가드2. 역시 머리가 깨질 듯이 아프다.

운전석에 앉아 기절(?)해 있던 도기, 머리 부여잡으며 마지막
으로 깨어난다.

도기   아우 머리야. 다들 괜찮으세요?
딜가드2   뭐가 어떻게 된 거야 이거.
딜가드1   아씨. 빨리 전화해서 상황 보고해.

아픈 머리 부여잡고 핸드폰 꺼내 전화하는 딜가드2.

도기   …

S#27.   김용민의 원룸 안. 밤
                김용민, 낡은 현관문 열면 문 앞에 도기가 서 있다.

김용민   (놀란) 우리 집 주소를 어떻게.
도기   차 한 잔 얻어 마실까 해서. 실례가 안 된다면요.
김용민   …

집 안으로 들어오는 도기와 김용민.
한눈에 봐도 청소 한번 안 한 거 같은 상태의 원룸.
곳곳에는 그동안 조사한 블랙썬 관련 자료들이 사방에 쌓여
있다.
냉장고 문 열고 물과 맥주 꺼내는 김용민.

탁자에 놓인 스크랩 자료 옆으로 치우고는 내려놓는다.

김용민   차 같은 건 없고 맥주랑 물 있어. 내키는 걸로.

캔 맥주 따서 들이키는 김용민.
생수 따서 마시는 도기. 다시 한 번 집 안 둘러본다.

김용민   차 얻어 마시자고 온 건 아닐 거고.
도기   (손에 든 생수병 내려놓고) 기자님이 원하는 게 뭔지 궁금해서요.
김용민   ?
도기   서툰 운전 실력으로 위험 감수하면서까지 얻고 싶은 게 뭔지.
김용민   그전에 내가 하나만 물어보지. 운전할 때 내 차를 밀어낸 게, 혹시 내가 트럭과 충돌할까 봐 일부러 그런 건가?
도기   내가 그쪽보다 운전을 잘하니까.
김용민   (끄덕끄덕) 그랬군. (한숨) 내가 원하는 거라… 내가 원하는 거… 그게 참 많았던 거 같은데. 지금은 그저… 다 실패했어. 내가 다 망쳤거든. 사람도 죽고. 나 때문에.
도기   …?
김용민   최성은. 내가 아는 몇 안 되는 진짜 경찰이지.

도기, '최 모 형사. 도박 빚에 스스로 목숨 끊어' 제목의 스크랩된 신문 기사가 눈에 들어온다.

도기   (기사 가리키며) 스스로 목숨을 끊었다는 저 사람 말인가요?

김용민	(순간 드러나는 적개심과 분노) 자살이 아니야. 누군가가 죽이고 그렇게 보이게끔 조작한 거지.
도기	조작?
김용민	(감정이 동요되는) 모르겠어… 거의 다 알아냈다고 생각했는데…

감정을 주체하지 못하고 괴로운 눈시울 붉히는 김용민. 애써 맥주 들이키는데, 굵은 눈물이 '주룩' 흐른다.

김용민	1년 전 그때. 내가 최 형사한테 제보만 하지 않았어도…
도기	…

S#28. **정삼경찰서 수사과 안. 낮. 과거**
수사과 한쪽에서 자축하고 있는 형사들이 보인다.

팀장	이번에 합동 검거 성공으로 청장님께서 금일봉 내려 보내 주신단다.

서로 어깨 두드려 주며 기뻐하는 형사들. 장 경사와 조 경장, 최성은도 보인다.

팀장	(최 형사 보며) 청장님이 공적 순으로 명단 작성해서 올리라고 하니까 이번 주 내로 리스트 뽑아서 올려.
최성은	(신나는) 네, 알겠습니다!

각자 자리로 가는 형사들.

수사과 출입문 한쪽에서 한백일보 기자증 패용한 김용민 기자가 서 있다.

김용민	축하해. 인천 대규모 마약 밀매 소탕. 멋지다. 20kg 가까이 된다며.
최성은	(기분 좋은 상태) 와이프가 김치 너무 맛있다고 고맙다고 전해달래요.
김용민	너무 많이 해서 처치 곤란이었는데, 맛있다니 다행이다.
최성은	제보할 거 있다는 게 뭐예요.
김용민	(봉투 건네며) 큰 거 나오면 나한테 단독 줘.
최성은	(서류 보며) 마약?
김용민	나도 제보자한테 제보 받고 며칠 뻗쳐 봤는데 느낌이 와.
최성은	(갸웃) 근데 형, 상식적으로 생각해 봐. 월 매출 몇 십억이나 찍는 클럽이 뭐가 아쉬워서 약을 유통시키겠어?
김용민	그게 궁금해서 너한테 부탁하는 거잖아.
최성은	왠지 아닐 거 같은데.
김용민	아니면 아닌 데로 좋지 뭐. (볼펜 녹음기 건네며) 탐방 나갔을 때 이거 버튼만 살짝 눌러 줘.
최성은	이건 뭔데?
김용민	송고 시간 당기려면 최소한 녹취록이라도 갖고 있어야지. 엠바고 걸고 있다가 기사 내라고 할 때 낼게. 술도 쏘고.
최성은	(픽 웃으며. 가슴에 펜 꽂으며) 술 때문이 아니라, 정의롭지 못한 곳이 있다 그래서 가 보는 거야.

믿음직스럽게 최성은 어깨 '툭' 치는 김용민.

S#29.　　　　한백일보 내 숙직실 안. 밤. 과거
　　　　　　간이침대에서 쪽잠 자고 있는 김용민. 핸드폰이 울린다. 발신
　　　　　　자 '최 형사'

김용민　　　(비몽사몽 상태로 전화 받는) 여보세요.

최성은(E)　　(엉엉 울며) 용민이 형! 형 말이 맞았어!

김용민　　　(발신자 확인하고는) 최 형사? 이 시간에 무슨 일이야?

최성은(E)　　(울음 섞인 격앙된 목소리) 이제 내가 뭘 어떻게 해야 할지 모르
　　　　　　겠어.

김용민　　　(잠 확 깨는) 왜? 무슨 일인데 그래. 지금 어디야? 내가 갈게.

최성은(E)　　아냐. 내가 형한테 갈게. 지금 내가 믿을 수 있는 사람은 형밖
　　　　　　에 없어. 하나만 더 확인하고 갈게. (뚝 끊기는)

김용민　　　잠깐만. 여보세요. 최 형사, 성은아!

　　　　　　이미 전화가 끊겼다. 왠지 모르게 불안감이 엄습한다.

김용민(E)　　그 확인하겠다는 말이 너무 불길하게 들렸어. 그리고 그 불길
　　　　　　함은 틀리지 않았어.

S#30.　　　　갈대 숲. 낮. 과거

갈대 숲속을 미친 듯이 뛰어가는 김용민.

119 구급대가 흰 천이 덮여 있는 이동형 침대를 이동시키고 있다.

김용민, 흰 천을 들추자, 최성은이 차디찬 시체로 누워 있다.

충격에서 헤어 나오지 못하는 김용민.

감식반, 경차 내부 사진 찍고 있다.

조수석 바닥에 타다 남은 번개탄 자국이 보인다.

김용민, 이 모든 게 믿겨지지 않는다.

김용민   아니야… 이럴 수가 없어…

S#31.   장례식장 안. 낮. 과거

            최성은의 영정 사진이 걸려 있는 앞으로 오열하고 있는 가
            족들.

            장 경사, 조 경장을 포함한 팀원들, 유가족들 위로하고 있다.

조 경장   (조심스레) 내사과에서 하는 말이. 최근 들어 최 형사가 여기저
            기 채무 관계가 많이 생겼다고…

장 경사   (한숨) 감식반에서도 일차 감식 결과가 나왔는데, 자살이 맞는
            거 같대요.

            바닥에 음식이 담겨져 있는 쟁반을 '쨍그랑' 내던지는 김용민.

            김용민의 행동에 깜짝 놀라는 경찰들.

김용민	거짓말 하지 마! 최 형사가 왜 자살을 해!
조 경장	저기, 많이 취하신 것 같은데…
김용민	최 형사는 당한 거야! 진실을 파헤치다가 살해당한 거라고!
장 경사	이봐요 김 기자님! 유족들 앞에서 말 가려서 하세요!
김용민	당신들 같은 팀 맞아? 수사 제대로 한 거 맞냐고! (유족 보며) 제 수씨, 제가 성은이 억울함 죽음 반드시 밝혀낼 겁니다!
장 경사	최 형사 우리한테도 소중한 동료예요. 미심쩍은 부분이 있다 면 내가 직접 처음부터 다시 수사해 볼게요.

불편한 분위기, 형사들 식사를 멈추고 자리에서 일제히 일어 선다.

S#32.   정삼경찰서 안. 낮. 과거
자리에 앉아 형사들과 함께 CCTV 화면 보고 있는 김용민.
화면 속 최 형사가 혼자서 블랙썬 입구를 나와서 경차에 타 는 모습이 보인다.

장 경사	혼자 입구에서 나와서 차 타는 거 보이죠?

달리는 경차가 갈대 숲으로 들어가는 장면이 교통 상황 CCTV 에 나온다.

김용민	(혼란스런) …

장 경사	우리도 수사할 거 다 하고 유족 분들한테 말씀드린 거예요. 당신처럼 잘 알지도 못하면서 유족들한테 이상한 소리 지껄이면 안 되니까!
김용민	…
장 경사	어쨌든 오늘부터 사건 종결됐으니까 당신도 들쑤시지 말고 있어요.
김용민	웃기지 마. 당신들이 못 하겠다면 내가 처음부터 다시 하면 돼.

자리에서 벌떡 일어나 나가는 김용민.
답답한 표정으로 보고 있는 경찰들.

S#33. 한백일보 사무실 안. 밤. 과거
책상 위에 파일들이 잔뜩 쌓여 있다.
김용민, 파일들 하나하나 꼼꼼히 살펴본다.

김용민(E)	최 형사의 죽음을 자살로 종결시켰을 때 몇몇 형사들이 재수사를 요청했지만 그때마다 이상하게 다들 다른 곳으로 발령이 났었어.

볼수록 막막해지는 김용민. 노트북으로 블랙썬 CCTV 화면만 반복해서 보고 있는데, 갑자기 화면을 멈춘다.
블랙썬으로 들어가고 나오는 장면을 분할 화면으로 나란히 붙여 놓는다.

들어갈 때 최 형사의 가슴에 꽂혀 있는 볼펜이 블랙썬에서
나올 땐 안 보인다.

김용민   내가 준 녹음기 펜…

파일들 사이에서 유품 사진 꺼내 넘겨 보는 김용민.

김용민   펜이 없어… (실낱같은 희망) 블랙썬 안에 있어…
김용민(E)   내가 아는 최 형사라면 누군가에게 빼앗기지 않았다는 가정
하에, 분명 어딘가에 남겨 놓았을 거라고 생각했지.

S#34.   블랙썬 앞. 밤. 과거
입구에서 안으로 들어가려는 김용민, 막는 가드들과 실랑이
한다.

김용민(E)   그래서 그때부터 계속 블랙썬 안에 들어가려고 했었고, 그게
그들에게는 눈엣가시처럼 보였던 거지.

결국 바닥에 내팽개쳐지는 김용민. 물건들이 바닥에 흩어진다.
일어나 물건들 줍는데, 핸드폰이 울린다. 낯선 번호다.

김용민   여보세요.
제보자(E)   저기… 김용민 기자님이시죠? 제가 꼭 제보할 게 있습니다.

| 김용민 | (조심스레) 지금 어디시죠? |

S#35.   다리 밑. 낮. 과거
        벤치에 앉아 누군가를 기다리고 있는 김용민.
        잠시 후, 김용민에게 다가오는 정체불명의 제보자.

제보자	저기, 김용민 기자님이시죠?
김용민	전화 주신 분?
제보자	(끄덕끄덕)
김용민	제보하신다는 게…

        제보자, 김용민 기자에게 테이핑으로 밀봉된 두툼한 서류 봉
        투를 건넨다.

| 김용민 | 이게 뭡니까? |
| 제보자 | 돌아가서 열어 보시면 압니다. |

        제보자, 주변 둘러보고는 도망치듯 떠난다.

| 김용민 | …? |

S#36.   한백일보 사무실 안. 낮. 과거

자신의 자리에 앉는 김용민. 남자에게 건네받은 봉투를 조심히 열어 본다.
봉투 안에는 그냥 풍경 사진들이다.
사진들을 넘기는데 사진들 중간에 끼어 있던 작은 봉투 하나가 '툭' 떨어진다.

김용민   ?

한 무리의 경찰이 사무실 안으로 들어와 김용민의 손목에 수갑 채운다.

경찰   김용민 씨 당신을 허위 사실 유포 및 뇌물 수수 혐의로 긴급 체포합니다.

김용민   무슨 소리야! 놔 이거!

경찰, 작은 봉투 열어서 보면 고액의 상품권들이 들어 있다.
주변 동료 기자들, 수군거리며 그 모습 보고 있다.

S#37.   **경찰서 취조실 안. 낮. 과거**
다리 밑에서 제보자에게 봉투 건네받는 김용민의 사진을 들이미는 경찰.

경찰   당신이 뇌물 받았다는 확실한 증거도 다 확보했다고!

| 김용민 | … |
| 김용민(E) | 하루아침에 모든 커뮤니티와 매스컴에서 나는 한순간에 뇌물 받고 기사 조작하는 기레기가 되어 버렸어. 보기 좋게 그놈들한테 당한 거지. |

S#38.   **김용민의 원룸 안. 밤**
다시 현재 김용민의 원룸 안.

| 김용민 | 당신이 물었었지? 옥상에서 왜 촬영을 하냐고. (눈가 그렁) 사실 그때 그놈들 손에 죽으려고 했어… 그놈들이 나를 죽이는 동영상이 인터넷에 퍼지면… 싫어도 다시 수사하지 않을까 해서… |
| 도기 | … |

김용민, 한 번 흔들린 마음이 쉽게 진정이 안 된다. 눈물이 '주룩' 흐른다.

| 김용민 | (스크랩 사진 보는) 최 형사를 그렇게 만든 놈들이 누군지 꼭 찾아 내 법정에 세우고 싶은데… 내가 할 수 있는 게 더 이상 없어… |
| 도기 | … |

도기, 말없이 뭔가 내려놓고 일어나 나간다.
김용민, 캔 맥주 집어 드는데, 밑에 스티커 하나가 눈에 들어

온다.
스티커 들어서 보는 김용민. '죽지 말고 전화하세요. 대신 해결해 드립니다.'

김용민   ?

김용민, 명함 스티커 뒷면으로 돌려본다.
'우리는 당신의 억울함을 듣고 싶습니다.'
김용민, 미동도 않고 명함 문구를 망연히 보고 있다.

김용민   …

S#39.   지하 정비실. 밤
             지하 정비실에 모여서 회의 중인 택시 멤버들.
             모니터에 클럽 블랙썬 사진들이 떠 있다.

고은   근데 이 타이밍에 이런 얘기하기 좀 그렇긴 한데. 우리가 김용민 기자를 도와줄 만한 상황이 아니지 않아요?
최주임   내 생각도 그래. 지금 우리 코가 석자인데. 김도기 기사 멀쩡한 거 알면 또 해치려고 들 텐데, 그놈들부터 먼저 잡아야지.
도기   어쩌면 우리가 쫓고 있는 것과 김용민 기자가 찾으려고 하는 게 서로 다르지 않을 수도 있어요.

장 대표, 생각 많은 표정으로 앉아 있다.

고은	대표님 왜 아무 말씀이 없으세요?
장 대표	음. 내 생각엔 말이야… (미소) 다 맞아.
고은	대표님. 다 맞다 그러시면 어떡해요. 우리 택시 다 날려 버리고… 김도기 기사님 정말 죽을 뻔했단 말이에요.
최 주임	(대수롭잖게) 죽을 뻔한 게 뭐 한두 번이야?
고은	(찌릿)
최 주임	(바로 태세 전환) 고은이 말이 맞아. 김도기 기사 이번에 진짜 큰일 날 뻔했어.
장 대표	우리가 찾는 모든 답이 저 블랙썬이란 클럽에 다 있는 거구만.

비로소 자리에서 일어나는 장 대표.

장 대표	나는 이번 의뢰 우리가 해야 한다고 생각해. 우리 코가 석자인 건 맞지만. (모니터에 김용민 사진 보며) 도움을 필요로 하는 저 사람이 지금 우리가 존재하는 이유니까.

박 주임과 최 주임, 장 대표의 말에 수긍하며 손든다.

최 주임	난 찬성.
박 주임	나도.

장 대표와 도기, 차례로 손든다.

고은, 도기가 걱정돼 손들기가 머뭇거려진다.
도기, 말없이 고은 본다. '걱정 말아요. 다치지 않아요.' 마음을 담아서.
한숨 푹 쉬는 고은, 애써 담담한 미소 지으며 손든다.

고은　　가뜩이나 바쁜 김도기 기사님. 블랙썬에서 할 일이 하나 더 늘었네요.

서로 바라보며 미소 짓는 택시 멤버들.

S#40.　　문방구 앞. 밤
　　　　　한적한 골목 모퉁이에 오래된 문방구.
　　　　　문방구 앞에 모범택시가 다가와 멈춰 선다.
　　　　　김용민, 택시에서 내리면 유유히 떠나는 도기의 모범택시.
　　　　　김용민, 문방구 앞 작은 오락기 앞에 쪼그려 앉아 종이봉투를 꺼내면, 오백 원짜리 두 개와 '게임 번호 88번'이라 적힌 무지개 로고 카드가 나온다.
　　　　　김용민, 오락기에 동전 두 개를 넣자 게임 고르기 메뉴가 나온다.
　　　　　'88번 택시 드라이버'가 나온다. 김용민이 88번을 클릭하면, 조악한 레고 무비 느낌의 택시가 무지개 뜬 화면에 나타난다.

목소리　　안녕하세요. 먼저 저희 무지개 택시 서비스를 찾아 주서서 감사해요. 이용자님의 안전과 편의를 위해 몇 가지 주의 사항을 말씀드릴게요. 의뢰가 진행되는 동안 택시 미터기는 계속 켜져 있을 예정이에요. 운임은 모든 의뢰가 종료된 뒤 후불 정산되며 경우에 따라 추가 할증이 붙을 수 있고요. 그리고 택시 기사님 요청 사항이 있을 경우 이용자님께서는 꼭 협조해 주셔야 해요. 약속하실 수 있죠?

김용민 　…

목소리 　택시를 이용하신 후 이용자님께서는 가족, 친지, 친구 등 다른 이들에게 무지개 택시에 관한 일을 언급해서는 안 돼요. 또한 각종 SNS와 일기장에도 써서는 안 돼요. 꼭 부탁드릴게요.

산들바람에 흔들리는 해바라기 위로 떠 있는 무지개 화면.
화면 하단에 화살표가 나타나 빨간 버튼과 파란 버튼을 가리킨다.

목소리 　자 이제. 모범택시에 의뢰를 맡기고 싶다면 파란 버튼을, 맡기고 싶지 않다면 빨간 버튼을 눌러 주세요.

김용민 　…

인서트 　정삼경찰서 수사과 안
한숨 쉬며 미소 짓는 최성은.

최성은 　술 때문이 아니라, 정의롭지 못한 곳이 있다 그래서 가 보는 거야.

김용민, 흐르는 눈물 닦아 내며 파란 버튼 '꾹' 누른다.

S#41.   출동 시퀀스. 밤
            지하 정비실.
            모범택시가 회전 강판을 타고, 회전하며 올라온다.

            콜 밴 주차장.
            콜 밴 뒷문 열고 탑승하는 고은.
            박 주임과 최 주임, 콜 밴에 탄다.
            콜 밴 뒷자리에 고은, 스위치 켠다.
            쿨러 소리와 함께 콜 밴 안 전자 기기들에 불이 들어온다.

            단독 주택 차고.
            차고 위로 올라오는 모범택시.
            외부 차고 셔터가 '지이잉' 올라간다.
            차고 밖으로 나오는 도기의 모범택시.
            도기. 귓속에 작은 이어폰 장착한다.
            거리로 나온 모범택시가 서서히 출발한다.

S#42.   도로. 밤
            도로를 달리는 모범택시.

플래시 인서트 이미지 아래의 장면들이 차례로 보인다.

- 블랙썬 복도 걸어가는 유문현.
- 블랙썬 홀에 서서 업장 둘러보고 있는 가드장과 윈디.
- VIP룸 안에서 박장대소하며 즐기고 있는 양 사모.
- 경찰서 안. 자리에 앉아 게임하고 있는 장 경사와 조 경장.

모범택시 뒤로 콜 밴이 붙는다.
도로를 달리는 모범택시와 콜 밴.
도기, 아날로그 수신기 뽑아 든다.

도기   5283 운행 시작합니다.

도기, 가속 페달을 '콱' 밟는다.
굉음을 울리며 도심을 향해 질주하는 도기의 모범택시.
날 선 눈빛으로 정면을 응시하는 도기의 모습에서.

12화 끝.

TAXI DRIVER

두 번째 운행

13화

기사님! 정신 좀
차려봐요!

S#1.　　　장 대표실. 낮. 과거

신입 택시 기사 면접을 보고 있는 장 대표와 온하준.
온하준, 말끔한 양복 차림으로 장 대표 앞에 앉아 있다.
온하준 이력서 읽어 보는 장 대표.
장 대표실 내부 두리번거리며 보는 온하준.

장 대표　　　생각보다 많이 낡아서 좀 당황했죠?

온하준　　　아니요, 이런 분위기가 참 오래만이라 반가워서요.

장 대표　　　그래요?

온하준　　　어릴 때부터 저를 키워 주셨던 분이 계셨는데, 그분이 지내시
　　　　　　던 곳이 꼭 이런 분위기였거든요.

장 대표　　　택시 면허 취득하자마자 지원하셨네요?

온하준　　　정확히는 받자마자 왔습니다. 하하하.

장 대표　　　(미소) 혹시 괜찮다면 저희 회사에 지원한 동기를 물어봐도 될
　　　　　　까요?

온하준　　　(담담하게) 제가 어릴 때부터 시설에서 혼자 자랐거든요.

장 대표	…
온하준	혼자 지내는 시간이 많다 보니까. 늘 누군가 나를 찾아와 주면 좋겠다는 생각을 많이 했습니다.
장 대표	(미소)
온하준	택시 운전을 하면 사람들이 저를 찾아오잖아요. 물론 목적지에 도착하면 금방 헤어지기는 하겠지만요.
장 대표	듣고 보니 그렇군요. (이력서 내려놓으며) 우리가 어디까지 목적지가 같을지는 모르겠지만. 함께 가는 동안은 즐겁게 잘 지내 봅시다.
온하준	감사합니다! 열심히 하겠습니다.

책상에 놓인 온하준의 이력서가 보이면.

S#2.   장 대표실. 밤. 현재
책상에 온하준의 사직서가 놓여 있다. '일신상의 이유로 퇴사합니다.' 책상 앞에 앉아 있는 장 대표, 무거운 표정으로 사직서 내려다보고 있다.

장 대표	…

인서트 장 대표실 안 / 앞. 밤. 과거
책상에 하얀 봉투 '툭' 던져 놓는 온하준. 무심히 돌아서서 나간다.

장 대표실에서 나오는 온하준.

장 대표, 복도 걸어오다가 온하준 본다.

장 대표   온기사. 어쩐 일이야?

온하준   (미소) 아무것도 아닙니다.

장 대표   나한테 무슨 볼일 있어서 온 거 아니야?

온하준   볼일 다 봤어요.

돌아서 가려다 다시 장 대표 돌아보는 온하준.

온하준   예전에 제가 사고 내고 들어왔을 때 기억나세요?

장 대표   ?

온하준   그때 혼내지 않고 따뜻하게 대해 주신 거. 좋았어요. 살면서
           나를 그렇게 대해 준 사람이 대표님이 처음이었던 거 같네요.

장 대표   …

온하준   (미소) 오래오래 사세요. 너무 무리하지 마시고요.

책상 위에 사직서 집어 들어 물끄러미 보는 장 대표.

S#3.   택시 회사 내부 경리실. 낮
           온하준의 운행 일지 서류철들 확인하고 있는 장 대표. 핸드폰
           꺼내 전화 건다.

장 대표	네. 수고 많으십니다, 하이패스 결제 내역을 확인하고 싶은데요.

S#4.　　　외곽 도로. 낮

외곽 도로를 달리는 장 대표의 차.

길가에 차 멈추고 하이패스 승인 내역서 살펴보는 장 대표.

무심히 주변 둘러보고는 다시 출발한다.

장 대표 차가 코너 돌아서 지나가면, 언덕에 가려져 있던 대저택이 보인다.

반대쪽 차선에서 고급차 한 대가 대저택으로 들어간다.

입구에서 멈추는 고급차에서 온하준이 내린다.

무심히 저택으로 들어가는 온하준의 등 뒤로.

'모범택시: 두 번째 운행' 타이틀 뜬다.

S#5.　　　지하 정비실. 밤

지하 정비실에 모여서 회의 중인 택시 멤버들.

모니터에 클럽 블랙썬 사진들이 떠 있다.

고은	근데 이 타이밍에 이런 얘기하기 좀 그렇긴 한데. 우리가 김용민 기자를 도와줄 만한 상황이 아니지 않아요?
최 주임	내 생각도 그래. 지금 우리 코가 석자인데. 김도기 기사 멀쩡한 거 알면 또 해치려 들 텐데 그놈들부터 먼저 잡아야지.

도기	어쩌면 우리가 쫓고 있는 것과 김용민 기자가 찾으려고 하는 게 서로 다르지 않을 수도 있어요.

장 대표, 생각 많은 표정으로 앉아 있다.

고은	대표님 왜 아무 말씀이 없으세요?
장 대표	음. 내 생각엔 말이야… (미소) 다 맞아.
고은	대표님. 다 맞다 그러시면 어떡해요. 우리 택시 다 날려 버리고… 김도기 기사님 정말 죽을 뻔했단 말이에요.
최 주임	(대수롭잖게) 죽을 뻔한 게 뭐 한두 번이야?
고은	(찌릿)
최 주임	(바로 태세 전환) 고은이 말이 맞아. 김도기 기사 이번에 진짜 큰일 날 뻔했어.
장 대표	우리가 찾는 모든 답이 저 블랙썬이란 클럽에 다 있는 거구만.

비로소 자리에서 일어나는 장 대표.

장 대표	나는 이번 의뢰 우리가 해야 한다고 생각해. 우리 코가 석자인 건 맞지만. (모니터에 김용민 사진 보며) 도움을 필요로 하는 저 사람이 지금 우리가 존재하는 이유니까.

박 주임과 최 주임, 장 대표의 말에 수긍하며 손든다.

최 주임	난 찬성.

박 주임	나도.

장 대표와 도기, 차례로 손든다.
고은, 도기가 걱정돼 손들기가 머뭇거려진다.
도기, 말없이 고은 본다. '걱정 말아요. 다치지 않아요.' 마음
을 담아서.
한숨 푹 쉬는 고은, 애써 담담한 미소 지으며 손든다.

고은	가뜩이나 바쁜 김도기 기사님. 블랙썬에서 할 일이 하나 더 늘었네요.

서로 바라보며 미소 짓는 택시 멤버들.

S#6.	문방구 앞. 밤

한적한 골목 모퉁이에 오래된 문방구.
문방구 앞에 모범택시가 다가와 멈춰 선다.
김용민, 택시에서 내리면 유유히 떠나는 도기의 모범택시.
김용민, 문방구 앞 작은 오락기 앞에 쪼그려 앉아 종이봉투를
꺼내면, 오백 원짜리 두 개와 '게임 번호 88번'이라 적힌 무지
개 로고 카드가 나온다.
김용민, 오락기에 동전 두 개를 넣자 게임 고르기 메뉴가 나
온다.
'88번 택시 드라이버'가 나온다. 김용민이 88번을 클릭하면,

조악한 레고 무비 느낌의 택시가 무지개 뜬 화면에 나타난다.

목소리　　안녕하세요. 먼저 저희 무지개 택시 서비스를 찾아 주셔서 감
　　　　　사해요. 이용자님의 안전과 편의를 위해 몇 가지 주의 사항을
　　　　　말씀드릴게요. 의뢰가 진행되는 동안 택시 미터기는 계속 켜
　　　　　져 있을 예정이에요. 운임은 모든 의뢰가 종료된 뒤 후불 정
　　　　　산되며 경우에 따라 추가 할증이 붙을 수 있고요. 그리고 택
　　　　　시 기사님 요청 사항이 있을 경우 이용자님께서는 꼭 협조해
　　　　　주셔야 해요. 약속하실 수 있죠?

김용민　　…

목소리　　택시를 이용하신 후 이용자님께서는 가족, 친지, 친구 등 다른
　　　　　이들에게 무지개 택시에 관한 일을 언급해서는 안 돼요. 또한
　　　　　각종 SNS와 일기장에도 써서는 안 돼요. 꼭 부탁드릴게요.

　　　　　산들바람에 흔들리는 해바라기 위로 떠 있는 무지개 화면.
　　　　　화면 하단에 화살표가 나타나 빨간 버튼과 파란 버튼을 가리
　　　　　킨다.

목소리　　자 이제. 모범택시에 의뢰를 맡기고 싶다면 파란 버튼을, 맡
　　　　　기고 싶지 않다면 빨간 버튼을 눌러 주세요.

김용민　　…

　　　　　인서트　정삼경찰서 수사과 안
　　　　　한숨 쉬며 미소 짓는 최성은.

최성은   술 때문이 아니라, 정의롭지 못한 곳이 있다 그래서 가 보는
         거야.

         김용민, 흐르는 눈물 닦아 내며 파란 버튼 '꾹' 누른다.

S#7.   **출동 시퀀스. 밤**
         지하 정비실.
         모범택시가 회전 강판을 타고, 회전하며 올라온다.

         플래시 인서트 지하 정비실
         유문현, 가드장, 윈디를 포함한 블랙썬 조직도가 보드 판에
         그려져 있다.

고은   현재까지 파악한 조직도예요. 눈에 보이는 사장은 다 가짜고
         진짜 사장은 안 보이고 (유문현 가리키며) 현재까지 블랙썬에선
         이 사람이 제일 윗선이에요.

         콜 밴 주차장.
         콜 밴에 탑승하는 고은. 스위치 켜면, 쿨러 소리와 함께 콜 밴
         안 모든 전자 기기들에 불이 들어온다.

         플래시 인서트 지하 정비실

장 대표	한 가지 더.

장 대표, 보드 판에 사진 하나를 더 붙인다. 코타야에 반장 사진이다.

고은	어! 이 사람은 코타야에 그 못된 반장?
장 대표	맞아. 근데 직전 근무지가 공교롭게도 정삼경찰서야. (장 경사와 조 경장 사진 붙이는) 이렇게 팀이었고.
최 주임	우연일까요?
장 대표	만약 그렇다면 몹시 기분 나쁜 우연이지.

나란히 서서 블랙썬 조직도 보는 멤버들.

단독 주택 차고.
외부 차고 셔터가 '지이잉' 올라간다.
선글라스 쓴 채 운전석에 고요히 앉아 있는 도기.

플래시 인서트 콜 밴 안
고은, 빠르게 키보드 두드리고 있다.
모니터에 4분할된 경찰서 CCTV가 나온다. 그중 세 개는 암전 상태다.

고은	대표님이 말씀하신 그 기분 나쁜 우연. 우연이 아닌 거 같은데요.

장 대표	?
고은	정삼경찰서에 CCTV에 잡히지 않는 사각지대를 만들어 놨어요.
최 주임	사각지대 있는 게 왜?
고은	보통 경찰서 안에는 사각지대를 만들지 않아요. 경찰 본인도 보호하고 피해자 인권도 보호하려고요. 그런데 이 정삼경찰서는 CCTV 네 대 중에 세 대가 안 돼요. 가짜예요.
장 대표	그렇게 하는 것이 보호하기가 더 쉽다는 거겠지.
고은	어떤 걸요?
도기	피해자 인권 쪽은 아니겠죠.
최 주임	그럼 우리 이제부터 뭐하면 돼?
도기	김용민 기자가 최 형사에게 줬다는 그 녹음기부터 찾아봐야죠. CCTV 자료까지 찾으면 더 좋고.
박 주임	진짜 사장도 찾아내면?
최 주임	아이 그럼 더 좋지.

도로.
도로를 달리는 모범택시.
모범택시 뒤로 콜 밴이 붙는다.
전화벨이 울린다. 스피커폰으로 전화 받으면 블랙썬 가드장
이 분할 화면으로 나온다.

가드장	너 이 새끼 지금 어디야!
도기	밥 먹으러 왔습니다.

가드장	네가 지금 밥 처먹고 있을 때야?! 당장 튀어 와.

가드장이 전화 끊으면 사라지는 분할 화면.

고은(E)	어… 지금 가면 왠지 김도기 기사님 맞을 것 같은데요.
도기	설마 아무것도 모르는 나를 때리겠어요?

S#8. 블랙썬 홀. 밤

아직 영업 전인 블랙썬 홀을 청소부들이 청소하고 있다.
2층 홀에서 가드장, 사수 가드를 엎드려뻗쳐 해 놓고 몽둥이
질하고 있다.
바짝 긴장한 채 서 있는 가드들. 도기도 가드들 사이에 서 있다.
때리고 있어도 화가 안 풀리는 가드장. 점점 속도가 빨라진다.
맞다가 못 견디고 쓰러지는 사수 가드.
몽둥이 던져 버리고 딜가드1, 2를 차례로 때리는 가드장. 다
음 차례가 도기다.
도기, 가드장이 앞으로 오자 어금니 '꽉' 물며 맞을(?) 준비한다.

가드장	(주먹으로 치려다 거두며) 후우. 아무것도 모르는 새끼 때려 뭐하냐.

2층 홀로 올라오는 윈디.

윈디	VIP 손님이 빠쪄서 전화했어. 아니 뭐 블랙썬의 시작과 끝이

라면서 (자연스레 궤짝에 빈 병 집어 들어 오며) 일을 왜 이렇게 해?

가드장   너 그거 휘두르기만 해.

윈디   (픽 웃으며 병으로 자기 등 두드리는) 쫄지 마. 이거 안마용이야. (가드
들 보며) 우리 뽑기 인형 호텔이 아니라 병원으로 딜리버리 했
다며? 휴머니즘 터지는 오빠 누구야?

뒤늦게 도기 발견하고는 고개 갸웃하는 윈디. '얼라?'
도기, 미소와 함께 가슴팍에 9번 번호표 가리킨다.
더 갸웃하는 윈디.

가드장   (심기 불편) 그 기레기 새끼가 가로챘어.

윈디   (어이없는 표정으로 가드장 돌아보는) 말하면서도 디게 쪽팔리지?

가드장   (담배 물며) 그래서 말인데. 내일부터 딜리버리 수수료 2배로
올린다.

윈디   뭐?

가드장   애들이 동기 부여가 안 되니까 이런 쪽팔리는 사고가 나는
거잖아.

윈디   네가 미쳤구나.

가드장   미친 척 4배로 할까?

윈디   퍽이나 나눠 주겠다. 혼자 다 처먹을 거면서.

다시 눈에 불꽃 튀는 가드장과 윈디.
두 사람 물끄러미 보고 있는 도기.
가드장, 핸드폰이 울린다.

가드장	(받으며) 네, 조판장님. 준비해서 관리실에 갖다 놓겠습니다.
도기	...

전화 끊는 가드장. 담배 피울 맛도 사라진다.

| 가드장 | (딜가드1, 2에게 메모지 던져 주며) 그 뽑기 인형 여기서 언제 데리고 나갔는지, 기자 새끼한테 몇 시 몇 분에 쳐 발렸는지, 분 단위로 적어 와. (버럭) 지금 당장 멍청한 새끼들아. |

딜가드1, 2, 바짝 쫄아서 핸드폰 보며 메모지에 적는다.
말없이 그 모습 보고 있는 도기.

S#9.   **블랙썬 VIP 복도 / 콜 밴 안. 밤**
메모지 손에 든 채, 블랙썬 복도 걸어가는 가드장.
일정 간격 유지하며 미행하는 도기.
벽 앞에 사람 키 높이까지 쌓아 놓은 궤짝 앞에 멈춰 서는 가드장.
궤짝들이 모두 바퀴 달린 끌차에 올려져 있다.
끌차를 옆으로 미는 가드장. 궤짝들이 움직이며 뒤에 가려진 쪽문이 보인다.
가드장, 주변 둘러보곤 쪽문 열고 들어간다.
코너에 몸 숨긴 채 보고 있는 도기.

S#10.   블랙썬 공터. 밤
            블랙썬 공터로 조용히 들어오는 도기.

고은(E)   길까지 막을 정도로 뭐가 있어 보이진 않는데?

            공터 끝 낡은 가건물에서 가드장이 나온다.
            재빨리 몸을 숨기는 도기.
            가드장, 블랙썬 건물 안으로 들어간다.
            도기, 공터 끝에 낡은 가건물 돌아본다.
            문틈 사이로 카드 밀어 넣는 도기.
            조심스럽게 잠긴 문을 연다.

S#11.   블랙썬 비밀 사무실 안 / 콜 밴. 밤
            낡은 가건물 안으로 들어오는 도기.

고은   무슨 창고처럼 해 놨어요.
도기   김용민 기자가 여길 못 찾을 만했네요.

            각종 설비 시설이 들어차 있는 한쪽에 소파와 업무용 컴퓨터
            가 보인다.
            책상 위에 가드장이 들고 있던 메모지가 놓여 있다.
            메모지 들어서 보는 도기.

고은	근데 생각해 보면 이상하지 않았어요?
도기	(메모지 놓고 컴퓨터 켜며) 뭐가요?

컴퓨터에 암호가 걸려 있다.
도기, 익숙하게 USB 연결하고는 사무실 내부 살펴본다.
콜 밴에 고은, 키보드 당겨 와 해킹 시작한다.
암호 창에 무수한 숫자 조합이 대입된다.

인서트 블랙썬 공터
문 열고 블랙썬 공터로 들어오는 누군가의 발. 유문현이다.

고은	(원격 조정하며) 사고가 났는데 왜 시간에 그렇게 집착할까요?

비밀 사무실 컴퓨터에 창이 '좌라락' 열리며 파일들이 전송
된다.

인서트 블랙썬 공터
낡은 가건물로 저벅저벅 다가오는 유문현.

고은	몇 시에 들어오고 몇 시에 나가고. 그것도 분 단위로.

책상에 앉아 서랍 하나하나 열어 보는 도기.
컴퓨터 화면에 전송률이 40%에서 조금씩 올라가고 있다.

인서트 비밀 사무실 앞

가건물로 다가와 문손잡이 잡는 유문현. 문 열기 직전 핸드폰 문자가 온다.

손잡이 놓고 핸드폰 문자 확인하는 유문현.

도기. 아무렇게나 휘갈겨 써 놓아 읽을 수도 없는 메모지 꺼내 본다.

컴퓨터 화면에 전송률 55%

인서트 비밀 사무실 앞

가건물 앞에 서서 문자 메시지 확인하는 유문현. 답 문자 보내고 있다.

사무실 안에 도기. 전등에 메모지 비춰 본다.

컴퓨터 화면 전송률 88%

인서트 비밀 사무실 앞

유문현, 핸드폰 답 문자 보내고는 바로 문손잡이 잡아 돌린다.

메모지 전등에 비춰 보고 있는 도기. 순간적으로 문 쪽을 돌아본다.

문이 '벌컥' 열리며 유문현이 사무실로 들어온다.

그러나 사무실 내부에는 이미 아무도 없다.

콜 밴 안 모니터에 전송률 100% 떠 있다.

고은, 빠르게 원격 해지하고 컴퓨터 전원 끈다.

유문현, 컴퓨터 책상 앞으로 다가와 앉기 직전, 모니터가 '툭' 꺼진다.

무심히 자리에 앉아 컴퓨터 켜는 유문현.

S#12.　　블랙썬 VIP 복도. 밤

문 열고 복도로 들어오는 도기.

끌차에 궤짝들을 원래 자리로 이동시켜 놓는다.

담담하게 자리 떠나는 도기.

S#13.　　지하 정비실. 낮

타이핑하는 고은.

모니터에 동영상 파일들이 빼곡하게 뜬다.

주변에 모여 보고 있는 택시 멤버들.

최 주임　　이게 다 뭐야?

고은　　블랙썬 사무실 PC를 털어 봤는데, 다른 건 없고 이 CCTV 영상 파일만 잔뜩 있었어요.

박 주임　　파일들 이름이 장가영, 유진영, 김희영… 전부 여자 이름이네?

고은　　여자 맞아요.

영상 파일들 몇 개를 동시에 실행시키는 고은.

모니터에 6분할 CCTV 영상이 분할 화면으로 나온다.

그런데 영상이 대부분 똑같다.

젊은 여자가 혼자 클럽 복도 지나가는 장면.

호텔 로비를 혼자 걸어가서 엘리베이터 타는 장면.

호텔 방 안으로 들어가는 장면.

고은　　이 영상 속 여자 이름을 파일 제목으로 해 놓은 거 같아요.

최 주임　근데 영상들이 다 비슷하네?

고은　　다른 파일도 다 그래요. 클럽에서 나가는 모습, 엘리베이터
　　　　타고, 호텔 방에 들어가고, 딱 이거만 있어요.

장 대표　저 장면들만 필요하다는 건데. 꼭 증거 자료 모아 놓은 거 같
　　　　구먼.

영상을 물끄러미 보고 있는 도기.

도기　　동영상 파일들 중에 여자 말고 남자도 있어요?

고은　　딱 한 명 남자가 있어요.

도기　　혹시 최성은 형사?

고은　　네. 맞아요.

최성은 동영상 파일 실행시키는 고은.

CCTV 영상 속 최성은이 혼자서 블랙썬 입구를 나와서 경차
에 타는 모습이 보인다.

도기	대표님 말씀대로 증거 자료 맞는 거 같은데요.
최 주임	딱 이거만 있는데도?
도기	이 영상이 증거가 돼서 최성은 형사가 자살로 종결이 났었죠. 아마 이 영상 파일들도 뭔가를 바꾸기 위한 목적으로 만들었을 거예요.
박 주임	느낌이 좋은 쪽으로 바꾸는 건 아닌 거 같아.
고은	아, 맞다.

고은, 빨간색 펜 하나 꺼내 도기에게 건네준다.

| 최 주임 | 뭐야 그건? |
| 고은 | 김용민 기자가 최 형사한테 줬다는 녹음기와 같은 모델이에요. (최성은 동영상 보며) 영상에는 좀 흐릿하게 나오긴 했는데, 모델이 그거 하나뿐이라 아마 맞을 거예요. |

빨간색 펜 녹음기 요모조모 관찰하는 도기. 핸드폰이 울린다.
전화 받으면.

| 윈디(E) | 여보세요? |

도기, 펜 녹음기로 종이에 'MD' 써서 멤버들에게 알려 준다.
대화 멈추는 멤버들.

| 도기 | 네… 아직 출근 전이라 취미 생활 중인데… 부탁이요? |

S#14.	실내 골프장. 낮

타석에 들어서서 호쾌하게 골프 스윙하는 도기.

윈디(E)	나이스 샷.
도기	(돌아보는)
윈디	못 치는 거 치고는 잘 치네.
도기	?
윈디	오빠 애쓴다고.
도기	자주 와서 연습하고 있어요. 저한테 부탁할게…
윈디	빅터랑 친해?
도기	…?
윈디	사실 지난번 배달 사고 난 거. 빅터 오빠가 뽑은 거였거든. 그래서 화가 좀 많이 났어. 있다 저녁 때 오면 기분 좀 풀어 주려고.
도기	(골프채 내려놓고) 내가 그 정도로 친하진 않아서.
윈디	누가 애교 떨래? 진상 부리면 오빠가 앞에서 대신 좀 맞아 주라고. 내가 다치면 영업에 지장 있잖아. (빙긋) 친구인데 별일이야 있겠어?
도기	…

S#15.	블랙썬 VIP룸. 밤

도기, 문 열고 들어서는데, 바로 옆벽에 양주병 하나가 날아와 '퍽' 부딪힌다.

순간적으로 한 팔로 얼굴 가리며 파편 막는 도기.

빅터   너였냐? 말을 하지.

도기, 손등에 양주 파편이 튀어 피가 난다. 굳은 표정을 애써
미소로 바꾼다.

빅터   (가슴에 9번 번호표 보며) 취직하고 싶다더니 여기 했냐?
도기   안 좋은 일 있었다면서. 얘기 들었어.

빅터, 술잔에 담긴 술을 도기에게 '휙' 뿌린다.

빅터   그래서 내 기분 어떡할 거야?
도기   (얼굴에 술 닦는) …
빅터   (잔에 술 따르며) 얘기 들었다며, 책임을 져야지. (도기에게 또 술 뿌
        리는) 너도 여기 직원이잖아 새끼야.
도기   …

문밖에서 상황 보던 윈디, 수습이 안 될 거 같은지 재빨리 안
으로 들어온다.

윈디   (만면에 미소) 빅터 오빠 왔어?

빅터, 윈디 보자마자 테이블에 양주병 집어 들려는데.

도기, 한발 앞서 재빨리 양주병 들며 빅터 잔에 따라 준다.

도기   한 잔 따라 줄게 친구야.

윈디   오빠. 우리 지난 일은 다 잊고, 오늘은 내가 서비스로 다 해
         줄게.

빅터   저번에도 그렇게 얘기하고, 침대에서 나 혼자 잤지. 졸라 외
         롭더라.

윈디, 리모컨으로 얼른 대형 벽걸이 TV 켜자, 블랙썬 스테이
지에서 춤추고 있는 사람들이 나온다.

도기   …?

윈디   자아, 인형 뽑기 시간입니다. 오늘은 꼭 홈런 쳐야지 오빠.

못 이기는 척 TV 보는 빅터. 친구들과 함께 춤추고 있는 면티
에 청바지 입은 20대 여자를 빤히 보다가 집게손가락으로 집
어 올리는 시늉한다.
미소 짓는 윈디, 어디론가 전화한다.
어느새 화가 누그러진 빅터, 청바지 입은 20대 여자 보며 술
들이킨다.

윈디   (전화 끊고 넌지시 도기에게) 수고했어. 오빠는 그만 나가 봐.

도기   …

도기, 발걸음 돌려 나가려는데.

빅터   잠깐만.

도기   ?

빅터   친구야. 오늘은 네가 직접 케어해라. 또 사고 나면 네 책임이다.

윈디   이 오빠는 아직 짬밥이 안 돼서. 내가 딴 사람으로 붙여 줄게.

빅터   짬밥이 돼서 나 혼자 침대에서 자게 했어?

조용히 한숨 쉬며 도기 어깨 '툭툭' 치는 윈디.

윈디   잠깐 나와 봐.

도기   …

S#16.   블랙썬 VIP 복도. 밤

             윈디 따라 밖으로 나오는 도기.

윈디   (짜증) 갈수록 진상이야 쪼꼬만 새끼가. (도기 돌아보며) 일당 챙겨 줄 테니까. 오빠는 그냥 따라다니다가 마지막에 친구한테 전화나 해 줘. 뭐 거들 생각하지 말고. 알았지?

도기   …

윈디   이 오빠 왜 이렇게 과묵해? 알았냐고.

도기   (끄덕끄덕) 마지막에 전화 한 통…

S#17.　　　　블랙썬 입구 복도. 밤

　　　　　　도기, 복도 초입에서 기다리고 있는데, 딜가드 두 명이 양쪽
　　　　　　에서 정신 잃은 여자 한 명 부축한 채 나오고 있다.
　　　　　　홀에서 친구들과 춤추던 청바지 입은 20대 여자다.

도기　　　　　!

　　　　　　도기, 다가가 여자 부축하려는데.

딜가드3　　　뭐야 이 새끼는. 교육 안 받았어?
도기　　　　　네?
딜가드4　　　뒤로 빠져.

　　　　　　뒤로 물러나는 도기.

딜가드4　　　더 뒤로 가라고 새끼야. 같이 걸리지 말고.

　　　　　　도기, 몇 걸음 더 뒤로 물러나면.
　　　　　　딜가드3, 여자 귓가에 뭐라고 속삭인다.
　　　　　　그 순간, 정신 잃고 있던 여자, '스르르' 눈 뜨더니 혼자서 천
　　　　　　천히 복도 걸어간다.

도기　　　　　…?

도기 앞을 천천히 지나가고 있는 여자. 입가에 가볍게 미소도 머금고 있다.

눈에 초점은 없어 보인다. 그저 멍하게 허공을 응시하고 있는 듯 보인다.

도기   …

복도 끝에 다가와 멈춰 서는 여자.

딜가드3, 4, 다가와 양옆을 부축하면 다시 정신 잃고 쓰러지는 여자.

양발이 질질 끌리며 나가는 여자를 주시하고 있는 도기.

도기   …

S#18.   달리는 차 안. 밤

도기, 조수석에 앉아 내비 보고 있다.

고은(E)   김도기 기사님. 이번에도 목적지가 호텔이에요.

도기   …

20대 여자, 여전히 정신 잃은 채 뒷자리에 앉아 있다.

S#19.	호텔 로비 / 콜 밴 안. 밤

양쪽에서 여자 붙잡고 호텔 로비로 들어서는 딜가드3, 4.

딜가드3, 이번에도 여자에게 귓속말하자, 20대 여자, '스르르' 중심 잡고 일어나 로비를 가로질러 승강기 앞으로 간다.

그 뒤를 유유히 따라가고 있는 딜가드3, 4.

도기, 여자의 눈을 본다.

역시 초점 없이 허공을 그저 응시하며 미소 짓고 있는 여자.

도기	...

콜 밴 안에 고은, 의아한 표정으로 모니터 본다.

고은	또 그러네. 정신이 든 거 같기도 하고 안 든 거 같기도 하고. 뭐야?

S#20.	호텔 방 안 / 복도. 밤

호텔 방문이 열리자 방 안으로 천천히 들어오는 20대 여자.

침대 옆에 서 있다가 마치 스위치가 꺼지듯 침대 위로 털썩 쓰러진다.

문밖 복도에 서서 보고 있던 딜가드3, 4. 문 닫는다.

딜가드 뒤에 도기. 닫히는 문틈 사이로 침대에 누워 있는 여자를 본다.

도기	…

플래시 인서트 응급실 앞 대기 의자. 과거

김용민	그냥 내버려 뒀으면 어떻게 되는지 내가 말해 줄까? 알지도 못하는 곳에 끌려가 몹쓸 짓을 당할 거야. 그리고 깨어나 신고해 봤자 달라지는 건 아무것도 없고. 오히려 억울한 가해자가 될 수도 있지.

호텔 복도에 딜가드, 도기를 '툭' 친다.

딜가드3	뭐 하냐고.
도기	(다시 정신 차리고) 네?
딜가드3	왜. 보고 있으니까 막 쏠리냐?
도기	(애써 웃으려고 하지만 쉽지 않다)
딜가드4	친구한테 전화해. (방 호수 톡톡 치며) 1006호 배달 완료됐다고.
도기	…네.

핸드폰 꺼내 전화 거는 도기.

도기	어어. 1006호… 배달 완료…
빅터(E)	수고했다 친구. 나도 거의 다 왔으.

S#21.   호텔 로비. 밤
               모자에 마스크 쓰며 로비로 들어오는 빅터. 단톡방에 '호텔
               도착' 문자 남기자, 답글들이 올라온다. '홈런 쳤어?', '나도 홈
               런 치러 가고 싶다.'

S#22.   호텔 주차장. 밤
               차에 타는 도기와 딜가드3, 4.

도기   아까부터 배가 살살 아파서. 화장실 금방 다녀오겠습니다.
딜가드3   아 이 새끼. 차 타기 전에 갔다 오던지 하지. 빨리 갔다 와.
도기   죄송합니다.

               차에서 내려 급하게 호텔로 가는 도기.

S#23.   호텔 복도. 밤
               여전히 핸드폰 문자하며 승강기에서 내리는 빅터. 방 호수 확
               인하며 복도 걸어간다. '영상 올려라.', '야 살아 있는 걸로 공
               유해. ㅋㅋㅋ'

               인서트 호텔 로비. 밤
               승강기 앞으로 다가오는 도기. 엘리베이터가 늦을 거 같다.
               바로 비상계단으로 가는 도기.

1006호 방 앞에 서는 빅터. '픽' 웃으며 답문 보낸다.
'끝나고 영상 찍어서 올려 주마. ㅋㅋ'
빅터, 카드키 넣고 문 연다.

S#24.   호텔 방 안 / 앞. 밤
침대 앞으로 걸어오는 빅터, 20대 여자가 정신 잃은 채 침대
에 누워 있다.
빅터, 씨익 미소 짓는데, 밖에서 '똑똑' 노크 소리가 들린다.

빅터   (짜증) 뭐야 또.

가서 입구 문 여는 빅터. 문 열자마자 '퍽' 소리와 함께 뒤로
날아가 쓰러진다.
문에 가려져 보이진 않았지만 도기의 발차기가 꽤 강했던 탓
에 기절한 빅터.
호텔 방 안으로 들어오는 도기. 침대에 쓰러져 있는 20대 여
자부터 살핀다.

도기   고은 씨가 병원에 데려다 줄 수 있겠어요?

인서트 호텔 로비. 밤
고은, 로비 가로질러 걸어오고 있다.

고은	안 그래도 가는 중이에요.

기절한 빅터 내려다보며 어금니 질끈 무는 도기.
하우스 키퍼 복장의 박 주임과 최 주임이 세탁 수거용 수레
끌고 들어온다.

최 주임	세탁물 수거하러 왔습니다. (빅터 보곤) 여기 있다. 더러운 세탁물.

박 주임과 최 주임, 세탁 수레에 기절한 빅터 구겨 담는다.

S#25.   아동복지회 로비. 밤
로비에 사진들 둘러보고 있는 장 대표. 모두 낡고 오래된 시
설 사진들이다.

장 대표	…

인서트 택시 회사 내부 경리실. 회상 (5부 동일 장면)
쇼핑백 든 온하준, 새 옷 갈아입고 나오는 서연 본다.

서연	(꾸벅 인사) 감사합니다.
온하준	(가위로 옷에 태그 떼 주며) 삼촌이 어릴 때 살아 보니까 그렇더라. 항상 옷은 깨끗하게 입어야 누가 안 괴롭혀. 알았지?

원장, 자료 한 움큼 들고 장 대표가 있는 로비로 온다.

원장	커피라도 한 잔 드시면서 기다리시지 왜 나와 계세요.
장 대표	그냥 둘러보고 있었어요.
원장	(선반에 자료 올려놓으며) 직원들 얘기로는 보육원이 폐쇄되고 한참 지나서 수거하다 보니 대부분 소실됐다고 하네요.
장 대표	(벽에 걸린 사진들 보며) 그때는 기록물 보존이 급선무였던 시절이 아니었으니까요. 오히려 이만큼 건진 것도 그나마 다행이죠.
원장	그런데 십수 년도 훨씬 전에 있던 아이를, '온하준'이라는 이름만으로 찾는 건 쉽지 않을 텐데요.
장 대표	하는 데까지는 해 봐야죠. (자료 보며) 찾느라 번거로웠을 텐데 감사합니다.
원장	파랑새재단 일인데 저희가 도울 수 있는 건 다 도와드려야죠.
장 대표	소실된 이전 보육원 위치도 좀 알 수 있을까요?
원장	네. 주소 찾는 대로 문자 보내 드리겠습니다. 그 온하준이라는 아이도 지금쯤 꽤 컸을 텐데 꼭 찾으시길 바랍니다.

원장과 인사하고 자료 들고 나가는 장 대표.

S#26.   쓰레기 처리장. 밤

인적 없는 쓰레기 처리장 안.
5톤 집게 차에 집게가 쓰레기 한 움큼 집어 올려 처리장에 버린다.

처리장에 톱니바퀴들이 '위잉' 돌아가며 쓰레기들을 '위잉' 갈아 버린다.

집게가 다시 돌아오면, 쓰레기 더미들 사이에 손발이 꽁꽁 묶인 빅터.

운전대에 앉아 있는 도기. 마치 뽑기 게임하듯 빅터 조준해 집게 내린다.

비명 지르며 데굴데굴 굴러 간신히 집게 피하는 빅터.

간발의 차로 못 잡은 도기. 아까워한다.

도기　　　뽑을 수 있었는데. 아깝다 그치?

빅터　　　내가 잘못했다 친구야. 내… 내가 음악으로 사죄할게. 차라리 군대 갈게 군대! 이제 그만해!

도기　　　홈런이 무슨 뜻이냐?

빅터　　　(헐떡이며) 내가 인형 뽑기 한 여자애랑 잠자리까지 가면 홈런이고, 잠자리 못 하고 그 직전까지 했으면 안타야.

도기　　　(집게 움직이며) 야구를 모독하지 마라.

빅터　　　(기겁) 대답했잖아! 하지 마! 무섭다고!

도기　　　뭐가 무서워. 그냥 게임이라고 생각해. 백 번만 더 해 보자.

빅터　　　이게 무슨 게임이야? 지금 얼마나 위험한지 생각 좀 해 보라고!

도기　　　(정색) 내가 왜 생각해야 되지?

빅터　　　…

도기　　　네가 인형 뽑기 하듯이 사람들한테 그 짓거리할 때, 상대가 어떤 두려움과 위협을 느꼈을지 너는 생각했었냐?

빅터	(울고 싶다) 그건…
도기	지도 안 했으면서 왜 나보고는 생각하래?
빅터	나는 그냥 뽑기만 한 거야! MD가 다 해 줬어. 너도 봤잖아 친구야.
도기	너 같은 친구 둔 적 없어. 자, 게임하자!

도기, 버튼 누르면 빅터 향해 내려오는 대형 집게.
비명 지르는 빅터의 얼굴 위로 집게가 덮친다. '사람 살려!'

S#27.   온하준의 대저택 / 총경실. 밤
'위잉' 믹서기에 토마토 가는 온하준. 잔에 따라 양 사모에게
대접한다.

양 사모	(만족스러운 맛) 음~ 톡 쏘는데.
온하준	싱싱한 걸 바로 갈았으니까요.
양 사모	맛있다.
온하준	100kg으로 하시죠.
양 사모	(주스 마시다가 놀라는) 얼마 들인다고?
온하준	('왜 놀라지?') 100kg요.
양 사모	농담하지 말고.
온하준	농담은 술 마실 때나 해야죠. 지금은 비즈니스 자린데. 교구장님도 양 사모님이 유통할 수 있는 물량 충분히 들이라고 하셨어요.

온하준, 전화벨이 울린다.
양 사모에게 양해 구하고 전화 받으면, 분할 화면으로 총경실에 박현조가 나온다.
혼자 있으면서도 괜히 문밖 기척 살피며 목소리 낮춰 통화한다.

온하준	네.
박현조	조만간 여기 청장 자리 공석이 된다고 하는데. 차기 청장으로 나도 하마평에 오르고 있다는 얘기가 있어.
온하준	그런데요?
박현조	(애써 태연하게 말하려는데 그게 다 표가 난다) 뭐 물론 일 순위로 내가 그 자리에 갈 것 같긴 한데… 내가 최근 실적이 다른 후보자들이랑 비교해서 조금 딸리는 거 같기도 해서 말이야…
온하준	실적 올려 드려야 되겠네.
박현조	(만면에 화색이 돌며) 돌다리도 두들기며 건넌다고. 이왕이면 확실한 게 좋잖아. 교구장님도 나 때문에 애 많이 쓰시는데.
온하준	(픽 웃는) 숍이나 미리미리 다니세요. 기자 회견 때 이쁘게 보이셔야지.
박현조	그럼 나는 온 실장만 믿고 있을게.

온하준, 박현조의 말이 채 끝나기도 전에 전화 끊어 버린다.
박현조가 말하는 중간에 분할 화면이 사라진다.

온하준	죄송해요 사모님. 전화 안 받으면 삐치는 스타일이라.

양 사모	(고개 끄덕이며) 교구장님이 충분히 들이라고 했다… 그래. 교구장님이야 그렇게 기분대로 말할 수 있지. 실무를 안 뛰시는 분이니까.
온하준	(찻잔 들며) 저도 상황이 바뀌어서요. 100kg은 안 될 듯해요.
양 사모	그래. 이런 일일수록 온 실장 같은 실무자들이 조율을 잘 해야 돼.
온하준	200kg이 필요해요.
양 사모	뭐?
온하준	집하 장소랑 교통수단은 제가 마련해 둘게요.

양 사모, 온하준의 차분한 태도에 오히려 호기심이 생긴다.

양 사모	온 실장 뭐 믿고 그렇게 자신 있어? 방법 좀 얘기해 봐 봐.
온하준	세상에서 가장 안전한 방법으로 해 드릴 테니까 걱정 마시고요. 만약 조금이라도 잘못되면 책임은 실무자인 제가 다 지겠습니다.
양 사모	…

온하준, 토마토 주스 여유롭게 한 모금 마신다.

S#28.   달리는 모범택시 안 / 콜 밴 안. 밤

콜 밴 안에 고은, 빅터 핸드폰 따고 들어가 사진과 메시지들 확인한다.

고은	이 핸드폰 주인 빅터 말이에요. 알고 보니 그 블랙썬 사외 이사로 등록되어 있더라고요. 핵심 멤버 중에 하나였어요.
박 주임	나쁜 빅터. 근데 이름이 두 글자야?
고은	아뇨. 성은 이 씨에요.
도기	…

핸드폰 문자 메시지들 '툭툭' 넘겨 보는 고은.
스테이지에서 춤추는 여자 사진들 배경으로 '100% 홈런 보장', 'AS 필수',
'입구에서 윈디를 찾으세요.' 등 조잡한 사진과 문구로 도배된 홍보 문자들이다.

고은	근데 이런 식이면 오늘 같은 피해자가 거의 매일 나온다는 거잖아요.
최 주임	쳐들어가서 전부 잡아다가 혼내 줄까?
박 주임	찬성! 당장 붙잡아서 정신머릴 뜯어 고쳐 주자!
도기	나도 그러고 싶지만 쉽지 않아요.
최 주임	왜! 어째서! 난 모조리 싹 잡아서 다 부숴 버리고 싶어.
도기	아직 어디까지가 모조리인지 알아내지 못했어요.
최 주임	엉? 아아… 그렇지 참… 여기 바지 사장들이 전부 가짜였지.
고은	그럼 이런 일이 계속 반복될 텐데요.
도기	그건 못 하게 해야죠.
고은	어떻게요?
도기	계급 사회. 블랙썬은 철저한 계급 사회로 돌아간다고 했었죠.

이참에 제대로 알려 주죠. 진짜 계급 사회가 어떤 건지.

날선 눈빛의 도기.
도로를 질주하는 모범택시.

S#29.   블랙썬 홀. 밤
           테이블에 앉아 건배하는 20대 여대생들.

친구1   입사 축하해. 기념으로 여긴 우리가 쏜다.
노란 옷   고마워. 근데 여기 처음 와 봤는데 느낌 다르다.

           윈디, 여대생 테이블 주시하며 전화 통화한다.

윈디   (통화) 누구 뽑았다고? 노란 옷? 오케이.

           윈디, 전화 끊고는 여대생들에게 사뿐사뿐 다가간다.

윈디   여기 처음 놀러왔구나.
노란 옷   어머. 어떻게 아셨어요?
윈디   나는 다 알지. (가드 향해) 오빠. 여기 스페셜 양주 한 병 갖다 줘.

           양주 한 병 건네받는 윈디. 위로 번쩍 치켜든다.

윈디	우리 클럽 최초 방문 기념으로 내가 쏜다!
여대생들	(박수 치며 좋아하는) 우와아!

윈디, 여대생들의 시선이 양주 병으로 가 있는 틈을 이용해,
다른 한 손으로 노란 옷 양주잔에 반지를 스윽 갖다 댄다.
양주잔 위로 투명한 약물이 떨어지며 섞인다.

윈디	(양주 따며) 자 우리 건배 한 번 할까요? '짠' 하면 원샷이야.

윈디, 노란 옷 잔에 술 따르려는데, 핸드폰이 울린다.

윈디	(발신자 확인하고는) 언니들 잠깐만. (돌아서서 반갑게 전화 받는) 빅터 오빠! 어제 홈런 쳤어? (웃는) 너무 축하해~! 언제? 잠깐만 오빠. (급하게 메모지 꺼내 적으며) 몇 명이나? (놀란) 그렇게나 많이? (더 놀라는) 전부 하이패스로? (만면에 감동 섞인 미소) 다 오빠가 쏘는 거야? 진짜 너무 멋지다!

S#30.	블랙썬 VIP룸. 밤
	가드장, 노트북에 떠 있는 CCTV 동영상 보며 양주 홀짝이고 있다.
	사수 가드, 당황한 표정으로 들어온다.

사수 가드	저기…

가드장	왜? 또 누가 사고 쳤어?
사수 가드	그게… 직접 나가 보셔야 될 것 같습니다.
가드장	?

S#31.   블랙썬 VIP 복도. 밤

가드장, 핸드폰 보며 터벅터벅 복도 걸어가는데, 옆으로 웬 할머니 한 명이 '휙' 지나간다.

가드장	(?) 뭐야. 이 새끼들 누가 클럽에 잡상인 출입시켰…

가드장 어깨 '툭' 부딪히는 입장객.
그런데 이번엔 할아버지다.

할아버지	어이쿠! 앞을 보고 다녀 젊은이.
가드장	????

S#32.   블랙썬 앞. 밤

급하게 입구로 나오는 가드장. 자기도 모르게 입이 '떡' 벌어진다. 대형 관광버스에서 할머니 할아버지들이 '우르르' 나와 블랙썬으로 '하하 호호' 웃으며 들어간다.
막을 엄두조차 못 내고 멍하게 서 있는 입구 가드들.

가드장	니들 뭐해? 못 들어오게 막아야지!
입구 가드	그게… 전부 다 하이패스 VIP 고객들이라…

장 대표, '빅터네 VIP' 푯말 들고 어르신들 입구로 안내하고 있다.

| 가드장 | (멍한) … |

S#33.   블랙썬 홀. 밤

급하게 홀로 뛰어오는 가드장. 차마 말 못 하고 입 가리고 놀란다.

할머니, 할아버지들이 스테이지에서 흥겹게 어깨춤 추고 있다. 당황하는 젊은 남녀들, 외곽으로 점점 밀려난다.

2층 테이블에 앉아 있는 손님들 옆자리 비집고 같이 앉는 할머니들. 양주 옆으로 치우고, 보따리 안에 막걸리와 마른안주들 펼친다.

VIP룸 쪽으로 들어가려는 욕쟁이 할매 포스를 풍기는 일행. 가드들, 입구 막아선다.

가드	이쪽으론 가시면 안 됩니…
할매1	(말도 끝나기 전에 밀치며) 비켜! 안 되긴 뭐가 안 돼! (일행 보며) 덕순아! 여기 방도 있다야! 일로 와 일로!
할매2	(흥겹게 노래하며) 노세 노세 젊어서 노세!

가드 옆으로 치우고(?) VIP룸으로 들어가는 할매 일행.
블랙썬 곳곳을 흥에 겨워하며 누비고 있다.

할매1 아니 뭔 노래가 시끄럽기만 하고 영 시원찮여? 신나는 것 좀 틀어 줘!

최 주임, DJ 자리로 가서 음악 바꿔 준다. 블랙썬 홀에 고속도로 트로트 메들리가 짱짱하게 울리기 시작한다.
블랙썬 전체를 수십 명의 할머니, 할아버지들이 흥겹게 장악(?)하고 있다.
뒤늦게 블랙썬 홀로 들어오는 유문현. 눈앞에 광경에 표정이 굳어진다.
긴장한 표정으로 달려와 꾸벅 인사하는 가드장.

유문현 뭐야 이건.
가드장 윈디가 예약한 하이패스 VIP들이랍니다.
유문현 …

블랙썬에 젊은 손님들 짜증 내며 하나 둘 자리를 뜬다.

유문현 (어금니 질끈) 오늘 영업 종료해라. 문 닫아!

<시간 경과>
불이 환하게 켜져 있는 블랙썬 홀.

빈 막걸리 통과 쓰레기들이 사방에 굴러다닌다.

빈 막걸리 통 주워 들어 물끄러미 보는 유문현, 어이없는 웃음 나온다.

앞에 각 잡고 서 있는 가드장과 윈디.

가드장   (윈디 노려보며) 도대체 일을 어떻게 했길래…

윈디   (억울한 표정) 빅터가 해 달라고 해서… 단체 VIP인 줄 알고…

가드장   네 눈에는 그 노친네들이 VIP로 보였냐?

유문현   기존 예약 스케줄 전부 다 취소시켜.

가드장   전부 다요?

유문현   이 바닥 소문 퍼지는 거 금방이야. 며칠 내부 수리한다 그러고 현재 예약 시스템 점검해 봐. 그 기간 동안 영업 손실은 (윈디 보며) 네가 다 변상하고.

윈디   (청천벽력) 나한테 그런 큰돈이 어딨어요, 오빠.

유문현   …

윈디   (울고 싶다) 빅터 이 개자식…

유문현   빅터 그 친구한테 연락해서 얼굴 좀 보자고 전해.

윈디   나도 그러려고 아까부터 계속 전화해 봤는데 꺼져 있어요.

유문현   가족이든 친구든 아는 놈 있을 거 아냐! 못 찾겠으면 딴 놈이라도 잡아 오라고!

S#34.   지하 정비실. 밤

고은, 비밀 사무실 컴퓨터에 있었던 CCTV 영상들 모니터에 띄운다.

아직 여흥이 사라지지 않은 박 주임과 최 주임. 가볍게 리듬 타며 모니터 보고 있다.

고은	(심각한 표정) 이 영상들 왜 갖고 있었는지 알아냈어요. 대표님 말씀대로 증거 영상이 맞았어요.
최 주임	어떤 증거?
고은	이 사람들은 몇 가지 공통점이 있었어요. 모두 블랙썬에서 정신을 잃었고, 정신을 차렸을 땐 처음 보는 남자와 호텔 방에 있었어요. 그래서 경찰에 성폭행 신고를 했고요. 이게 첫 번째 공통점.
박 주임	두 번째 공통점은?
고은	대부분 고소가 취하됐고, 무고죄로 역고소 당했어요. 바로 저 영상 때문에요. (영상 보며) 정신을 잃은 뒤 호텔에서 깼다고 했지만, 정작 영상에선 스스로 클럽을 나와 호텔로 걸어 들어가는 모습이 나오니까.
도기	무고의 증거로 활용하기 위해서 저 클립들을 모아 놓은 거였네요.
최 주임	(끄덕끄덕) 이 나쁜 새끼들. 그래서 그렇게 막 나가는 거였어. 법으로 자길 어떻게 못 한다는 걸 아니까.
고은	(애써 화 참으려 하지만 쉽지 않다) 아무리 생각해도 너무 나쁜 사람들이지 않아요? 성폭행을 무슨 관광 상품처럼 홍보까지 하면서 어떻게 이럴 수 있죠?
도기	당장은 막아 놓긴 했지만, 금방 다시 시작할 거예요.

고은	서울 도심 한복판에서 어떻게 이런 일이 가능하죠? 이렇게나 적나라하게. 피해자를 가해자로 둔갑시키고 가해자는 피해자로 바꿔 버리고.
장 대표	마치 악마들의 놀이터를 보는 기분이야.
고은	도대체 누가 이런 괴물을 만든 거죠?

S#35.   대저택 안. 낮

온하준, 빳빳하게 잘 다려진 와이셔츠와 고급 슈트 입고 있다.
핸드폰 진동음이 계속 울린다.
넥타이를 매고 넥타이핀을 착용하기까지 한 치의 흐트러짐 없이 정갈하다.
틀어 놓은 TV에서 뉴스가 나오고 있다.

앵커(E)   230kg. 무려 800만 명이 동시에 투약할 수 있는 시가 8천 5백억 원 규모의 마약이 우리 경찰에 적발됐습니다. 역대 최대 규모입니다. 한국, 일본, 홍콩이 연루된 국제 범죄 조직의 소행인 것으로 드러났습니다. 오늘 새벽 중국, 일본을 거쳐 우리나라로 들어오는 배에서…

TV 돌아보는 온하준.
마약이 든 봉지들을 열 맞춰 늘어놓는 경찰들이 자료 화면으로 나온다.
무심히 다시 시선 거두고 옷매무새 다듬는 온하준.

S#36.   대저택 응접실. 낮

　　　　　식탁에 앉아 가벼운 아침 식사하는 온하준.
　　　　　양 사모, 다급한 걸음으로 응접실로 온다.

양 사모　　 (정색) 온 실장 왜 전화를 안 받아!

온하준　　 아침부터 어쩐 일이세요, 사모님. 식사는 하셨어요?

양 사모　　 뉴스 봤어? 이게 다 어떻게 된 거야.

온하준　　 (사람 부르며) 여기 식사 하나 더 내오세요.

양 사모　　 밥이 넘어가 내가 지금? 온 실장 그렇게 큰소리치더니. 이래
　　　　　서 내가 나눠서 가자고 한 거라고!

온하준　　 (시계 보곤) 잠시만 이거 하나만 보고요. 사모님도 같이 보실
　　　　　래요?

　　　　　온하준, 핸드폰으로 TV 뉴스 튼다.

온하준　　 멘트 준비는 잘 하셨을라나?

　　　　　경찰청 기자 회견장으로 박현조가 들어온다.

　　　　　인서트 기자 회견장
　　　　　플래시 세례 받으며 브리핑하는 박현조.

박현조　　 이번에 적발한 마약은 지난 한 해 동안 통상 압수된 양의 두
　　　　　배를 웃돌 정도로 전례를 찾아보기 힘든 어마어마한 양으로.

저희 경찰은 마약 청정국의 지위를 더욱 공고히 하기 위해 마약과의 전쟁도 불사하겠다는 각오로 더욱 열심히 뛰겠습니다…

대저택에 양 사모, 어이없는 표정으로 온하준 보고 있다.

박현조(E)	현재 밀반입 조직원 8명을 구속하고 달아난 핵심 조직원을 뒤쫓고 있는 중입니다.
온하준	(픽 웃는) 숍에서 관리 열심히 받았나 보네.
양 사모	지금 나 놀리는 거야?
온하준	(핸드폰 끄며) 걱정 마세요 사모님. 제가 다 책임질게요.
양 사모	어떻게 책임진다고 그래. 물건도 벌써 다 압수당했는데.
온하준	(차 따라 주며) 흥분 가라앉히시고요. 지난번 병 뽑기 게임에서 이긴 사람 소원 들어주기로 한 거 기억하세요?
양 사모	?
온하준	그 소원 지금 쓸게요. 저를 믿으세요. 아무 일 없을 거예요.
양 사모	…

다시 아침밥 먹는 온하준.

S#37. 블랙썬 홀. 낮
       홀 안으로 들어오는 도기.

사수 가드	저거 이제 출근하는 거 봐라. 야, 이 새끼야!
도기	(시계 보고) 저 안 늦었는데…
사수 가드	오늘 교육 있는 거 알아 몰라!
도기	…교육이요?
사수가드	5번방으로 빨리 튀어 가.
도기	네.

도기, VIP 복도로 들어가려는데.

사수 가드	야!
도기	(돌아보면)?
사수 가드	(고무장갑 휙 던져 주며) 갖고 가, 새끼야.
도기	(고무장갑 보며) …?

S#38. **블랙썬 VIP룸. 낮**

룸 안으로 들어오는 도기.

가드들이 VIP룸 청소하고 있다.

피 묻은 휴지 주워 휴지통에 버리는 가드, 고무장갑 끼고 바닥에 피 닦고 있는 가드 등등 마치 사건 현장에 감식반 같은 분위기다.

장 경사, 팔짱 낀 채 구경하고 있고, 조 경장, 자리에 앉아 핸드폰 게임 중이다.

도기   …

인서트 블랙썬 앞. 밤. 과거
경찰차에서 내리는 장 경사와 조 경장. 어슬렁거리며 다가온다.
장 경사, 도기 팔을 뒤로 꺾어 수갑 채운다.

장 경사   자아, 당신을 영업 방해 혐의로 긴급 체포합니다.

VIP룸에 도기, 고무장갑 끼며 구석에 조용히 합류한다.
가드들, 쓰레기통에 옷가지와 휴지들 쑤셔 박고 있으면.

장 경사   동작 그만.

하던 일 멈추는 가드들.

장 경사   너네가 무슨 팀이라고 했지?
가드   증거 인멸팀…
장 경사   피 닦은 휴지는 어떻게 하라고 했지?
가드   휴…지통에…
장 경사   (얼음 통으로 머리 툭 때리는) 피 닦은 휴지는 다른 지역에 버려야
                한다고 몇 번을 말했어! 그래야 관할서가 나눠져서 합치지
                못한다고 돌대가리 새끼들아!
도기   …
가드   (눈치 보며 피 묻은 휴지 빼내는)

장 경사	(고무장갑 낀 가드 보며) 너도 마찬가지. 피는 세제로 안 지워진다고 특수 용액으로 지워야 된다고 열 번도 넘게 말했다 열 번도 넘게!
가드	(눈치 보며 고무장갑 벗는)
장 경사	(다가가 귀엽게 머리 어루만져 주며) 아니야 잘했어. 니들이 이렇게 붕어처럼 자주 까먹어 줘야 나도 자주 알바비 챙기지. 아주 잘했어들.

'픽' 웃는 조 경장, 다시 핸드폰 오락에 집중한다.
도기, 굳은 표정으로 보고 있다.

S#39.   **블랙썬 홀 / 콜 밴 안. 밤**
도기, 봉투에 돈 확인하며 기분 좋게 나가는 장 경사와 조 경장 본다.

도기	고은 씨.
고은(E)	네, 김도기 기사님.
도기	영상 속 피해자들이 고소했다는 곳이 어디였죠?
고은	(바로 서칭 하는) 정삼경찰서요. 관할 지역이었으니까 대부분 이쪽에 신고를 한 거 같아요.
도기	피해자들을 무고로 체포한 곳은요?
고은	거기도… 정삼경찰서요.

장 경사, 도기 무심히 돌아보고는 조 경장 어깨동무하고 나
간다.

도기   고은 씨가 그랬죠. 서울 도심 한복판에서 이런 일이 가능하
           냐고.

고은   네. 그래서 대표님이 악마의 놀이터 보는 기분이라고 그랬
           었죠.

도기   악마를 잡아야 하는 공권력이 오히려 그들과 결탁했을 때, 도
           심 한복판에 어떤 괴물이 나오는지 보여 주는 거 같지 않아요?

가드장(E)   9번.

도기, 가드장 돌아본다.

가드장   (도기 눈빛에 순간 움찔) 아 깜짝이야. 이 새끼 눈이 왜 이래.

도기   …

가드장   따라와. 조판장님이 찾으신다.

도기   …

S#40.   블랙썬 비밀 사무실. 밤
           가드장, 도기 데리고 비밀 사무실 안으로 들어온다.
           유문현, 진열대에서 특이한 모양의 고급 양주들 중 하나 꺼내
           자리로 온다.

유문현	와서 앉아.

맞은편 자리에 와 앉는 도기.
유문현, 양주잔에 술 따라서 도기 앞으로 밀어 준다.

유문현	(술 따르며) 한 잔 해.
도기	제가 지금 근무 중이라.
유문현	내가 주는 건 마셔도 돼.

도기, 어쩔 수 없이 양주잔 들어 마신다.

유문현	(한 잔 더 따라 주며) 빅터 친구라며?
도기	네. 친하진 않습니다.
유문현	그 친구랑 연락은 되나?
도기	안 그래도 계속 연락해 보고는 있는데, 제 전화를 잘 안 받습니다.
유문현	(술잔 밀어 주며) 한 잔 더 해. 빈 잔 나 주고.
도기	…

도기, 다시 한 모금 쭉 입에 털어 넣고 빈 잔 돌려준다.

유문현	(미소) 금방 몸 뜨끈해지지. 비싼 술이다. (다시 양주 따르며) 언제 마지막으로 봤어?
도기	저번에 배달 완료한 뒤로는 본 적이 없습니다.

유문현	(다시 술잔 밀어 주며) 너는 모르는 게 많구나.
도기	…
유문현	뭐해 안 마시고?

작게 한숨 쉬는 도기, 다시 술잔 들어 마시려는데, 바닥에 술잔이 '뚝' 떨어진다.
머리 부여잡는 도기. 점점 어지러워진다. 정신을 차리기가 힘들다.

유문현	(핸드폰 보여 주며) 그래도 이건 알겠지?

정삼경찰서에서 도기와 김용민 기자가 나오는 CCTV 영상이 핸드폰에 나온다.

유문현	너 정체가 뭐니?
도기	나한테… 뭘 먹인 거냐.

핸드폰 들고 있는 유문현의 입가에 비릿한 미소가 지어진다.

유문현	금방 몸이 뜨끈해지지?
도기	나한테 뭘 먹인 거냐고!

도기, 있는 힘 쥐어 짜내 유문현에게 달려든다.
둔탁해진 도기의 공격을 가볍게 피하는 유문현.

컴퓨터 놓인 책상 위로 엎어지는 도기. 볼펜이 잔뜩 꽂혀 있는 통과 함께 바닥에 쓰러진다.

다시 일어나려 안간힘 쓰는 도기. 약 기운이 퍼지며 다시 털썩 쓰러진다.

유문현, 도기에게 다가와 물끄러미 내려다본다.

유문현의 손가락에 인장 반지 보는 도기. 결국 정신 잃는다.

인서트 콜 밴 앞. 밤

박 주임과 최 주임, 군고구마 한 봉지 들고 걸어오는데, 고은이 뛰어온다.

박 주임	고은이 것도 같이 샀어.
고은	(숨차다) 큰일 났어요. 김도기 기사님이 쓰러졌어요!
최 주임	뭐?!

급하게 콜 밴으로 뛰어가는 세 사람.

S#41.   블랙썬 복도 / 콜 밴 안. 밤

정신 잃은 도기. 가드들에게 질질 끌리며 복도로 나온다.

가드장, 천정에 달린 카메라 보며 바로 아래에서 멈춰 선다.

가드장	(도기 귓가에 조용히 속삭이듯) 입구까지 걸어가.

그 순간, '스르르' 눈을 뜨는 도기. 혼자 중심 잡고 서더니 터벅터벅 걸어가기 시작한다.
콜 밴 안에 고은, 놀란 표정으로 모니터 보고 있다.

고은   김도기 기사님 내 말 들려요? 김도기 기사님!

그 어떤 반응도 없이 입구 향해 걸어가는 도기.
두 눈은 초점 없이 허공을 응시하고 있다.
입구에 다가와 우뚝 서는 도기. 비틀거리는가 싶더니 바닥에 '픽' 쓰러진다.
뒤따라오며 '픽' 웃는 가드장.

가드장   좀 잡아 줘라 인마.
가드   (키득) 죄송합니다.

콜 밴에 박 주임과 최 주임, 혼란스러운 표정으로 모니터 본다.

박 주임   김도기 기사! 대답 좀 해 봐.
최 주임   갑자기 왜 저래? 도대체 뭐가 어떻게 된 거야?

S#42.   도로 몽타주. 밤
             달리는 승합차 안.
             승합차 뒷자리에 정신 잃고 앉아 있는 도기.

가드장, 유문현과 전화 통화 중이다.

가드장 지금 이동하는 중입니다.

비밀 사무실 안.
유문현, 양주병 뚜껑 닫아서 진열장에 넣는다.

유문현 실수 없이 잘 처리해.

달리는 승합차 안.

가드장 네 알겠습니다. (전화 끊고) 사거리로 가.

도로.
속도 붙여서 달리는 승합차.
그 뒤를 따라붙고 있는 콜 밴.

콜 밴 안.
고은, 걱정스런 표정으로 모니터 보고 있다.

고은 도대체 김도기 기사님을 어디로 데려가는 거야?

운전 중인 박 주임, 왠지 불안해진다.

박 주임	행님. 왠지 우리 차례에서 신호 걸릴 거 같은데.

승합차가 교차로에서 좌회전하자, 신호등이 노란불로 바뀐다.

최 주임	떨어지면 안 돼. 바짝 따라붙어!

가속 페달 '꽉' 밟는 박 주임.
신호등이 빨간 불로 바뀌는 동시에 빠르게 좌회전하는 콜 밴.
아슬아슬하게 교차로 지나왔다.

박 주임	(십년감수) 하마터면 사고 날 뻔했어. 난폭 운전하는 거 진짜 싫어.
최 주임	(두리번거리며) 그 차 안 보이는데? 어디로 갔어?
박 주임	우리 바로 뒤따라왔잖아.
고은	(모니터 보며) 차가 멈췄어요. 우리가 지나왔어요.
박 주임	유턴 받으려면 한참 가야 되는데.

불길한 예감의 고은. 바로 헤드셋 벗는다.

고은	나 먼저 내릴게요. 갓길에 세워 줘요.

인근 횡단보도.
비상등 켠 채 갓길에 서 있는 승합차.
승합차 앞에 '사고 다발 지역' 푯말이 서 있다.

도기, 여전히 정신 잃은 상태로 앉아 있다.

가드장   (도기 얼굴 툭툭 치며) 이 새끼 처음 볼 때부터 재수가 없었어.

가드장, 승합차 옆문 활짝 연다.

가드장   (두 손 모아서 도기 귓가에 조용히 속삭이는) 길 건너가.

가드장의 속삭임이 도기에게 점점 크게 메아리치며 공명된다.
정신 잃고 있던 도기, 갑자기 '스르르' 눈 뜨며 승합차에서 내
린다.

가드장   (히죽) 웃으면서!

도기. 미소를 머금은 채 천천히 도로를 무단 횡단하기 시작
한다.
반대쪽 차선에 차들이 빠른 속도로 '휙' 지나간다.
인적 드문 차도 중앙으로 걸어 나오는 도기.
자동차들, 경적 울리며 아슬아슬 도기를 빗겨서 지나간다.
멀리 맞은편 차로로 택배 트럭 한 대가 달려오는 게 보인다.

가드장   (택배 트럭 보며 차문 닫는) 저기 택배로 해.

천천히 길 건너가는 도기를 뒤로하고 출발하는 승합차.

중앙차선으로 붙는다.

중앙차선을 사이에 두고 달리는 택배 트럭과 승합차.

승합차, 반대쪽 차선에 택배 트럭이 가까이 오자, 갑자기 하이빔을 '확' 켠다.

갑작스런 하이빔에 눈이 부신 택배 기사. 앞을 못 본다.

하이빔 끄고 빠르게 지나쳐 가는 승합차.

초점 없는 두 눈으로 터벅터벅 길을 건너고 있는 도기.

눈 부비며 운전하고 있는 택배 기사, 도기를 보지 못한다.

빠른 속도로 도기를 향해 정면으로 달려오는 택배 트럭.

잔뜩 기대하는 표정으로 보고 있는 가드장.

달리는 속도 그대로 도기를 덮치는 택배 트럭.

도기와 택배 차가 충돌하기 직전, 달려와 도기에게 몸을 날려 피하는 고은.

간발의 차이로 충돌을 피했다.

구경하고 있던 가드장. 인상이 '확' 찌푸려진다.

가드장	에이 씨! 뭐야 저건! 차 돌려!
딜가드1	네?
가드장	차 돌리라고 새끼야! 안 죽었잖아!

가드장, 벌떡 일어나 운전대를 '확' 잡아 돌린다.

중앙선 침범하며 유턴하는 승합차.

고은, 힘겹게 일어나 도기에게 다가와 부축한다.

고은   김도기 기사님 괜찮아요?

        도기, 그저 초점 없이 허공을 바라볼 뿐 고은을 알아보지 못
        한다.

고은   (믿겨지지 않는) 김도기 기사님…

        승합차 한 대가 도기와 고은을 향해 빠른 속도로 달려온다.
        뒤늦게 승합차 본 고은, 도기 끌고 피하려 안간힘 써 보지만,
        쉽지 않다.

고은   (다급한) 기사님 일어나야 돼요! 정신 좀 차려 봐요!
가드장   액셀 밟아! 더 빨리!

        굉음을 울리며 맹렬하게 달려오는 승합차.
        운전대 '꽉' 움켜쥔 채 광기 어린 눈으로 보고 있는 가드장.
        승합차의 라이트가 고은 얼굴에 '확' 비친다.
        안간힘 써 보지만 피하기엔 늦었다. 본능적으로 도기를 '확'
        감싸 안는 고은.
        승합차가 화면 가득 굉음과 함께 두 사람을 덮치면.
        도기 어깨를 '꽉' 잡는 연약한 고은의 손.

고은   (절규 섞인) 김도기 기사님!

가드장의 승합차, 도기와 고은을 들이받는데.
어느새 나타나 승합차의 옆면을 들이박는 콜밴.
충돌 반동으로 양쪽으로 튕겨져 나가는 콜밴과 트럭.
도기와 고은을 중간에 두고 부딪힐 듯 말 듯 아슬아슬하게
빗겨 지나간다.
각각 가로수와 가드레일을 들이받으며 멈춰 서는 승합차와
콜 밴.
충돌로 온몸이 뻐근한 가드장, 화가 치밀어 올라 차에서 내리
려는데, 주변에 사람들이 사고 현장으로 하나둘씩 모여든다.

가드장   (어금니 꽉 물며) 그냥 출발해!

승합차 옆면이 움푹 들어간 채로 도망치듯 떠나는 승합차.
콜 밴에서 나오는 박 주임과 최 주임. 아픈 몸 추스르며 달려
온다.

최 주임   고은아!
박 주임   김도기 기사! 괜찮아?

고은, 고개 들어 도기 상태 확인한다. 다치지 않았다.
안도의 한숨과 함께 긴장이 '확' 풀리는 고은. 도기 위로 고개
'푹' 떨군다.
이 모든 걸 알 리 없는 도기, 여전히 정신 잃은 채 누워 있다.

S#43.　　　　병원 응급실. 낮

　　　　　침대에 누워 있는 도기. 스르르 눈 뜬다.
　　　　　고은, 옆에 엎드려 잠들어 있다.

도기　　　　...

　　　　　플래시 인서트 이미지

　　　　　블랙썬 복도를 걸어가는 도기, 유문현의 비릿한 미소, 속삭이
　　　　　는 가드장, 횡단보도를 건너는 도기, 절규하는 고은 등등. 이
　　　　　모든 이미지가 무질서하게 서로 뒤엉키고 왜곡되어 나타났
　　　　　다가 '팍' 사라진다.
　　　　　도기, 어지러움이 다 없어지지 않았는지 이마를 지그시 누
　　　　　른다.
　　　　　기척에 일어나는 고은.

고은　　　　깼어요?
도기　　　　내가 얼마나 누워 있었죠?
고은　　　　이틀을 꼬박 잤어요. 무슨 일이 있었는지 기억은 나요? 진짜
　　　　　큰일 날 뻔했어요.
도기　　　　몇몇 잔상은 남아 있는데, 무슨 일이 있었는지는 기억이 안
　　　　　나요.
최 주임(E)　　진짜 기억 안 나?

　　　　　커튼 '확' 걷으면 옆 침대에 최 주임과 박 주임도 나란히 누워

있다.

최 주임	그럼 우리 활약도 기억 안 나는 거네.
박 주임	내가 얼마나 난폭하게 운전했는지 알아?
고은	김도기 기사님 마치 동영상 속에 그 사람들 같았어요. 그놈들 이 김도기 기사님한테 무슨 짓을 했는지도 기억 안 나요?
최 주임	기억하기 힘들면 마지막 기억을 떠올려 봐.
박 주임	마지막 기억?
최 주임	거기서부터 출발하는 거지.
도기	(마른세수하며) 내 마지막 기억은…

갑자기 주머니 뒤적거리는 도기.
뭔가 싶어서 보고 있는 고은, 박 주임, 최 주임.
도기, 주머니에서 뭔가를 꺼내 보인다. 빨간색 펜 녹음기다.

| 도기 | 이걸 찾았다는 거? |

도기 손에 녹음기 보고 놀라는 멤버들.

최 주임	어!
박 주임	이거!
고은	그 녹음기 맞죠?
도기	(씨익 미소)

펜 녹음기 손에 쥐고 있는 도기의 자신감 넘치는 미소에서.

13화 끝.

TAXI DRIVER

두 번째 운행

14화

내가
직접 죽여줄게

S#1.   인천 공항 내 입국장. 낮
         검은 양복을 입은 한 무리들이 인천 공항 입국장 앞에 대기
         하고 있다.
         입국 게이트가 열리고 키보다 높이 솟은 여행용 백팩을 멘
         50대 후반의 남자가 낡은 등산복 차림으로 들어온다.
         온하준, 남자에게 다가가 꾸벅 인사한다.

온하준   먼 길 다녀오셨습니다. 교구장님.
교구장   내가 좋아서 떠난 성지 순례길인데 뭐.

         검은 양복들, 교구장에게 꾸벅 인사한다.

온하준   (배낭 받아 들며) 목욕물 받아 놓으라고 하겠습니다.
교구장   아니야. 순례길도 무사히 잘 마쳤는데 소미사부터 드려야지.
         (온하준의 얼굴 살펴보며) 살이 좀 빠진 걸 보니, 그 사이 마음 고
         생이 있었구나.

온하준   (미소) 별일 아닙니다.

              교구장, 대견스레 온하준 어깨 '툭툭' 두드려 준다.
              뒤늦게 허둥지둥 입국장으로 오는 박현조.

박현조   (넥타이 고쳐 매고는 90도 인사) 죄송합니다. 차가 너무 막혀서.

              교구장, 강아지 머리 쓰다듬듯 박현조 머리 쓰다듬어 주고는
              간다.
              온하준, 뒤따라가며 교구장이 했던 거처럼 박현조 머리 가볍
              게 쓰다듬는다.
              인상 '확' 찌푸리는 박현조. 떨떠름한 표정으로 따라간다.

S#2.   성당 안. 밤
              조용한 성곡이 흘러나오고 있는 작은 성당 안.
              검은색의 사제복을 입은 교구장이 모습을 드러낸다.
              제단에 놓여 있는 두 개의 초에 불을 붙이고는 조용히 두 손
              을 모은 채 기도로 예식을 치루는 교구장.
              제단 위에 인장 반지 문양이 커다랗게 붙어 있다.

교구장   (읊조리듯) 꼬르 예수 사크라티씨뭄 미세레레 노비스. (지극히 거
              룩하신 예수성심이여 우리를 긍련히 여기소서)

객석에 앉아 두 손 모은 채 미사 올리고 있는 사람들. 모두 예외 없이 손가락에 인장 반지를 끼고 있다.

두 손을 모으고 기도문을 반복하는 교구장의 손에 인장 반지 위로, '모범택시: 두 번째 운행' 타이틀 뜬다.

S#3.   도로 몽타주. 밤

달리는 승합차 안.
승합차 뒷자리에 정신 잃고 앉아 있는 도기.
가드장, 유문현과 전화 통화 중이다.

가드장   지금 이동하는 중입니다.

비밀 사무실 안.
유문현, 양주병 뚜껑 닫아서 진열장에 넣는다.

유문현   실수 없이 잘 처리해.

달리는 승합차 안.

가드장   네, 알겠습니다. (전화 끊고) 사거리로 가.

도로.
속도 붙여서 달리는 승합차.

그 뒤를 따라붙고 있는 콜 밴.

콜 밴 안.
고은, 걱정스런 표정으로 모니터 보고 있다.

고은   도대체 김도기 기사님을 어디로 데려가는 거야?

운전 중인 박 주임, 왠지 불안해진다.

박 주임   행님. 왠지 우리 차례에서 신호 걸릴 거 같은데.

승합차가 교차로에서 좌회전하자, 신호등이 노란불로 바뀐다.

최 주임   떨어지면 안 돼. 바짝 따라붙어!

가속 페달 '꽉' 밟는 박 주임.
신호등이 빨간 불로 바뀌는 동시에 빠르게 좌회전하는 콜 밴.
아슬아슬하게 교차로 지나왔다.

박 주임   (십년감수) 하마터면 사고 날 뻔했어. 난폭 운전하는 거 진짜
                싫어.
최 주임   (두리번거리며) 그 차 안 보이는데? 어디로 갔어?
박 주임   우리 바로 뒤따라왔잖아.
고은   (모니터 보며) 차가 멈췄어요. 우리가 지나왔어요.

박 주임   유턴 받으려면 한참 가야 되는데.

          불길한 예감의 고은. 바로 헤드셋 벗는다.

고은   나 먼저 내릴게요. 갓길에 세워 줘요.

          인근 횡단보도.
          비상등 켠 채 갓길에 서 있는 승합차.
          승합차 앞에 '사고 다발 지역' 푯말이 서 있다.
          도기, 여전히 정신 잃은 상태로 앉아 있다.

가드장   (도기 얼굴 툭툭 치며) 이 새끼 처음 볼 때부터 재수가 없었어.

          가드장, 승합차 옆문 활짝 연다.

가드장   (두 손 모아서 도기 귓가에 조용히 속삭이는) 길 건너가.

          가드장의 속삭임이 도기에게 점점 크게 메아리치며 공명된다.
          정신 잃고 있던 도기, 갑자기 '스르르' 눈 뜨며 승합차에서 내
          린다.

가드장   (히죽) 웃으면서!

          도기. 미소를 머금은 채 천천히 도로를 무단 횡단하기 시작

한다.

반대쪽 차선에 차들이 빠른 속도로 '횡' 지나간다.

인적 드문 차도 중앙으로 걸어 나오는 도기.

자동차들, 경적 울리며 아슬아슬 도기를 빗겨서 지나간다.

멀리 맞은편 차로로 택배 트럭 한 대가 달려오는 게 보인다.

가드장   (택배 트럭 보며 차문 닫는) 저기 택배로 해.

천천히 길 건너가는 도기를 뒤로하고 출발하는 승합차. 중앙
차선으로 붙는다.

중앙차선을 사이에 두고 달리는 택배 트럭과 승합차.

승합차, 반대쪽 차선에 택배 트럭이 가까이 오자, 갑자기 하
이빔을 '확' 켠다.

갑작스런 하이빔에 눈이 부신 택배 기사. 앞을 못 본다.

하이빔 끄고 빠르게 지나쳐 가는 승합차.

초점 없는 두 눈으로 터벅터벅 길을 건너고 있는 도기.

눈 부비며 운전하고 있는 택배 기사, 도기를 보지 못한다.

빠른 속도로 도기를 향해 정면으로 달려오는 택배 트럭.

잔뜩 기대하는 표정으로 보고 있는 가드장.

달리는 속도 그대로 도기를 덮치는 택배 트럭.

도기와 택배 차가 충돌하기 직전, 달려와 도기에게 몸을 날려
피하는 고은.

간발의 차이로 충돌을 피했다.

구경하고 있던 가드장. 인상이 '확' 찌푸려진다.

가드장	에이 씨! 뭐야 저건! 차 돌려!
딜가드1	네?
가드장	차 돌리라고 새끼야! 안 죽었잖아!

가드장, 벌떡 일어나 운전대를 '확' 잡아 돌린다.
중앙선 침범하며 유턴하는 승합차.
고은, 힘겹게 일어나 도기에게 다가와 부축한다.

고은	김도기 기사님 괜찮아요?

도기, 그저 초점 없이 허공을 바라볼 뿐 고은을 알아보지 못한다.

고은	(믿기지 않는) 김도기 기사님…

승합차 한 대가 도기와 고은을 향해 빠른 속도로 달려온다.
뒤늦게 승합차 본 고은, 도기 끌고 피하려 안간힘 써 보지만,
쉽지 않다.

고은	(다급한) 기사님 일어나야 돼요! 정신 좀 차려 봐요!
가드장	액셀 밟아! 더 빨리!

굉음을 울리며 맹렬하게 달려오는 승합차.
운전대 '꽉' 움켜쥔 채 광기 어린 눈으로 보고 있는 가드장.

승합차의 라이트가 고은 얼굴에 '확' 비친다.
안간힘 써 보지만 피하기엔 늦었다. 본능적으로 도기를 '확'
감싸 안는 고은.
승합차가 화면 가득 굉음과 함께 두 사람을 덮치면.
도기 어깨를 '꽉' 잡는 연약한 고은의 손.

고은   (절규 섞인) 김도기 기사님!

가드장의 승합차, 도기와 고은을 들이받는데.
어느새 나타나 승합차의 옆면을 들이박는 콜 밴.
충돌 반동으로 양쪽으로 튕겨져 나가는 콜 밴과 트럭.
도기와 고은을 중간에 두고 부딪힐 듯 말 듯 아슬아슬하게
빗겨 지나간다.
각각 가로수와 가드레일을 들이받으며 멈춰 서는 승합차와
콜 밴.
충돌로 온몸이 뻐근한 가드장, 화가 치밀어 올라 차에서 내리
려는데, 주변에 사람들이 사고 현장으로 하나둘씩 모여든다.

가드장   (어금니 꽉 물며) 그냥 출발해!

승합차 옆면이 움푹 들어간 채로 도망치듯 떠나는 승합차.
콜 밴에서 나오는 박 주임과 최 주임. 아픈 몸 추스르며 달려
온다.

최 주임	고은아!
박 주임	김도기 기사! 괜찮아?

고은, 고개 들어 도기 상태 확인한다. 다치지 않았다.
안도의 한숨과 함께 긴장이 '확' 풀리는 고은. 도기 위로 고개
'푹' 떨군다.
이 모든 걸 알 리 없는 도기, 여전히 정신 잃은 채 누워 있다.

S#4.   병원 응급실. 낮
침대에 누워 있는 도기. '스르르' 눈 뜬다.
고은, 옆에 엎드려 잠들어 있다.

도기	…

도기, 어지러움이 다 없어지지 않았는지 이마를 지그시 누른다.
기척에 일어나는 고은.

고은	깼어요?
도기	내가 얼마나 누워 있었죠?
고은	이틀을 꼬박 잤어요. 무슨 일이 있었는지 기억은 나요? 진짜 큰일 날 뻔했어요.
도기	몇몇 잔상은 남아 있는데, 무슨 일이 있었는지는 기억이 안

나요.

최 주임(E)   진짜 기억 안 나?

커튼 '확' 걷으면 옆 침대에 최 주임과 박 주임도 나란히 누워
있다.

최 주임   그럼 우리 활약도 기억 안 나는 거네.

박 주임   내가 얼마나 난폭하게 운전했는지 알아?

고은   김도기 기사님 마치 동영상 속에 그 사람들 같았어요. 그놈들
이 김도기 기사님한테 무슨 짓을 했는지도 기억 안 나요?

최 주임   기억하기 힘들면 마지막 기억을 떠올려 봐.

박 주임   마지막 기억?

최 주임   거기서부터 출발하는 거지.

도기   (마른세수하며) 내 마지막 기억은…

갑자기 주머니 뒤적거리는 도기.
뭔가 싫어서 보고 있는 고은, 박 주임, 최 주임.
도기, 주머니에서 뭔가를 꺼내 보인다. 빨간색 펜 녹음기다.

도기   이걸 찾았다는 거?

도기 손에 펜 녹음기 보고 놀라는 멤버들.

최 주임   어!

박 주임	이거!
고은	그 녹음기 맞죠?
도기	(씨익 미소)
최 주임	이거 그 기자가 줬다는 그거!
도기	(고개 끄덕) 네. 김용민 기자가 최 형사한테 줬던 바로 그 녹음기에요.
박 주임	대박! 김도기 기사 이거 어디서 찾았어?
고은	말 좀 해 줘요! 대체 그 와중에 어디서 이걸 찾아낸 거예요?

빨간색 펜 녹음기 손에 쥐고 있는 도기, 입가에 미소가 지어진다.

플래시 인서트 블랙썬 비밀 사무실
바닥에 술잔이 '뚝' 떨어진다.
머리 부여잡는 도기. 점점 어지러워진다. 정신을 차리기가 힘들다.

| 유문현 | (핸드폰 보여 주며) 그래도 이건 알겠지? |

정삼경찰서에서 도기와 김용민 기자가 나오는 CCTV 영상이 핸드폰에 나온다.

| 도기 | 나한테… 뭘 먹인 거냐. |

핸드폰 들고 있는 유문현의 입가에 비릿한 미소가 지어진다.
도기, 책상 위 각종 펜들이 잔뜩 꽂혀 있는 연필꽂이에 펜 녹음기를 발견한다.

도기   …
유문현   금방 몸이 뜨근해지지?
도기   나한테 뭘 먹인 거냐고!

도기, 있는 힘 쥐어 짜내 유문현에게 달려든다.
둔탁해진 도기의 공격을 가볍게 피하는 유문현.
컴퓨터 놓인 책상 위로 엎어지는 도기. 일부러 연필꽂이를
'툭' 치며 통과 함께 바닥에 쓰러진다.
펜 녹음기를 품 안에 숨기는 도기.
다시 일어나려 안간힘 쓰다가 약 기운이 퍼지며 다시 털썩
쓰러진다.

S#5.   김용민의 원룸 안. 밤
            탁자 위에 빨간색 펜 녹음기를 올려놓는 도기.

김용민   (놀라는) 이걸 어떻게…
도기   김 기자님의 예상이 맞았어요.
김용민   …

김용민, 조심스레 펜 녹음기 끝을 누르자, 최성은 형사의 목
소리가 나온다.

최성은(E)   이거 잘 눌러진 건가?

S#6.   **정삼경찰서 수사과 안. 낮. 과거**
수사과 출입문 한쪽에서 한백일보 기자증 패용한 김용민 기
자와 최성은 형사가 대화를 나누고 있다.

김용민   (빨간색 펜 녹음기 건네며) 탐방 나갔을 때 이거 버튼만 살짝 눌
러 줘.

최성은   이건 뭔데?

김용민   송고 시간 당기려면 최소한 녹취록이라도 갖고 있어야지. 엠
바고 걸고 있다가 기사 내라고 할 때 낼게. 술도 쏘고.

펜 녹음기, 이리저리 만지는 최성은 형사. 펜 녹음기 끝을 '꾹'
눌러 본다.

김용민   복잡하다 싶으면 그렇게 눌러 놓고 놔둬. 몇 백 시간은 녹음
되니까.

최성은   이거 진짜 그냥 펜같이 생겼네. (픽 웃으며 가슴에 펜 녹음기 꽂으며)
술 때문이 아니라, 정의롭지 못한 곳이 있다 그래서 가 보는
거야.

믿음직스럽게 최성은 어깨 '툭' 치는 김용민.

S#7.   **블랙썬 홀. 밤. 과거**
             북적거리는 블랙썬 한편에 맥주 병 든 채 내부 둘러보고 서
             있는 최성은.
             VIP룸 입구 쪽에서 술 취해 나오는 장 경사를 발견한다.

최성은   (갸웃) 장 경사님…?

             장 경사 뒤로 유문현과 가드장이 함께 나온다.
             장 경사, 장난스럽게 유문현과 가드장에게 어깨동무하고는
             발에 힘을 뺀다.
             황급히 부축하는 가드장과 재밌다고 웃어 대는 장 경사. (정신
             잃고서 끌려 나가는 여자 흉내를 낸 듯하다)
             장난치며 밖으로 나가는 세 사람.

최성은   (긴장한 표정) …?

S#8.   **블랙썬 앞. 밤. 과거**
             장 경사를 뒷좌석에 태우는 가드장. 돈 봉투 하나 꺼내 안주
             머니에 꽂아 준다.

장 경사	(봉투 안에 돈 확인하며) 알바비 좀 올려 줘. 맨날 개수가 똑같아.
유문현	내일 중요한 날이니까 술 더 먹지 말고 일찍 자요.
장 경사	(장난 섞인 경례) 알겠다. 충성.
유문현	(가드장 보며) 집 앞까지 네가 직접 모셔다드려.
가드장	네.
장 경사	그래주면 나야 고맙지.

운전석에 타는 가드장. 출발한다.
근처 차량 뒤에 숨어서 보고 있는 최성은 형사. 표정이 굳어
진다.

S#9.   정삼경찰서 수사과 안. 낮. 과거
최성은, 업무 보며 힐끗힐끗 장 경사를 쳐다본다.

장 경사	최 형사 오늘 조 경장이랑 순번 바꿨으니까 그만 들어가. 퇴 근해.
최성은	네?
조 경장	(최성은 툭 치며) 고맙습니다 하고 들어가 인마. 선배가 해 주겠 다는데.
장 경사	일찍 들어가서 제수씨한테 점수도 좀 따. (조 경장 보며) 우린 후 딱 다녀오자.
조 경장	넵.

콧노래 흥얼거리며 나가는 장 경사와 조 경장.

탁상 달력 일정표에 '향정 약물 수거 소각' 적혀 있다.

굳은 표정으로 보고 있는 최성은. 차 열쇠 챙겨서 나간다.

S#10. 도청 앞. 낮. 과거

도청으로 들어가는 승합차.

장 경사와 조 경장, 경찰 신분증 패용하며 승합차에서 내린다.

일정 거리를 두고서 두 사람을 지켜보고 있는 최성은.

S#11. 블랙썬 앞. 밤. 과거

블랙썬 앞에 멈춰 서는 승합차.

멀찍이 떨어진 곳에 경차 세워 두고 블랙썬 앞을 보고 있는
최성은.

유문현, 반갑게 다가와 장 경사와 조 경장 맞이한다.

뒷좌석에서 여행 가방 꺼내 보닛에 올려놓는 장 경사. 가방
열어서 안에 하얀 가루가 든 비닐팩 꺼내 흔들어 보인다.

화들짝 놀라며 비닐팩 여행 가방에 다시 넣는 가드장. 누가
본 사람 없나 두리번거린다.

장난스런 웃음 터트리는 장 경사.

여행 가방 끌고 블랙썬 안으로 들어가는 네 사람.

충격 받은 표정으로 그 모습 보고 있는 최성은.

S#12.   블랙썬 인근 갓길. 밤. 과거

소리 없이 오열하고 있는 최성은.
떨리는 손으로 김용민에게 전화 건다.

김용민(E)	(비몽사몽 상태로 전화 받는) 여보세요.
최성은	용민이 형! 형 말이 맞았어!
김용민(E)	최 형사? 이 시간에 무슨 일이야?
최성은	(격앙된 목소리) 이제 내가 뭘 어떻게 해야 할지 모르겠어.
김용민(E)	(잠 확 깨는) 왜? 무슨 일인데 그래. 지금 어디야? 내가 갈게.
최성은	아냐. 내가 형한테 갈게. 지금 내가 믿을 수 있는 사람은 형밖에 없어. 하나만 더 확인하고 갈게. (뚝 끊는)

애써 마음 가다듬는 최성은. 독한 표정으로 조수석 글러브 박스에서 권총 꺼낸다.

S#13.   블랙썬 비밀 사무실. 밤. 과거

총 겨눈 채 문 벌컥 열고 안으로 들어가는 최성은.
모여 앉아 술 마시고 있던 가드장, 장 경사, 조 경장. 기겁한다.

조 경장	최 형사⋯
최성은	(테이블에 돈뭉치 보며) 당신들이 어떻게 이럴 수 있어.
장 경사	진정하고 우리 얘기 좀 하자. 총 내려놓고 인마.
최성은	(환멸 어린) 경찰이 어떻게⋯ 다른 사람은 몰라도 우리는 절대

이러면 안 되는 거잖아!

누군가가 뒤에서 둔기로 최성은 머리 내려친다.
바닥에 쓰러져 고통스러워하는 최성은.
유문현, 몽둥이 '툭' 던져 버리곤 최성은의 권총 줍는다.
가드장, 탁자 앞에 최성은 무릎 꿇려 앉힌다.
조 경장, 술 한 잔 따라서 최성은에게 권한다.

조 경장   네가 결혼한 지 얼마 안 돼서 모르나 본데, 너 앞으로 돈 들어
            갈 일 엄청 많다.
최성은   입 닥쳐.
조 경장   눈 딱 감고 연봉 많이 받는 회사 다닌다 생각해 봐 봐. 이거만
            큼 좋은 직장이 없어.
유문현   (짜증스레 장 경사 돌아보며) 아 이거 어떡할 거냐고.

            장 경사, 뒤에서 서성거리며 누군가와 전화 통화한다.

장 경사   네, 알겠습니다. 그렇게 처리하겠습니다. (전화 끊으며) 야 성은
            아 어떡하냐.

            책상에 펜들이 잔뜩 꽂혀 있는 연필통을 흘끔 보는 최성은.

최성은   내 이름 부르지 마. 부끄러운 줄도 모르고.
장 경사   (픽 웃으며) 나는 우리 성은이를 용서해 주고 싶은데. 윗분들이

안 된다고 하네.

최성은   이름 부르지 말라고 새끼야!

벌떡 일어나 장 경사에게 주먹질하는 최성은.
불시에 한 대 맞고 쓰러지는 장 경사.
책상에 연필꽂이 들어서 장 경사에게 집어 던지는 최성은.
유문현과 가드장, 달려들어 최성은을 제압한다.
다시 일어나는 장 경사, 최성은에게 연거푸 주먹 날린다.
최성은, 바닥에 쓰러지며 펜 녹음기를 슬쩍 흘린다.
힘겹게 일어나 벽에 기대앉는 최성은.

장 경사   (권총 손에 쥐며) 그렇게 왜 쓸데없이 혼자 정의로운 척 지랄이야.
최성은   (입가에 피 닦으며) 지금 나 하나 없앤다고 끝나지 않을 거야.
유문현   (가드장 보며) 어질러진 거 정리해.
가드장   (짜증) 아 새끼. 왜 던지고 지랄이야.

쪼그려 앉아 바닥에 흩어진 펜들 연필꽂이에 담는 가드장.

최성은   내가 없어져도 그 형님은 포기하지 않을 거야. 반드시 네놈들
         을 법에 심판대에 세울 거다.
장 경사   형님?

연필꽂이에 볼펜들 담아서 다시 제자리에 올려놓는 가드장.
최성은, 연필꽂이에 담겨 있는 펜 녹음기 본다.

최성은	(씨익 웃는) 있어. 운동 싫어하는 형님.
유문현	(술병 들고 오며) 잡아.

가드장과 조 경장, 최성은 '꽉' 붙든다.
유문현, 최성은의 입을 강제로 벌리고 술 들이붓는다.
발버둥 치는 최성은.

인서트 블랙썬 복도 CCTV 화면. 밤. 과거
최 형사가 혼자서 블랙썬 입구를 천천히 터벅터벅 걸어 나와
경차 타는 모습이 보인다.

S#14.   갈대 숲. 낮. 과거
갈대 숲속을 미친 듯이 뛰어가는 김용민.
119 구급대가 흰 천이 덮여 있는 이동형 침대를 이동시키고
있다.
김용민, 흰 천을 들추자, 최성은이 차디찬 시체로 누워 있다.
충격에서 헤어 나오지 못하는 김용민.
감식반, 경차 내부 사진 찍고 있다.
조수석 바닥에 타다 남은 번개탄 자국이 보인다.
김용민, 이 모든 게 믿기지 않는다.

S#15.   김용민의 원룸 안. 밤

펜 녹음기의 빨간불이 서서히 꺼진다.
두 눈에 굵은 눈물 흘리는 김용민.

김용민	성은이를 그렇게 만들어 놓고… 이놈들은 지금도 여전히 잘 살고 있겠지? (주먹이 부르르 떨리는) 아무런 죄책감도 조금의 미안함도 없이…
도기	혹시 운동 좋아하세요?
김용민	…?

도기, 펜 녹음기 버튼을 눌러 특정 부분을 다시 재생시킨다.

최성은(E)	있어. 운동 싫어하는 형님.
도기	최성은 형사가 마지막에 했던 이 말이 아무래도 기자님한테 보내는 메시지인 거 같아요.
김용민	…?
도기	분명 어떤 뜻이 있을 거예요. 오직 기자님만이 알 수 있는. 잘 생각해 보세요.

펜 녹음기 바라보는 김용민.

S#16.   대저택 회의실. 낮
회의실로 나오는 교구장.
일제히 일어나는 금사회 간부들.

교구장	집에 들어오니까 피로가 풀리는 거 같구먼. 나 없는 동안 다들 고생 많았어.

교구장이 원탁에 앉으면 뒤따라 앉는다.

교구장	고약한 놈 하나가 우리 사람들을 그렇게 괴롭혔다고?
온하준	지금은 다 정리됐습니다.
교구장	(박현조 보며) 청장 내정된 거 축하해. 앞으로 박 청장이 신경 쓸 일 더 많아지겠어. 허허허허.

덩달아 웃는 금사회원들.

온하준	…
교구장	이번 진행 건에 변동 사항은 없고?
온하준	네. 별다른 문제없습니다.
교구장	양 사모한테는 내가 여독 좀 풀리면 찾아간다고 전해 주고. (금사회원들 보며) 알다시피 내가 이번 순례길에 귀한 손님들을 많이 만났어. 약속한 날짜에 맞춰서 모두 오기로 했으니까. 차질 없게 해.
온하준	네.
교구장	(박현조 보며) 온 실장 원하는 거 있으면 신경 써서 해 주고.
박현조	네. 교구장님.

인서트 대저택 앞. 낮

심기 불편한 표정으로 밖으로 나오는 박현조.

박현조   대놓고 2인자 대접을 하시네. 바로 옆자리에 날 앉혀 두고.

어금니 질끈 물며 차에 타는 박현조.

S#17.   김용민의 원룸 안. 낮
김용민, 의자에 앉아 반복적으로 펜 녹음기 듣고 있다.

최성은(E)   있어. 운동 싫어하는 형님. 있어. 운동 싫어하는 형님.
김용민   …

플래시 인서트   김용민의 원룸 안. 과거

도기   분명 어떤 뜻이 있을 거예요. 오직 기자님만이 알 수 있는.

다시 펜 녹음기 재생하는 김용민.

최성은(E)   있어. 운동 싫어하는 형님.
김용민   …

인서트   정삼경찰서 휴게실. 낮. 과거
최성은에게 캔 커피 건네주는 김용민.

최성은	일단 한 번 시작해 보라니까.
김용민	아우 됐어. 안 해.
최성은	근방에 헬스장 오픈 기념 원 플러스 원이야. 타이밍도 좋잖아. 형도 이제 건강 챙길 때가 됐어. 내가 쏠게.
김용민	내가 세상에서 제일 싫어하는 게 운동이야. 차라리 그 시간에 잠을 더 자지. 간다.
최성은	형 이름으로 로커룸도 다 해 놨으니까 나와. 알았지?
김용민	(귀 막고 가는) 몰라.
최성은	꼭 나와~!

원룸에서 펜 녹음기 들고 앉아 있는 김용민.

| 최성은(E) | 있어. 운동 싫어하는 형님. |

김용민, 벌떡 일어나 나간다.

S#18. 헬스클럽 로커룸. 낮
직원, 김용민 데리고 로커룸으로 간다.

| 직원 | 이 자리입니다. |

김용민, 로커룸에 붙어 있는 '김용민' 이름표를 물끄러미 본다.

직원	그렇지 않아도 로커 이용 기한이 거의 만료돼서 연락드리려던 참이었어요.

직원, 김용민에게 신분증 돌려주고 나간다.
열쇠 꽂아 로커룸 여는 김용민.
안에 서류 뭉치가 들어 있다. 서류 뭉치 꺼내는 김용민.

S#19.	헬스클럽 앞. 낮

갓길에 모범택시가 기다리고 있다.
서류 뭉치 들고 밖으로 나오는 김용민. 모범택시에 탄다.

김용민	(마음이 아프다) 자료를 전부 복사해서 로커룸에 넣어 놨었어요… 성은이는 자기가 죽을지도 모른다는 걸 알고 있었던 걸까요.
도기	최 형사님도 포기하고 싶지 않았던 거겠죠. 기자님처럼.
김용민	성은이랑 약속했어… 그놈들을 꼭 법의 심판대에 세우겠다고.

김용민, 들고 있는 서류를 도기에게 넘겨준다.
도기, 자료 첫 장을 넘겨 본다.
'압수 마약 소각 일지'라는 제목의 공문서 사본이 보인다.

S#20.	압수 마약 소각 몽타주. 과거

도청 내 압수물품 보관실 앞. 낮
압수물품 보관실 문 앞으로 오는 도청 담당 공무원과 장 경
사, 조 경장.

장 경사   수고하십니다. 압수 마약 폐기 인계하러 왔습니다.

대기 중이던 도청 공무원, 장 경사와 조 경장의 신분증과 서
류 확인하고는 보관실 자물쇠 딴다.

압수물품 보관실 안. 낮
공익 근무 요원 한 명이 캠코더 녹화 버튼 누른다.

공익   촬영 시작하겠습니다.

들고 있던 서류 맞교환하는 도청 공무원과 장 경사.

장 경사   21.542kg 인계 받겠습니다.
도청 공무원   21.542kg 확인합니다.

보관실 중앙에 놓여 있는 투명 플라스틱 보관함을 열쇠로 따
는 공무원.
안에 들어 있는 커다란 마약 봉지를 꺼낸다.
바닥에 놓여 있는 저울에 마약 봉지를 조심스레 올려놓는다.
저울에 정확히 21.542kg 표시된다.

공익, 다가와 저울 숫자 찍는다.

장 경사   21.542kg 확인했습니다.

마약 봉지를 다시 투명 플라스틱에 넣는 도청 공무원. 뚜껑 닫고 밀봉 스티커 붙인다. 스티커에 각자 서명하는 도청 공무원과 장 경사.
끌차에 마약 싣고 나가는 장 경사와 조 경장.
공익, 계속 촬영하며 뒤따라간다.

도청 앞. 낮
장 경사와 조 경장, 마약 상자를 경찰 승합차에 싣고 출발한다.
승합차가 도청을 나서면 무장 경찰 호송차 두 대가 앞뒤로 호위한다.

장 경사   (콧노래 섞인) 잘 부탁합니다~

소각장. 낮
소각장에 도착하는 장 경사의 경찰 승합차와 호송차.
장 경사와 조 경장, 마약 담긴 플라스틱 통 꺼내 소각로로 끌고 간다.
뒤따라 내리는 공익, 여전히 캠코더 촬영을 이어 가고 있다.
소각로 앞에서 기다리는 소각장 담당 공무원1, 2, 장경사에게 건네받은 담당 공무 '인수 대장'과 '처분 대장' 확인한다.

공무원2	자, 측정하겠습니다.

공무원2, 밀봉 스티커 확인하고는 플라스틱 통 열어서 마약 봉지들을 저울에 올린다. 21.541㎏이 찍힌다.

공무원1	(서류 대조하며) 여기 1g이 차이 나는데요.
장 경사	이상하네? (두리번거리며) 혹시 이건가?

장 경사. 플라스틱 통 안에 스티커 파편이 아주 조금 떨어져 있다.
손끝으로 집어서 마약 봉투에 붙은 스티커 귀퉁이에 붙이면, 21.542㎏이 맞춰진다.

장 경사	저울에 올리려고 꺼내다가 살짝 긁혔나 보다. 허허허
공무원1	21.542㎏ 확인했습니다.

소각 통에 마약들 다시 담는 장 경사와 조 경장.

공무원1	소각 진행하겠습니다.

마약 담은 소각 통에 휘발유 뿌리는 공무원1.
소각로 문 열고 안속 깊이 마약 통 집어넣는다.
공무원1, 소각 버튼 누르자, 소각로에서 순식간에 불길이 인다.

공무원1 수고하셨습니다.

공익, 소각로에 치솟는 불을 마지막 촬영으로 캠코더 끈다.
구경하고 있는 사람들, 가볍게 인사하며 각자 일터로 돌아
간다.

소각장. 밤
불 꺼진 소각로 앞으로 다가와 멈추는 차량에서 장 경사와
조 경장이 내린다.
인근에 숨어 있던 공무원1, 장 경사 확인하고는 나와서 소각
로 문 연다.
소각 통을 꺼내 열자, 마약이 고스란히 담겨져 있다.
장 경사 한쪽에 세워져 있는 휘발유 통 '툭툭' 차며.

장 경사 (미소) 이 방염액 개발한 사람. 정말 노벨상 줘야 해. 너무 편해.

여행 가방에 마약 옮겨 담는 장 경사와 조 경장.

S#21. 지하 정비실. 낮
압수 마약 소각 일지 공문서 사본 넘겨 보고 있는 박 주임과
최 주임.

최 주임 소각시켜야 할 마약을 빼돌려서 되팔고 있었어. 그 블랙썬에서.

고은, 미국 향정 약물 등재 페이지에서 마약 종류 찾아 모니터에 띄운다.

고은	이들이 클럽에서 유통시켰던 마약이 감마 하이드록낙산. 약자로 GHB. 술과 함께 복용할 경우 치매 환자와 비슷한 상태로 되는 것이 특징. 이라고 돼 있네요.
박 주임	치매 환자?
고은	겉보기에 행동은 의식이 있어 보이지만, 자신이 한 행동을 제어할 수도 기억할 수 없고, 단순한 명령을 수행하는 수준으로 변한다…
도기	…

플래시 인서트 교차로 인근 횡단보도. 밤. 과거

가드장	(두 손 모아서 도기 귓가에 조용히 속삭이는) 일어나.

정신 잃고 있던 도기, 갑자기 '스르르' 눈을 뜬다.

가드장	(조용히) 횡단보도 건너가. 웃으면서.

미소를 머금은 채 천천히 횡단보도 건너가는 도기.

지하 정비실에 도기. 굳어진 표정으로 어금니 질끈 문다.
고은, 새삼 걱정스런 표정으로 도기 본다.

고은   …

플래시 인서트 교차로 인근 횡단보도. 밤. 과거
도기, 그저 초점 없이 허공을 바라볼 뿐 고은을 알아보지 못
한다.

고은   (믿기지 않는) 김도기 기사님…

갑자기 승합차 한 대가 속도 줄이지 않고 도기와 고은을 향
해 달려온다.
고은, 피하는 것이 불가능해지자 본능적으로 도기를 '확' 감
싸 안는다.

정비실에 고은, 아찔한 기억 털어 내듯 커피 마신다.

장 대표(E)   외국에선 이미 심각한 사회 문제가 되고 있다는구먼.

멤버들, 장 대표 돌아본다.
전화 통화 끝내고 멤버들에게 오는 장 대표.

장 대표   사람을 좀비 상태로 만들어서 범죄를 저지른다고 해서 이 약
에 붙은 별명이… 성폭행 약물.
도기   보통 마약의 대부분은 자기가 즐기려고 사용하죠. 그래서 불
법임에도 품질을 많이 따지게 되죠. 그런데 이 약은 반대에

요. 자기가 아니라 상대방에게 사용할 목적이죠.

장 대표　　(끄덕끄덕) 맞아. 그렇기 때문에 이 약을 먹으면 어떻게 되는지, 얼마나 몸에 해로운 지는 전혀 관심조차 없을 거야.

고은　　그럼 더 위험한 거잖아요…

클럽 블랙썬 로고 바라보는 장 대표와 멤버들.

장 대표　　참 대단하구먼. 탈세가 필요한 이들에겐 자금 세탁소. 일탈을 꿈꾸는 마약 중독자들에겐 놀이공원. 이 모든 일탈과 불법을 눈감아 주고 막아 주는 공권력에겐 더할 나위 없는 현금 창고가 되어 주는 곳. 사람들이 가장 많이 드나드는 도심 한가운데 완벽하게 설계된 법의 사각지대. 단순한 놀이터 수준이 아니었어.

도기　　대표님 말씀대로 완벽하게 설계된 법의 사각지대라면… 한 명씩 상대해서는 승산이 없어요.

날선 눈빛으로 블랙썬 로고를 바라보는 도기. 각종 자료들을 붙여 놓은 보드 판 앞으로 간다.

도기　　한 번의 움직임으로 전부를 쓰러뜨려야 해요.

어느 때보다 진지한 표정으로 보드 판 응시하는 도기.

S#22.   블랙썬 VIP룸. 밤

고급 샴페인 병이 '펑' 터진다.

잔 부딪히는 온하준과 박현조, 그리고 양 사모.

테이블 옆으로 여행 가방들이 줄지어 놓여 있다.

양사모   나 진짜 너무 놀랐잖아. 우리 물건을 경찰이 배달해 줄 줄은 정
         말 상상도 못했어. (박현조 보며) 어떻게 보답을 드려야 될까요?

박현조   말씀만 많이 들었습니다. 이봐 온 실장. 이렇게 아름다우신
         분을 왜 이제야 소개시켜 주는 거야. 내 가게에 오면서.

양사모   어머. 여기가 총경님이 하시는 거였어요? 난 온 실장 가게인
         줄 알았는데. 교구장님이 온 실장 말고 믿는 사람이 더 있었
         네요?

온하준   현조님이 수완이 좋거든요.

박현조   (거들먹) 온 실장 그간 수고 많았는데 필요한 거나 부탁할 거
         있으면 바로바로 얘기해. 조심 같은 거… 하지 말고.

온하준   (피식) 정말 조심 안 해도 되겠어요?

박현조   총경 따까리 때나 조심하는 거지. (정색) 대가리는 조.심. 안 해
         도 돼.

박현조의 허세를 웃음으로 참아 넘기는 온하준.

양사모   교구장님이 왜 온 실장을 그렇게 신뢰하는지 이제야 좀 알겠
         어. 세상에서 제일 안전한 배달 루트잖아. 이 방법 너무 좋다.

온하준   1차분은 끝났고, 조만간 2차분도 날짜 맞춰서 진행할 겁니다.

양 사모	2차분 끝나면 우리 돈도 그때 세탁기에 돌리는 걸로! 홍콩 쪽에 5000개. 교구장님 쪽으로 2000개 태울게.
온하준	그렇게 보고 드리겠습니다.

VIP룸 안으로 들어오는 유문현.

유문현	(박현조 보며) 사장님 긴히 드릴 말씀이…
박현조	괜찮아. 그냥 얘기해.
유문현	클럽에 들어온 신입 가드 하나를 처리하다가 문제가 좀 생겼습니다.
박현조	(짜증) 신입 가드 문제? 그런 것도 일일이 내가 챙겨야 돼?
양 사모	맞아. 9번 가드 불러 달라고 한지가 언제인데 아직도 안 불러 주는 거야?
윈디	(들어오며) 메뉴 세팅 다 됐는데 가지고 오라고 할까요?
박현조	메뉴 올 때 사모님 말씀하신 그 9번 가드도 같이 들여보내.
유문현	문제가 생긴 게 바로 그 9번 가드여서… 지금 여기 없습니다.
양 사모	(아쉬운) 왜? 그만뒀어?
박현조	(유문현 타박하며) 이것들 일하는 꼬라지 봐라. 9번 그 친구 뭐하는 놈인데?
유문현	그게… 일하던 가드들이 잠수 타서 인력 사무소 통해서 들어왔습니다. 그런데 그 뒤로 미심쩍은 일들이 계속 생겼습니다.
온하준	…?
윈디	빅터 친구이기도 하고요.
박현조	빅터 친구?

온하준	…
가드장	그 새끼 들어오고 나서부터 배달 사고도 연달아 났습니다.
윈디	영업 중단해서 저도 꽁치 여러 번 먹었어요.
박현조	지금 뭔 소리들을 하는 거야?

온하준, 들을수록 느낌이 이상하다.

온하준	혹시… 그 신입 가드 사진 좀 볼 수 있을까요?

유문현, 핸드폰으로 이력서 사진 띄워서 내민다. 도기다.

온하준	!
양사모	(반갑게) 그래 9번 가드 얘.

도기의 사진을 보고 충격 받는 온하준.

온하준	(충격) 이 자가… 여기에 왔었다고? 블랙썬에?
유문현	…네.
온하준	…
박현조	어?

뒤늦게 다가와 사진 보는 박현조. 깜짝 놀란다.

박현조	뭐야! 이놈 이거… 안 죽었어?

| 온하준 | 김도기가… 여기 왔었다고? |

표정 관리가 안 되는 온하준, 자리 박차고 나간다.

| S#23. | 택시 회사 내부 몽타주. 밤 |

회사 안으로 들이닥치는 검은 차량들.
검은 양복들 차량에서 내려 사방으로 흩어진다.
외부 경리실 문 '벌컥' 열고 들어가는 검은 양복들. 안에 아무
도 없다.
내부 경리실도, 휴게실도, 장 대표실도 거의 동시다발적으로
'벌컥' 열고 들이닥치는 검은 양복들. 역시 아무도 없다.
정비소 앞에 '임시 휴업'이라는 문구가 붙어 있다.

| S#24. | 도기 집 안. 밤 |

도기의 테이블에 앉아 전화 받고 있는 온하준.

| 검은 양복(E) | 임시 휴업 간판만 여기저기 붙어 있고 아무도 없습니다. |
| 온하준 | … |

전화 끊는 온하준. 불안함이 점점 더 크게 밀려온다.

S#25.　　　　성당 안. 밤

교구장, 고해 성사실 안에서 신도들 고해 성사 받고 있다.
온하준, 밖에서 대기하고 있다가 신도 한 명이 나오면 안으로
들어간다.

온하준　　　　교구장님, 말씀 드릴…

교구장, 가볍게 손을 들어 온하준을 저지하더니.

교구장　　　도미누스 보비스꿈 (주 너희와 한가지로 계실지어다)

온하준　　　… (애써 마음 가다듬고) 데오 그라시아쓰 (천주께 감사하나이다)

교구장　　　(미소 지으며) 너답지 않게 서두르는구나.

온하준　　　아무래도 날짜를 미루는 게 좋을 것 같습니다.

교구장　　　…?

온하준　　　미심쩍은 부분이 있어서 해결하는 대로 다시 날짜 잡겠습니다.

교구장　　　(친근한 말투) 우리 하준이가. 그 고약한 녀석이 무서운가 보구나.

온하준　　　(움찔) …

교구장　　　모든 날짜는 계획대로 진행하도록 해.

온하준　　　(난처한 표정) 저, 그게…

교구장　　　그날 오기로 한 귀한 손님들도 예정대로 맞이해 주고. 만약
　　　　　　이 일정에 차질이 생긴다면, 그건 온 실장 추진력에 문제가
　　　　　　생겼다는 반증이겠지.

온하준　　　(어금니 꽉 물고 굴복) 제가 괜한 말씀을 드렸습니다… 차질 없이
　　　　　　진행하겠습니다.

고개 숙인 온하준, 목덜미에 핏발이 곤두선다.

S#26.   장 대표 집 거실 안. 낮
             전화벨이 울린다. 발신자 '도기'
             빙긋 웃으며 전화 받는 장 대표.

장 대표   설계 나왔어? 김 군, 이번엔 꽤 오래 걸렸네.

             핸드폰 내려놓는 장 대표, 미소 짓는다.

S#27.   콜 밴 안. 낮
             책상에 삐삐가 울린다.
             메시지 확인하는 고은, 빙긋 미소 짓는다.

S#28.   국밥집. 낮
             국밥집에서 밥 먹고 있는 최 주임과 박 주임.
             삐삐가 울리자, 먹던 동작을 멈추는 두 사람.
             벌떡 일어나 계산하고 가게를 빠져나간다.

S#29.   지하 통로. 낮

지하 정비실 통로 걸어오는 고은, 최 주임, 박 주임.

S#30.　　　지하 정비실. 낮

　　　　　지하 정비실로 들어서는 고은. 최 주임, 박 주임.
　　　　　마지막으로 장 대표도 지하 정비실로 들어온다.

장 대표　　다들 나보다 먼저 왔네.

고은　　　(미소)

　　　　　보드 판 앞에 서 있는 도기. 멤버들 돌아본다.
　　　　　도기의 미소에 자신감이 엿보인다.

S#31.　　　마약 수급 몽타주

　　　　　블랙썬 VIP룸. 낮

　　　　　위스키 마시며 고요히 앉아 있는 온하준.
　　　　　옆자리에 박현조, 온하준 기색 살피며 앉아 있다.

　　　　　도청 앞. 낮

　　　　　장 경사와 조 경장, 승합차에 마약이 담긴 플라스틱 상자를
　　　　　싣고 출발한다.
　　　　　무장한 호송 차량 네 대가 앞뒤 좌우로 붙는다.
　　　　　전방에 싸이카 두 대가 가이드까지 한다.

조 경장	오늘은 왜들 이렇게 많이 왔어요?
장 경사	(관심 없음) 몰라 나도.

블랙썬 VIP룸. 낮

박현조	온 실장 너무 예민한 거 아냐? 너무 과잉 대응인 거 같은데.
온하준	예민한 게 무딘 것보다 낫죠. 지금 필요한 건 과잉 대응이 맞아요.

인근 도로. 낮
장 경사, 전방에 공사 현장 표지판이 보이자 바로 전화 건다.

장 경사	전방에 도로 복구 작업 중이라고 하는데 우회할까요?

블랙썬 VIP룸. 낮
전화 통화하며 온하준 보는 박현조.

온하준	(고민하다) 아뇨, 우회하지 말고 길 터서 그대로 가요.
박현조	(한숨 쉬며 다시 전화 통화) 원래대로 움직여. 길 터 줄 테니까.

인근 도로. 낮
싸이카, 반대쪽 차선 막고 경찰 승합차와 호송 차량들부터 통과시킨다.

블랙썬 VIP룸. 낮
전화 끊는 박현조.

박현조　돌발 상황 없이 지나갔다는데.
온하준　(여전히 날이 선 채 위스키 마시는) 분명히 나타날 거야… 틀림없어…

소각장. 밤
소각로 문 열고 마약 상자 꺼내는 공무원1.
소각로 앞에는 유문현, 가드장, 장 경사, 조 경장이 서 있다.

유문현　물건 이상 없이 확보했습니다! 지금 바로 이동하겠습니다.

블랙썬 VIP룸. 밤
양손에 각자 여행 가방 들고 들어오는 유문현, 가드장, 장 경사, 조 경장.
여행 가방이 무사히 '착착' 놓이는데도 이상하게 긴장이 안 풀리는 온하준.

박현조　거 봐, 별일 없잖아.
온하준　(긴가민가) 그럴 리가 없을 텐데…
박현조　(헛웃음) 이렇게까지 했는데 나라도 못 나타나겠다. (온하준 어깨 두드리며) 상대가 약한 게 아니라, 온 실장이 너무 쎈 거야. 안 심해도 돼.

온하준, 자기 어깨에 올린 박현조 손을 '스윽' 쳐다본다.
움찔하며 손 내리는 박현조.

박현조   잠깐 화장실 좀. (가면서 혼잣말) 칭찬해 줘도 지랄이야.

테이블 위에 나란히 놓인 여행 가방들 돌아보는 온하준.

온하준   내가 너무 예민했나…

S#32.   **블랙썬 홀. 밤**
         만찬장 느낌의 블랙썬 홀.
         원탁의 스탠딩 테이블들에는 고급 음식들이 세팅되어 있다.
         온하준, 호스트처럼 입구에서 손님맞이하고 있다.
         장 경사와 조 경장, 테이블에 앉아 물 벌컥벌컥 마시며 고급
         음식들 먹고 있다.
         양 사모, 몇몇 외국인과 환담 나누는 모습이 보인다.
         유문현, 가드들 부리며 필요한 음식과 양주들 채워 넣고 있다.

양 사모   근데, 교구장님은 안 오셔?
온하준   성직자에게는 어울리지 않는 곳이라고 전해 달라고 하셨습
         니다.
양 사모   (웃으며) 나 참, 이런 건 또 신경 쓰시더라. 성지 순례하면서 온
         갖 귀한 손님들은 다 데려와 놓고.

카메라가 홀에서부터 VIP 전용 복도 지나 룸 안으로 '훅' 들
어가면.

S#33.   VIP룸. 밤

다국적 외국인들, 손에 돈 가방 하나씩 들고서 줄 서서 대기
하고 있다.
줄 맨 앞에 소분한 마약 봉지들이 잔뜩 쌓여 있는 게 보인다.
바로 앞 테이블에 환전상처럼 앉아 있는 가드장과 윈디.
가방에 달러 뭉치들 꺼내 저울에 무게 달아 보고는 가방에
마약 봉지들 채워 준다.
테이블 아래 빈 가방에 달러 뭉치들이 차곡차곡 쌓인다.

윈디   (보기만 해도 황홀한) 이 가방 중에 한 개만 내 거여도 인생이 확
            달라질 텐데.

가드장   꽁치 자주 먹어도 인생 확 달라지지. (히죽) 안 그래?

윈디   닥치고 일이나 하시지.

윈디, 마약 담은 가방을 옆으로 밀어 주면.
대기하고 있던 외국인, 마약 가방 들고 빈자리로 가서 품질
확인한다.
소량의 마약을 시약병에 넣고는 살짝 흔들어 색깔 확인하는
외국인.
주변에 각자 방법으로 품질 확인하는 몇몇 거래자들도 보인다.

줄 서 있는 외국인 거래자 중에 금발에 선글라스 낀 박 주임
과 최 주임도 콧수염 쓰다듬으며 차례 기다리고 있는 게 슬
쩍 보인다.

S#34.   달리는 차 안. 밤
             뒷자리에 박현조, 흐뭇한 표정으로 청장 임명장 보고 있다.
             핸드폰이 울린다.

박현조   일은 다 끝났어?
장 경사(E)   (당황스런) 저, 그게 말입니다…
박현조   (눈살) 왜. 아직도 안 끝났어?

S#35.   블랙썬 홀. 밤
             당황한 표정의 장 경사, 입안에 음식 문 채로 전화 통화하고
             있다.

장 경사   여기 상황이 뭔가… 꼬인 거 같습니다…

             홀 바닥에 마약 봉지 하나가 내동댕이쳐지며 하얀 가루가 퍼
             진다.
             순식간에 분위기가 얼어붙는 홀 안.
             다른 사람들과 술 마시며 환담 나누다가 돌아보는 온 실장.

하얀 가루 밟으며 나오는 양 사모. 굳은 표정이다.
가드장과 윈디, 어쩔 줄 몰라 하며 홀 한 쪽에 서 있다.

양 사모　　　온 실장 이런 장난치면 재밌어? 나 이런 장난 싫어해. 내 물건
　　　　　　은 어디 가고 이딴 밀가루를 잔뜩 갖다 놨어?

온하준　　　…?

온하준, 유문현을 쳐다보면.
유문현, 바닥에 마약 살짝 집어 맛 보는데, 당황한 표정이 역
력해진다.
온하준, 고개 갸웃하며 가드장과 윈디 본다.

가드장　　　저희는 물건 도착하자마자 바로 나눠 줬습니다.

윈디　　　　(억울한) 다들 기다리고 있어서 얼마나 서둘렀는데요.

온하준　　　…

양 사모　　　내가 보낸 물건 어디 있냐고!

온하준　　　(표정 굳어지며 장 경사 돌아보며) 어떻게 된 거죠?

장 경사　　　그걸 왜 우리한테 물어요? 우리도 잘 모르죠.

온하준　　　(어이없어 웃는) 모르면 안 되는 상황에 그렇게 대답하면 곤란
　　　　　　한데요.

장 경사　　　(억울) 저희는 시키는 대로 바로 왔어요.

조 경장　　　중간에 차 멈추지 말라 그래서, 화장실도 안 들렸어요.

온하준　　　…

갑자기 손님 중 한 명이 머리 부여잡고 쓰러지더니, 연거푸 몇 명이 잔 떨어뜨리며 쓰러진다.

온하준   ??

유문현, 다가가 보다가 스탠딩 탁자에 놓인 특이한 모양의 술병을 발견한다.

플래시 인서트 블랙썬 비밀 사무실. 밤
진열대에 있던 특이한 모양의 고급 양주들이 싹 없어졌다.

사색이 된 표정으로 홀 곳곳에 스탠딩 테이블 돌아보는 유문현. 특이한 모양의 고급 양주들이 각 테이블 하나씩 놓여 있다.
불특정 다수의 사람들이 여기저기서 쓰러진다.
순식간에 일어난 일에 바로 적개심을 드러내는 사람들.
양 사모 바로 옆에서 보좌하던 부하 하나가 고통스러워하며 쓰러진다.

양 사모   (표정 변하는) 이것들이 감히 뒤통수를 치려고 들어?
장 경사   (벌떡 일어나며) 당신이 처음부터 이상한 물건 준 거 아냐?!

순간 머리가 '핑' 도는 장 경사. 비틀한다.

조 경장   (놀란) 갑자기 왜 그래요?!

장 경사   머리가 깨질 거 같아… (어금니 으득) 이것들이 감히 경찰한테.

                장 경사, 총 꺼내 양 사모 겨누다가 휘청하며 쓰러진다.
                허공에 발사되는 총성음.

양 사모   다 죽여 버려!

                순식간에 공격하는 양 사모의 부하들.
                손님들과 블랙썬 가드들까지 뒤엉켜 싸우기 시작한다.
                온하준, 충격 받은 표정으로 멍하니 집단 난투극을 보고 있다.
                싸우던 와중에 털썩털썩 쓰러지는 사람들.

온하준   말도 안 돼… 이럴 리가 없어.

                누군가의 손이 스위치를 '딸깍' 올린다.
                홀 안에 현란한 조명이 켜지며 갑자기 황제 세트 전용 음악
                이 흘러나온다.

온하준   …?

                블랙썬 2층 복도를 뚜벅뚜벅 걸어가는 누군가의 구둣발.
                온하준, 마치 누군가를 찾는 듯 두리번거린다.
                2층 복도를 뚜벅뚜벅 걸어가는 누군가의 구둣발에서 뒷모습
                까지 보인다.

멈칫하는 온하준, 2층을 올려다보면 어둠 속에서 2층 난간으로 뚜벅뚜벅 나타나는 도기.
도기, 2층 난간에 서서 온하준을 내려다본다.
온하준의 표정이 순식간에 일그러진다.

온하준   김도기…
도기   …

플래시 인서트 VIP룸 앞. 과거
승강기 문이 '띵' 열리며 온하준이 복도로 들어온다.
룸 문 열다가 복도 쪽으로 시선 돌리는 온하준. 모퉁이 돌아 나가는 가드의 뒷모습이 언뜻 보인다.
무심히 시선 거두고 들어가는 온하준.
모퉁이 돌아간 도기, 다시 돌아와 온하준이 들어간 곳을 바라본다.

블랙썬 홀에 온하준, 2층 난간에 도기를 노려본다.

온하준(E)   빈틈없이 다 막았다고 생각했는데. 어떻게 한 거지?
도기(E)   빈틈없이 잘 막을 거 같아서.
온하준(E)   그런데 어떻게…
도기(E)   니들이 움직이기 전에.

S#36.   마약 슈킹 몽타주. 과거

도기와 택시 멤버들의 마약 슈킹 활약상이 몽타주로 보여
진다.

기자 회견장. 낮
플래시 세례 받으며 브리핑하는 박현조.

박현조   이번에 압수한 마약은 그 무게가 200㎏에 달하는 막대한 양으
로 절차에 따라 관할 도청으로 인계하여 소각할 예정입니다.

지하 정비실 안. 낮
TV를 통해 박현조의 기자 회견 보는 도기, 탁자 위 공문 하나
를 들어 본다. '대테러 모의 훈련에 따른 폭발물 분출'
공문상단 최종 결재란에 '총경 박현조'라는 이름이 보인다.

도기   …

도청 앞. 낮
압수한 마약을 인계하고 도청을 빠져나가는 경찰들.
인근 콜 밴 안에서 지켜보고 있던 최 주임과 박 주임. 둘 다
경찰 옷 입고 있다.
주변 한번 살피고 도청으로 들어가는 두 사람.

보관실 안. 낮

경례하고 일지 하나를 내밀며 보여 주는 경찰 최 주임과 박
주임.

공무원	이번엔 또 무슨 일로?
최 주임	저희가 실수로 이 분출일지를 가지고 나왔네요.
박 주임	(들어가려) 다시 가져다 놓겠습니다.
공무원	(막아서며) 원칙상, 저희랑 같이 들어가셔야 합니다.
최 주임	당연히 그러셔야죠.

보관실 안에 들어가 분출일지 놓고 나오는 최 주임과 박 주임.
최 주임 보관실 밖을 나오며 잠금장치 안쪽에 장치 하나를
슬쩍 붙인다.
공무원과 인사하고 떠나는 두 사람.

최 주임	여기는 미션 완료.
고은(E)	저도 연결 완료요.

잠금장치에 붙여 놓은 장치에 작은 빨간 불빛이 깜빡거린다.

도청 지하 주차장. 밤
불이 꺼져 있는 어두컴컴한 도청 지하 주차장.
잠시 후, 콜 밴과 모범택시에서 도기와 멤버들의 모습이 나타
난다.

고은	전산 업데이트 되는 데 5분 정도 걸려요. 기사님, 무조건 그 사이에 나오셔야 합니다.
도기	(미소) 네.

콜 밴에서 저울을 꺼내는 최 주임과 박 주임.

도기	그 저울은 소용없어요. 반드시 저 안에 있는 저울을 써야 해요.
최 주임	(박주임 보며) 거 봐!
박 주임	(억울한 표정) 이건 행님이 갖고 가자 그런 거잖아.

마약을 담는 봉투와 똑같이 생긴 커다란 봉투를 꺼내 카트에 싣는 세 사람.
도청 안으로 카트를 끌고 들어간다.

보관실 앞 / 안. 밤
도기 일행이 보관실 앞에 도착하자, 출입문이 철컥하고 풀린다.

고은(E)	열었어요.

안으로 들어선 세 사람, 보관 중인 진짜 압수 마약을 카트에 싣고, 가지고 온 가짜 마약 봉지를 상자에 집어넣는다. 그리고 안에 비치되어 있는 저울에 올려서 무게를 측정한다. 도기는 진짜 마약을 싣고 먼저 방을 빠져나온다.

도기	(나가며) 198.26kg이에요.
최 주임	걱정 마! 한 번에 딱 맞출 테니까.

박 주임, 저울 무게를 보고 불러 주며 최 주임은 준비한 밀가루 봉지로 무게를 맞추고 있다.

박 주임	1그람 모자라.
최 주임	(가루 살짝 더 넣으며) 됐지?
박 주임	1그람 오버야.
최 주임	(한 꼬집 집어내며) 이번엔 됐지?
박 주임	또 1그람 모자라.
최 주임	(살짝 짜증) 1그람 정도는 괜찮아.
박 주임	김도기 기사가 198.26kg 정확히 맞추랬잖아.
고은(E)	1g이면 30명이 투약할 수 있는 양이에요. 괜히 끝자리까지 맞추는 게 아니랍니다.
최 주임	(뜨헉. 신중하게 손끝으로 아주 조금 밀가루 넣으면)
박 주임	오, 됐어! 정확해!

박 주임과 최 주임, 원상 복구 해 놓고 조용히 보관실 빠져나간다. '퉁' 닫히는 문.

<시간 경과> 낮
보관실 문이 열리며 공무원과 장 경사, 조 경장이 들어온다.

S#37.　　　　블랙썬 홀. 밤

　　　　　　담담한 표정으로 온하준 내려다보는 도기.

　　　　　　온하준, 도기 노려보며 다가가려는데, 핸드폰이 울린다.

　　　　　　말없이 핸드폰 받는 온하준.

박현조(E)　　온 실장! 큰일 났어!

온하준　　　?

박현조(E)　　그게 다 내 방에… 이게 어떻게 된 거야, 온 실장!

온하준　　　!

　　　　　　인서트 총경실 안. 밤

　　　　　　광수대 형사들, 총경실 잠긴 캐비닛 정으로 때리며 열어젖힌다.

　　　　　　소각 스티커까지 버젓이 붙어 있는 마약이 캐비닛 안에 고스

　　　　　　란히 들어 있다.

　　　　　　임명장 손에 든 채 총경실 문 앞에 서 있는 박현조. 표정이 뻣

　　　　　　뻣하게 굳는다.

　　　　　　다시 블랙썬 홀.

　　　　　　전화 끊는 온하준. 블랙썬 내부 돌아본다.

　　　　　　아비규환의 블랙썬 홀 내부. 가드장, 유문현, 윈디를 포함한

　　　　　　대부분의 사람들이 다치거나 머리 부여잡고 쓰러져 있다.

　　　　　　인서트 거리. 밤

　　　　　　경찰 특공대가 사이렌 울리며 달려오고 있다.

웃음 터트리는 온하준. 도기 올려다본다.
도기를 향한 분노 대신 오히려 박수를 보내는 온하준. 웃고
있지만 눈빛엔 독기가 서려 있다.

온하준   역시 내가 잘못 보지 않았어. 정말 재밌는 형님이야.

인서트 블랙썬 입구. 밤
블랙썬 입구 '벌컥' 열고 내부로 진입하는 경찰들.

블랙썬 홀에 온하준, 뒷문으로 성큼성큼 간다.

온하준   (도기 돌아보며) 조만간 봐요. (눈에 핏발이 서는) 내가 직접 죽여
줄게.

뒷문 '벌컥' 열고 나가는 온하준.
뒷문 발견한 몇몇 사람들, 온하준 따라서 나가려는데 문이 잠
겼다.

도기   …

경찰들, 블랙썬 홀 안으로 진입해 진압을 시작한다.
2층에서 보고 있던 도기. 어둠 속으로 '스윽' 사라진다.

S#38.　　　　블랙썬 앞. 밤

경찰 호송차에 줄줄이 탑승하는 사람들, 초점 없는 눈동자에
느릿느릿 걷는 모습이 마치 좀비처럼 보인다.
그 모습들을 플래시 터트리며 취재하고 있는 기자들.
호송 버스 창문으로 연행된 사람들의 얼굴을 향해 플래시 세
례가 쏟아지는데, 여전히 초점 잃고 멍한 표정인 사람들.
탑승한 사람들 중에 언뜻 빅터의 얼굴도 보인다.
멀리서 지켜보고 있는 모범택시와 콜 밴.
콜 밴 안에 박 주임과 최 주임, 금발 가발과 콧수염 뗀다.

최 주임　　　근데 우리 저 자식들 너무 얌전하게 보내 주는 거 아냐?
박 주임　　　그러게 왠지 너무 봐주는 느낌이야.

인서트　지하 정비실. 밤
장 대표, 보드 판에서 블랙썬 관련 자료들 떼고 있다.

장 대표　　　맞아 그렇게 느낄 수 있어. 하지만 의뢰인이 원하는 목적지까
　　　　　　　지 데려다주는 게. 우리의 첫 번째니까.
도기　　　　　김용민 기자는 이놈들을 법의 심판대 앞에 세우기를 원했죠.
고은　　　　　나는 인정! 박 주임님과 최 주임님도 인정한대요.

미소 짓는 도기.
출발하는 모범택시와 콜 밴.

앵커(E)	서울의 유명 대형 클럽과 관련된 범죄, 속칭 블랙썬 게이트의 파장이 일파만파로 커지고 있습니다. 마약, 폭력, 납치, 성폭행, 탈세 등 각종 대형 범죄의 온상이 대한민국 서울 한복판에서 버젓이 일어난 이 사건은 특히 경찰 고위 간부가 포함된 공권력이 이번 불법 행위에 가담한 것으로 확인되면서 충격을 더하고 있습니다.

S#39.　대저택 안. 밤

응접실 의자에 앉아 있는 박현조, 불안함에 잠시도 가만있질 못한다.
온하준, 장식장에서 소품들 꺼내 담담하게 살펴보고 있다.

박현조	온 실장, 이제 우리 어쩌지?
온하준	…
박현조	지금 광수대가 나 찾고 있다고! 온 실장이 어떻게 좀 해 봐! (분노) 중간에 어떤 새끼가 우릴 배신한 거야. 틀림없어.

장식장에서 허리띠 꺼내는 온하준. 이건 마음에 든다.

온하준	(차분) 지금 누가 배신했는지가 중요한 게 아니에요.

온하준, 다가와 허리띠로 박현조의 목을 휘감고 조른다.

박현조	(숨을 못 쉬는) 컥컥, 온 실장…
온하준	중요한 건 누가 어떻게 수습하느냐죠.
박현조	온 실장…
온하준	현조님 어떡하죠? 청장 자리도 못 앉아 보고, 불명예 퇴직하게 생겼네.

박현조, 숨이 끊어진다.
온하준, 죽은 박현조 바닥에 팽개쳐 버리곤 장식장에 허리띠 갖다 놓는다.
죽은 박현조의 눈에서 눈물이 '뚝' 흘러내린다.

S#40.   달리는 모범택시 안. 낮
도로를 달리는 모범택시 위로 뉴스가 들려온다.

앵커(E)	고 최성은 형사 살해 혐의로 기소된 피의자들의 선고 공판이 오늘 열릴 예정입니다. 이들은 자신들의 범죄가 들통나자, 이를 은폐하기 위해 최성은 형사를 살해하고 자살로 위장한 혐의를 받고 있습니다.

운전 중인 도기, 라디오 뉴스 끈다.
뒷자리에 김용민, 편안한 표정으로 창밖 풍경 보고 있다.

김용민	나는 당신들의 방법을 지지하지는 않아.

도기	…
김용민	비록 그쪽 덕분에 최 형사의 억울함 죽음도 밝혀냈고, 그놈들도 법의 심판대에 세우게 됐어. 나도 회사 데스크로 복직했고. 하지만 정당하지 않은 방법이었어.

담담하게 고개 끄덕이는 도기.

도기	언젠가 사람들이 기자님의 말에 귀 기울여 주는 세상이 온다면. 나 같은 사람은 스스로 사라질 거예요.
김용민	내가 성격상 고맙다는 말을 잘 못해… 맥주 마시고 싶을 때 전화해.

도기, '픽' 웃으며 법원 쪽으로 핸들 꺾는다.

S#41. 법원 앞. 낮
법원 앞에 멈춰 서는 모범택시.
도기, 미터기 끄고 영수증을 출력한다.
김용민에게 영수증 건네는 도기.
물끄러미 영수증 보고 있는 김용민.

김용민	모범택시치고는 별로 안 나왔네.
도기	…
김용민	중간에 말이 없길래 난 사실 공짜로 해 줄 줄 알았는데, 정말

	미터기를 돌릴 줄 몰랐어.
도기	세상에 공짜 택시는 없으니까요.
김용민	것도 그러네.

고개 끄덕이며 웃는 김용민, 카드 꺼내 도기에게 건넨다.
택시에서 내리는 김용민.
도기, 택시 출발하려는데.

| 김용민 | 저기 잠깐만. |
| 도기 | …? |

김용민, 막상 말을 하려니 다소 목이 메어 온다.

| 김용민 | …정당하지 않지만 정의로웠어. |
| 도기 | … |

작게 고개 숙여 인사하는 도기. 택시 돌려 나간다.
김용민, 그 자리에 우두커니 멀어지는 모범택시 보고 있다.
후배 기자와 카메라 팀이 김용민에게 뛰어온다.

후배 기자	선배님. (마이크 건네주며) 블랙썬 선고 곧 시작한대요.
김용민	(마이크와 인이어 장착하며 가는) 스팟은 잘 잡아 놨어?
후배 기자	(따라가며) 선배님이 말씀하신 그 자리 완전 명당이던데요.

도기의 모범택시, 김용민 등진 채 법원에서 나온다.

S#42.   도로. 낮
           도로를 달리는 모범택시.
           옥외 전광판에 장 경사, 유문현, 가드장이 수의복 차림으로
           포승줄에 묶인 채 밖으로 나오고 있다.
           도기, 다시 라디오 켠다.

김용민(E)   법원이 고 최성은 형사에 대한 살해 혐의를 모두 인정하여 피
           의자 전원에 대해 법정 최고형인 무기 징역을 선고했습니다.

           인서트 재판정 앞. 낮
           기자들 플래시 세례에 얼굴 가리는데 급급한 세 사람의 모습.

김용민(E)   재판부는 이들의 범행 동기와 수법이 매우 악랄하여 사회로
           부터 영구히 격리가 불가피하다고 덧붙였습니다.

           담담하게 운전하고 있는 도기.
           모범택시 뒤로 콜 밴이 합류한다.

김용민(E)   이번 판결을 시작으로 향후 블랙썬과 관련된 다른 피의자들
           에게도 법정 최고형이 내려질 것으로 법조계 관계자들은 내
           다보고 있습니다.

인서트 재판정 앞. 낮
카메라 앞에서 보도하고 있는 김용민.

김용민   범죄자들이 솜방망이가 아닌 합당한 법적 처벌이 이뤄지도
록, 마지막까지 국민 여러분의 적극적인 관심이 그 어느 때보
다 필요한 때입니다. 이상, 한백일보 김용민 기자였습니다.

도기, 수신기 집어 든다.

도기   5283 운행 종료합니다.

도로를 유유히 달려가는 모범택시와 콜 밴.

S#43.   대저택 안. 밤
교구장, 책상에 앉아 손수 다린 한약재를 종기에 짜고 있다.
온하준, 교구장 앞에 앉아 보고하고 있다.

온하준   분부하신 대로 박현조 총경 선에서 마무리 될 수 있도록 조
치를 취하고 있습니다.
교구장   그래 그 일은 그렇게 마무리하면 될 거 같고. 네 마무리는 어
떻게 하는 게 좋을까.
온하준   …?

갑자기 뒤에서 온하준 목에 굵은 올가미 줄이 씌워진다.
미쳐 손쓸 새도 없이 쭉 천정으로 '훅' 끌어올려지는 온하준.
집사, 올가미 줄을 '꽉' 잡아당기면, 천장 도르래 줄이 더욱 팽팽해진다.
교구장, 머리 위에 떠서 버둥대는 온하준은 신경도 쓰지 않은 채 종기에 담긴 약재 들이킨다.

교구장   하준이 네가 김도기란 아이한테 진 이유가 뭔 줄 아냐?

허공에 높이 떠서 컥컥거리는 온하준.

교구장   네가 무조건 이길 거란 오만함. 그것 때문에 네 눈이 멀게 된 거다. 눈이 먼 놈이 앞으로 무슨 일을 할 수 있을지 고민이구나.

온하준   (컥컥) 한 번만 더 기회를 주십시오.

교구장, 집사를 보면. 집사, '꽉' 쥐고 있던 줄을 놓는다.
바닥에 '쿵' 떨어지는 온하준. 고통스럽게 거친 숨 내쉰다.
교구장, 흰 수건으로 입가를 닦는다.

온하준   김도기 그놈을… 반드시 제 손으로… 숨통을 끊어 놓겠습니다.

교구장   …

물끄러미 온하준을 바라보는 교구장. 감정이 읽혀지지 않는 표정이다.

S#44.　　　한강 다리 위. 비 오는 밤

내리는 비를 뚫고 모범택시가 다가온다.

우산을 든 남자 한 명이 모범택시 스티커를 손에 쥔 채 난간
앞에 서 있다.

남자 앞에 멈춰 서는 도기의 모범택시. 뒷문이 '딸깍' 열린다.

우산 접고 택시에 타는 남자.

출발하는 모범택시.

도기, 녹음 버튼을 누른다.

도기　　　얘기해 주시겠습니까? 무슨 일이 있었는지.

뒷자리에 탄 남자의 모습이 비로소 가로등 빛에 보인다. 교구
장이다.

도기를 물끄러미 바라보는 교구장의 건조한 얼굴에서.

14화 끝.

TAXI DRIVER

두 번째 운행

15화

다 한패였어.
이 자식들

S#0-1.　　　지하 정비실. 낮

　　　　　　도기, 테이블에 인장 반지를 내려놓는다.

　　　　　　인장 반지 보는 멤버들.

최 주임　　(들어 보며) 반지잖아.

박 주임　　모양은 별로 안 예쁜데.

도기　　　　블랙썬 책임자가 끼고 있던 반지에요.

　　　　　　인서트　장례식장 앞. 밤. 과거 (11부)

　　　　　　검은 밴에서 내린 가드장, 인사하며 봉투 넘기는 모습이 모니

　　　　　　터에 나온다.

　　　　　　창문 열고 손 하나(유문현) 나와 봉투 받아 든다. 손에 낀 인장

　　　　　　반지가 보인다.

도기　　　　저 반지를 쫓아가다 블랙썬을 발견했었죠.

인서트 도로. 밤. 과거 (11부)
안으로 들어가는 검은 차량.
도기의 콜 밴, 그 앞으로 '스윽' 지나간다.
건물 주차장으로 들어가는 검은 차량을 흘끔 보는 도기. 간판
올려다본다.
검은 태양 로고의 '클럽 블랙썬' 간판이 눈에 들어온다.

도기   코타야에서도 봤었고요.

인서트 이미지 코타야 공항 CCTV 사진
모자 푹 눌러쓰고 선글라스를 낀 온하준의 옆모습 사진 속
인장 반지 낀 손.

고은   (타이핑하며) 저도 하나 발견한 거 하나 있어요.

모니터에 필 컨설팅 서류 봉투 띄우고 화면 확대시키는 고은.
필 컨설팅 봉인 스티커에 인장 문양이 보인다.

고은   강 프로가 쓰던 봉인 스티커 중에도 이런 문양이 있었어요.

반지랑 봉인 스티커 문양 비교하며 보고 있는 최 주임.

최 주임   똑같네. 다 한패였어. 이 자식들.
박 주임   근데 쟤네는 왜 저런 문양을 쓰는 거야?

도기	피아식별을 하기 위해서겠죠. 서로 모르는 이들을 하나로 묶을 때도 효과적이고.
고은	그럼. 지금 우리가 알고 있는 거보다 나쁜 놈이 훨씬 많다는 거잖아요. 서로 얼굴도 모를 정도로.
도기	그럴지도 모르죠.
장 대표	아마 저 문양을 만든 자가 이 모든 일을 일으킨 장본인이겠지.

날 선 눈빛으로 모니터에 문양 바라보는 모범택시 멤버들의 모습에서.
타이틀 '모범택시: 두 번째 운행' 뜬다.

S#0-2.   은행 안. 밤

이시완, 외환 거래 내역 살펴보며 형광펜으로 표시하고 있다.
'무역 대금 1차 인도분' 명목에, 송금처에 '㈜유덱스' 외국 회사 로고 보고는 고개 갸웃하며 앞 장으로 넘기는 이시완. 또다른 해외 송금처 'SS 금속'
회사 로고도 똑같은 모양이다. 둘 다 인장 반지 문양이다.

이시완	같은 계열사인가…?

이시완, 마지막 거래 내역 체크하고 문건 덮는다.
표지에 '이상(異常) 외환 거래 제보'라는 제목이 보인다.

S#1.	은행 정문 앞. 밤
	은행 문 열고 나오는 서너 명의 직원들.

직원1	팀장님 회식 같이 안 가세요?
이시완	피곤해서 일찍 들어가 쉬려고요. 내일 뵙겠습니다.

인사 나누고 퇴근하는 이시완.

S#2.	지하 주차장. 밤
	차 열쇠 꺼내며 걸어오는 이시완.
	양손 주머니 찔러 넣은 채 마주 오는 흰 모자 쓴 남자와 어깨가 '툭' 부딪힌다.

이시완	죄송합니다.
남자	(지나가며) 재수 없게. 쯧.
이시완	(불쾌한) 이봐요.
남자	(멈춰 서 돌아보는) ?
이시완	서로 실수해서 부딪힌 걸 가지고 재수 없다뇨. 뭔 말을 그렇게 해요.
남자	(한숨 쉬며 이시완에게 다가오는) 내가 이래서 재수 없다는 거야. 퉤!

이시완 얼굴에 침을 '탁' 뱉는 남자.

| 이시완 | 무슨 짓이야 지금! |

버럭 하며 남자를 '확' 밀치는 이시완.
주차된 자동차들 사이로 '쿵' 넘어지는 남자. 일어나질 못하
고 있다.
흥분하던 이시완, 남자가 못 일어나자 걱정스레 다가가 살펴
본다.

| 이시완 | 저기요… |

이시완, 남자 살짝 돌려세우는데 손에 피가 묻어 나온다.

| 이시완 | ! |

남자, 손에 피 흘리며 괴로워하고 있다.

| 이시완 | (놀란) 이봐요. 괜찮아요? |

남자, 아픈 손 부여잡고 일어나 이시완 노려본다.

| 남자 | 이 미친 새끼가 칼을 휘둘러? |
| 이시완 | 내가 언제요… |

남자, 발밑에 떨어져 있는 칼을 발로 '팍' 차 버린다.

자동차 사이에서 피 묻은 칼이 밖으로 굴러 나온다.

피 묻은 칼 보고 놀라는 행인.

CCTV 카메라가 그 모습을 찍고 있다.

인서트 CCTV 화면

CCTV 화면 속 이시완, 당황스러워 어쩔 줄 몰라 하는 모습.

S#3.   대저택 온하준 방 안. 밤

전화 통화하고 있는 집사. 전화 끊고 교구장에게 다가온다.

옷깃에 인장 문양이 박혀 있는 교구장, 벽면에 모범택시 조직

도 보고 있다.

집사   조금 전 구속 기소 시켰다고 합니다.

교구장   그럼 이제…

교구장, 테이블에 뭔가를 무심히 집어 든다. 모범택시 전단지

스티커다.

'죽지 말고 전화하세요. 대신 해결해 드립니다.'

교구장   내가 이 택시를 타면 되는 건가?

전단지 스티커 뒤집어 보는 교구장.

'우리는 당신의 억울함이 듣고 싶습니다.'

미소 짓는 교구장.

S#3-1. 장 대표실. 밤
책상 속에서 전화벨이 울린다.
다가와 서랍 여는 장 대표. 수화기 든다.

장 대표 지금 어디에 계십니까.

S#4. 한강 다리 위. 비 오는 밤
내리는 비를 뚫고 모범택시가 다가온다.
우산을 든 남자 한 명이 모범택시 스티커를 손에 쥔 채 난간
앞에 서 있다.
남자 앞에 멈춰 서는 도기의 모범택시. 뒷문이 '딸깍' 열린다.
우산 접고 택시에 타는 남자.
출발하는 모범택시.
도기, 녹음 버튼을 누른다.

도기 얘기해 주시겠습니까? 무슨 일이 있었는지.

뒷자리에 탄 남자의 모습이 비로소 가로등 빛에 보인다. 교구
장이다.
도기를 물끄러미 바라보는 교구장의 건조한 얼굴.

S#5.   지하 정비실. 밤

교구장(E)   부디 교도소에 있는 제 아들을 살려 주십시오.

카세트 재생 버튼이 '툭' 꺼진다.
고은, 보드 판에 이시완 사진 붙인다.

최 주임   교도소에 갇힌 것도 억울한데, 그 안에서 다른 누군가에게 살
해 위협까지 받고 있다잖아. 아버님 속이 말이 아니겠어.

박 주임   교도소 안에서 그런 거면, 경찰이 신변 보호도 제대로 못 하
잖아.

최 주임   그러니까 (보드 판에 교구장 사진 보며) 아버지가 아들 살려 달라
고 의뢰를 하지.

고은   살해 위협에 또 다른 이유가 있는 거 같아요.

장 대표   또 다른 이유?

고은   이시완. 외환 거래 담당 팀장. 조만간 재판에 증인으로 출석
하게 되어 있더라고요.

박 주임   재판이라니.

고은   (타이핑하며) 이거 잠깐 볼래요?

고은, 엔터키를 '탁' 치면, 모니터에 외환 자금 거래 내역이
뜬다.

고은   비정상적인 외환 거래 흐름을 검찰에 제보했어요.

최 주임	(감탄) 와우. 저 숫자들 좀 봐. 하나도 모르겠어.
고은	무역 대금 명목으로 오랜 기간 꾸준히 해외로 송금되고 있다가 최근 들어 갑자기 송금 규모가 커진 거죠. 그런데 이 자금 흐름 중간중간에 우리가 아는 사람들이 있어요.

고은이 엔터키를 '탁탁' 칠 때마다 모니터에 코타야 반장, 필 컨설팅 강필승, 블랙썬 유문현, 양 사모 얼굴들이 하나씩 뜬다.

박 주임	(어리둥절) 어 저 놈들은…
도기	우리가 저들의 무엇을 건드렸는지 알 거 같네요.
장 대표	(끄덕끄덕) 김 군이 블랙썬을 뿌리째 쥐고 흔들면서 사람뿐만 아니라, 돈도 도망가야 되는 상황이 생긴 거지.
고은	그래서 갑자기 자금 이동이 비정상적으로 크게 늘어난 거고.
최 주임	(이해 됐음) 그게 외환 거래 담당 이시완의 눈에 띈 거구나!
장 대표	김 군 때문에 저들의 검은 자금이 강제로 수면 위로 끌어올려진 거지.

도기, 보드 판에 이시완 사진을 본다.

도기	이시완 씨가 받는 살해 위협이 단순 위협으로 끝나지 않을 수도 있겠어요.
장 대표	내 생각도 그래. 어떤 식으로든 재판에 출석하는 걸 막으려고 할 거야.
도기	증거를 제출한 제보자가 나타나지 않으면, 증거 능력도 상실

할 테고 증거 불충분으로 재판을 끝낼 수 있으니까요.

장 대표   정확한 재판 날짜가 언제지?

고은   (모니터 보며) 1주일도 안 남았어요.

최 주임   그럼 위험도 더 큰 거잖아. (서둘러 손드는) 찬성.

박 주임   나두.

뒤따라 손드는 고은, 도기, 장 대표.

장 대표   이번 의뢰는 보호가 핵심이겠구먼. 서둘러야 되겠어.

S#6.   **출동 시퀀스. 낮**
        지하 정비실.
        모범택시가 회전 강판을 타고, 회전하며 올라온다.

        콜 밴 주차장.
        콜 밴 뒷문 열고 탑승하는 고은.
        박 주임과 최 주임, 콜 밴에 탄다.
        콜 밴 뒷자리에 고은, 스위치 켠다.
        쿨러 소리와 함께 콜 밴 안 전자 기기들에 불이 들어온다.

        단독 주택 차고.
        차고 위로 올라오는 모범택시.
        외부 차고 셔터가 '지이잉' 올라간다.

차고 밖으로 나오는 도기의 모범택시.

도기. 귓속에 작은 이어폰 장착한다.

거리로 나온 모범택시가 서서히 출발한다.

S#7.   도로. 낮

도로를 달리는 모범택시.

도기   5283 운행 시작합니다.

모범택시 뒤로 콜 밴이 붙는다.

굉음을 울리며 도심을 향해 질주하는 도기의 모범택시와 뒤

따르는 콜 밴.

S#8.   영안실. 낮

관리자, 영안실 한 칸을 열어 철제 침대를 빼낸다.

철제 침대에 누워 있는 박현조의 시신.

장 대표, 박현조의 시신을 물끄러미 내려다보고 있다.

장 대표   …

S#9.   장 대표실 / 경찰청 복도. 밤. 과거

전화 받고 있는 장 대표.

장 대표   제가 장성철입니다만, 누구십니까?

화면 분할되며 경찰청 복도 모퉁이에 숨어 있는 박현조가 나
온다.
경찰들이 지나갈 때마다 몸을 숨기며 다급하게 전화 통화하
는 박현조.

박현조   나는 그저 저들이 시키는 대로 했을 뿐이라고!
장 대표   …!

광수대 형사들, 압수 마약 가지고 복도 지나간다.
황급히 등지며 몸 숨기는 박현조. 눈빛에서 절박함이 느껴
진다.

박현조   당신들이 본 건 빙산의 일각일 뿐이야. 내가 전부 다 잡게 해 줄
           게. 대신 당신들도 나 살려 줘야 돼. (억울) 나 진짜 억울하다고!
장 대표   (냉담) 내가 당신 말을 어떻게 믿지?
박현조   검찰청 사건 자료실 다-2152 확인해 봐. 그럼 진실을 알 수
           있어.
장 대표   …

인기척이 들려오자, 움찔하는 박현조.

박현조	그놈들 다 잡고 싶으면, 나 꼭 살려 내.

박현조, 전화 끊고 사람들 피해 나간다.

S#10.   대저택 안. 밤. 과거

응접실 의자에 앉아 있는 박현조, 불안함에 잠시도 가만있질 못한다.
온하준, 장식장에서 소품들 꺼내 담담하게 살펴보고 있다.

박현조	지금 광수대가 나 찾고 있다고! 온 실장이 어떻게 좀 해 봐! (분노) 중간에 어떤 새끼가 우릴 배신한 거야. 틀림없어.

장식장에서 허리띠 꺼내는 온하준. 이건 마음에 든다.

온하준	(차분) 지금 누가 배신했는지가 중요한 게 아니에요.

온하준, 다가와 허리띠로 박현조의 목을 휘감고 조른다.

박현조	(숨을 못 쉬는) 컥컥, 온 실장…
온하준	중요한 건 누가 어떻게 수습하느냐죠.
박현조	온 실장…
온하준	현조님 어떡하죠? 청장 자리도 못 앉아 보고, 불명예 퇴직하게 생겼네.

박현조, 숨이 끊어진다.

S#11.   영안실. 낮. 현재
         철제 침대에 누워 있는 박현조의 시신.
         장 대표, 박현조의 손가락에 인장 반지 보며 착잡한 한숨 내
         쉰다.

         플래시 인서트 경찰청 복도. 과거

박현조   중앙검찰청 사건 자료실 다-2152 확인해 봐. 그럼 진실을 알
         수 있어.

장 대표   …

         영안실에서 나오는 장 대표.

S#12.   검찰청 복도 안. 낮
         차장 검사실에서 나오는 사람들. 그중 장 대표도 보인다.

차장 검사   (배웅하며) 일부러 먼 길 오셨는데, 소득이 없어서 어쩝니까?
장 대표   (애써 미소) 아닙니다. 내년 지원금 편성 심의 땐 파랑새재단도
         한번 고려해 주시면 감사하겠습니다.
차장 검사   알겠습니다. 그럼 멀리 안 나갑니다.

배웅 끝내고 안으로 들어가는 차장 검사.

장 대표, 사람들과 함께 복도 걸어가다가 자연스럽게 뒤로 빠지더니 '자료실' 팻말 걸린 문 열고 들어간다.

S#13.   검찰청 자료실 안. 낮

장 대표, 진열대에 빼곡하게 꽂혀 있는 서류철들의 분류 기호 보며 찾고 있다.

장 대표   다-2152… 다-2152…

장 대표, 진열대에 다-2152 서류철 찾아낸다.

서류철 펼쳐 보는 장 대표. 수사 결과서와 간단한 신문 기사 스크랩들이다.

장 대표, 빠르게 한 장씩 훑으며 넘겨 본다.

'태간실업 남 회장 심장 마비로 사망', '김 대법관 등산 중 실족사로 결론. 공소권 없음. 불기소', '김 의원. 타살 혐의 없음으로 내사 종결', '최성은 형사. 자살 결론. 도박 빚 때문에 스스로 목숨 끊어.'

장 대표, 수사 결과지들 맨 아래에 '최종 수사 책임자 박현조' 문구를 본다.

박현조(E)   나는 그저 저들이 시키는 대로 했을 뿐이라고!

장 대표, 다음 장을 넘기자, 복지원을 배경으로 어린아이들 머그샷이 줄줄이 나온다. 사진 하단에 모두 '사망' 혹은 '실종' 꼬리말이 붙어 있다.

장 대표   …

장 대표, 서류철 가방에 챙겨 넣고 조용히 자료실 빠져나간다. 자료실 문이 스르르 닫히면.

S#14.   **교도소 앞 / 콜 밴 안. 낮**
호송차가 교도소 앞에 도착한다.
육중한 문이 열리자, 교도소 안으로 들어가는 호송차.

S#15.   **교도소 내 출입장 / 콜 밴 안. 낮**
호송차에서 죄수복을 입은 죄수들이 차례로 나온다.
그들 뒤로 죄수복을 입은 도기가 차에서 내린다. 죄수번호 5283번.
도기, 덤덤한 표정으로 안경 올려 쓴다.
모니터 앞에 고은, 안경 렌즈를 통해 교도소 내부를 보고 있다.

고은   타 교도소에서 임시 이감한 걸로 했어요.

도기, 철창에 붙어 서서 구경하고 있는 죄수들 훑어본다.

도기	이시완 씨는 어디 있죠?
고은	(확인해 보며) 3번방에 수감되어 있어요.
도기	같은 방으로 배정시킬 수 있어요?
고은	방 배정은 현장에서 담당 교도관이 바로 결정하는 방식이라 여기선 어려워요.
도기	…
고은	근데 두 분은 도대체 왜 따라간 거예요? 아무리 생각해도 도움이 안 될 거 같은데.

호송차에서 내리는 최 주임과 박 주임의 뒷모습.

최 주임	(결연한 말투) 이번에도 김도기 기사한테 무슨 일이 생기면 우리가 해결하는 거야!
박 주임	(고개 절레절레) 난 너무 무서워… 이 안에 무서운 사람들이 바글바글할 거 아니야…
최 주임	걱정하지 마! 다들 널 무서워할 거니까.

박 주임, 가던 걸음 멈춰 서서 최 주임 돌아보면, 그제야 박 주임의 목과 양팔에 그려진 무지개 불꽃 문신이 보인다.

박 주임	행님 말 진짜 믿어도 되는 거지?
최 주임	이 문신이 널 보호해 줄 거야. 아무도 널 못 건드려. (문신 보며)

어우 소름. 나도 벌써 무섭다.

박 주임   근데 행님은 그냥 가도 괜찮겠어?

최 주임   어, 난 괜찮아.

박 주임   (조용히) 행님. 아까부터 저쪽에서 계속 행님만 쳐다보는데.

철창 너머 문신한 죄수 하나가 최 주임 보며 씨익 웃고 있다.

최 주임   눈 마주치면 말 거니까, 딴 데만 계속 보고 있으면 안전해.

최 주임, 내리깔고 다소곳이 걸어간다.
콜 밴 안 모니터로 두 사람의 모습 보고 있는 고은. 한숨 나
온다.

고은   김도기 기사님한테 짐만 돼 봐 아주.

도기   (미소) 혼자보다는 세 명 중 한 명이 같은 방에 배정될 확률도
           더 크니까. 같이 들어오길 잘했어요.

최 주임, 도기의 미소에 엄지척 보여 주고는 다시 급하게 시
선 내리간다.

S#16.   교도소 수감동 입구. 낮
           차례로 수감동 입구로 들어오는 죄수들. 옆에 놓인 비품 바구
           니를 집어 들면. 교도관, 리스트에 기록하며 방 번호 불러 준다.

| 교도관1 | 1672번 5번방. 2235번 8번방. |

입구 옆에 놓인 비품 바구니 집어 들고 교도관1 앞으로 오는 도기.

| 교도관1 | 5283번 6번방. |

담담하게 수감동으로 들어오는 도기. 수감동 내부 둘러본다.
좁고 길게 나 있는 복도 양쪽으로 감옥방이 늘어서 있는 수 감동.
도기, 3번방 '스윽' 쳐다보고는 맞은편 6번방으로 들어가는데.

S#17.   6번방. 낮
방으로 들어온 도기, 철창 창문으로 3번방으로 들어가는 박 주임을 본다.

| 고은 | 박 주임님이 3번방으로 배정 받아서 그나마 다행이네요. |

박 주임, 할 수 있다는 듯 도기 향해 주먹 불끈 쥐어 보이지만, 표정은 이미 걱정 한가득이다. 박 주임의 3번방 문이 닫힌다.

S#18.   3번방(박 주임 방). 낮

잔뜩 긴장한 표정으로 3번방 구석에 앉는 박 주임.
최 주임이 새겨 준 팔의 문신을 보며 스스로 자신감을 북돋운다.

박 주임   (자기 팔뚝 문신 보며, 주문하듯) 난 무서운 사람이다… 아무도 날
           못 건드린다…

박 주임의 말이 채 끝나기도 전에 멱살 잡듯 목덜미 틀어쥐는 흉악3.

흉악3   니 어데 식구고?
박 주임   (깜짝) 예?

당황한 박 주임, 문신이 잘 보이게끔 옷 걷어서 흉악3에게 보여 준다.

흉악3   (문신 보고 인상 더 쓰는) 형님! 이것 좀 보십시오!

문신이 얼굴 절반을 덮고 있는 흉악1, 2, TV 보다 말고 박 주임 본다.

흉악3   (박주임 팔 문신 보이며) 이 새끼. 재작년 큰형님 담궜던 광안리
           불꽃파 식굽니다!
박 주임   (뜨헉) 이거…! 광안리 아니에요. 이거 서울이에요…

흉악1, 말없이 박 주임을 본다. 눈빛이 살벌하다. 말없이 흉악 3에게 눈짓하면.

흉악3	(멱살 틀어쥐며) 큰형님 칼침 놓은 새끼 니 맞나!
박 주임	저는… 몰라요…
흉악3	(멱살 흔들며) 맞나 안 맞나!
박 주임	(딸꾹) 살려 주세요…

S#19. 9번방(최 주임방). 낮

방 중앙에 굳은 표정으로 바구니 들고 서 있는 최 주임.
둘러앉아 최 주임을 보고 있는 죄수들.

| 9번 방장 | 뭐하냐! 신고식 기다리다 날 새겠다. |

최 주임, 바구니에서 주섬주섬 뭔가를 꺼내 내려놓는다. 빵이다.

9번 방장	(반가운) 센스 있네. 입주 선물도 챙겨 오고. 자주 드나들었구먼.
최 주임	저희 어머니가 갖고 오신 빵입니다.
9번 죄수	너는 교도소 들어오면서 어머니 마중 나오게 만드냐? 이런 불효자슥.
최 주임	잠깐 제 얘기를 해도 될까요?
9번 방장	…?
최 주임	어려서부터 저희 집은 가난했었고… 남들 다하는 외식 한 번

한 적이 없었죠.

갑자기 분위기 다운되는 방 안.
어디선가 은은하게 god '어머니께' 음악이 들리는 거 같다.

최 주임   언제나 혼자 끓여 먹었던 라면…

S#20.   6번방. 낮
         창가 앞에서 조용한 복도 보고 있던 도기. 뒤늦게 돌아선다.
         허리 꼿꼿이 편 채 양반다리하고 앉아 명상하는 죄수1.
         관물대 앞에 앉아 옷 개고 있는 죄수2.
         옆구리 긁으며 TV 보고 있는 죄수3.
         벽에 기대앉아 책 보고 있는 방장.
         네 명의 죄수가 자유롭게 각자 할 일 하고 있다.

도기   (한숨) 할 거 있으면 빨리 시작하는 게 어때?
방장   (책 보다가 말고) 지금 조용히 있는 우리한테 그랬냐? 이 새끼가
         다짜고짜 시비 거네?

         '픽' 웃는 도기. 죄수1부터 방장까지 한 명씩 '톡톡' 집으며 설
         명한다.

도기   (죄수1 보며) 그 불편한 자세로 명상이 안 될 텐데?

죄수1	?
도기	바지 뒤에 연장 숨기고 앉아 있으니까 자세가 그렇게 나오지.
죄수1	(움찔) …
도기	(죄수2 보며) 여긴 물이 귀한가? 빨래도 안 한 양말들 다시 정리하고. (죄수3 보며) 아까부터 계속 긁어 대는 게, 옷 안에 넣지 말아야 할 걸 넣었나 봐?
죄수2, 3	(흠칫) …
도기	(방장 보며) 마지막으로 너. 책 거꾸로 들고 있어.

영어책 거꾸로 들고 있는 방장. 책 덮어 '툭' 던져 놓는다.

방장	아따 고놈 눈썰미가 제법이구만.

죄수1, 3, 각자 바지 뒤춤과 옷 안에서 청테이프로 칭칭 감은 몽둥이 꺼낸다.
양말들 다시 세탁 바구니에 처넣고 손 '탁탁' 터는 죄수2.

방장	이쁘게 자기소개 한 번 해 봐라.
죄수1	영치금 얼마나 갖고 왔는지부터 말씀 올리고.
도기	(차분하지만 차가운 자기소개) 굳이 문제 일으킬 생각은 없어. 니들은 원래 하던 대로 해. 내가 할 수 있는 최대한의 배려다.
방장	…
죄수1	엄청 교양 있게 우릴 무시하는 거 같은데요.
방장	(일어나며) 이런 상열의 새끼가.

방장이 일어나자 일제히 일어나는 죄수들. 분위기가 험악해
진다.

도기   (작은 한숨) 역시 니들은 말로 안 될 줄 알았어.

S#21.   수감동 복도. 낮
            복도 걸어오는 교도관1. 감옥방 돌며 인원 체크하고 있다.
            6번방 창문 앞에 서서 인원 확인하는 교도관1.

교도관   (철창 퉁퉁 때리며) 한 명 어디 갔어?

            교도관 돌아보는 방장. 얼굴 여기저기가 다쳤다.
            다른 죄수들도 상태가 비슷하다.

교도관   상태가 다들 왜 이래? 어이 방장. 싸웠어?
방장   방장님은… 저기 계십니다.
교도관   네가 방장 아니야?

            죄수들, 한쪽으로 비켜서면 뒤에 누워 있던 도기가 보인다.

죄수1   (조심스레 도기 흔들어 깨우며) 방장님. 교도관님이 찾으십니다.
도기   (기지개 켜며 잠에서 깨는) 벌써 밥시간인가?
교도관   ?

복도 너머 어디선가 누군가의 노랫소리가 들린다.

최 주임(E)	엄마가 보고플 때 엄마 사진 꺼내 놓고~
교도관	이건 또 뭔 소리야.
최 주임(E)	엄마 얼굴 보고 나면~ 눈물이 납니다~
교도관	누가 노래 부르나! 조용!
최 주임(E)	죄송합니다!
도기	…

S#22.　　**교도소 내 식당 / 콜 밴 안. 낮**
식사 배식 받기 위해 줄 서 있는 죄수들 사이에 도기와 최 주임이 보인다.

도기	별일 없으셨죠?
최 주임	난 괜찮은데 (턱으로 어딘가 가리키며) 쟤가 좀 이상해.

'우르르' 들어오는 흉악 패거리들. 맨 끝에 박 주임이 꼬붕처럼 따라온다.
흉악1, 2, 3 앉을 의자 빼 주고, 꾸벅 인사하고는 배식 받으러 오는 박 주임.
식판 들고 도기와 최 주임 사이에 '스윽' 다가와 선다.

박 주임	두목님 밥 타러 왔어.

최 주임	두목님?
박 주임	나 두목님한테 충성을 맹세했어. 그래서 살았어.
최 주임	(팔의 문신 가리키며) 걱정 말래두. 이게 널 지켜 줄…
박 주임	(자르며) 이거 때문에 죽을 뻔 했다고.
도기	이시완 씨는 어떻게 됐어요?
박 주임	방에는 없고. 다쳐서 의무실에 있어.
도기	가해자는요?
박 주임	(한숨부터 나온다) 전부 다야.
최 주임	여기 있는 죄수들이 모두 이시완 씨를 노린다고? 그게 말이 돼?
박 주임	현상금 걸어 놨대.
도기	…
박 주임	이번 주 안에 죽나 안 죽나 가지고 자기들끼리 내기 도박까지 하고 있어. 제정신이 아니야. 이시완 씨가 돌아오면 얼마나 버틸 수 있을지…

콜 밴 안에 고은, 들을수록 고민된다.

고은	간단한 문제가 아닌데요. 언제 누가 공격할지 모르는데 무슨 수로 보호를 하죠?
도기	…

죄수들 사이에 흉악1, 2, 3이 넓은 자리 독차지한 채 밥 먹고 있는 걸 보는 도기.

도기	이시완 씨를 지켜 줄 보호막이 필요하겠어요. 우리가 있든 없든.
고은	보호막이요?

식판에 밥 타서 테이블 구역으로 가는 도기.

도기	(담담한) 고은 씨. 문제 하나 낼 테니까 맞춰 볼래요?

의자 '좌르륵' 밀며 모니터 앞으로 오는 콜 밴 안에 고은.

고은	무슨 문제요?
도기	미친놈은 언제 나타날까요?
고은	(고개 갸웃) 미친놈? 언제인데요?
도기	지금이요. (배식판에 장국 한 숟갈 떠먹고는)

도기, 갑자기 입에 문 국을 뱉어 버리고는 흉악1 머리에 식판을 내팽개친다.

흉악1	으앗!
도기	국이 너무 싱겁잖아!!

흉악1, 2, 3 식판까지 엎어 버리는 도기.
예상치 못한 이상한 공격에 잠깐 주춤하는 흉악 삼인방, 다시 흉악해진다.

도기 공격하는 흉악들. 그런데 도기가 월등히 빠르다.
주먹 한 번 제대로 못 뻗어 보고 도기에게 나가떨어지는 흉
악들.

도기   (서슬 퍼런) 맛없는데 왜 맛있게 먹어 새끼들아! 먹지 마!

눈에 띄는 식판을 모조리 엎어 버리는 도기.
흉악1, 머리에 반찬들 쓸어내리고 벌떡 일어나는데.
교도관들, 달려와 도기를 붙잡고 끌어낸다.

흉악1   (정신없고 경황도 없는) 저 새끼 뭐야…
흉악3   어서 저런 미친놈이 왔나?

교도관들 때문에 도기를 어떻게 하진 못하고 노려보고 있는
흉악1.

흉악1   도망쳐 봐야 소용없어. 계산은 마저 하고 헤어져야지?
도기   계산? 할부냐 일시불이냐?
흉악1   (살기등등) 네놈 귀여운 얼굴 내가 새로 태어나게 해 줄게.
도기   결정했다. (흉악1 가리키며) 너는 일시불이다.

S#23.   교도소 내 체력 단련실. 낮
        긴 벤치에 누워 숨쉬기 운동하고 있는 도기.

도기 옆에 빵과 물 한 잔 내려놓는 흉악1, 곤죽이 된 얼굴에 반창고가 덕지덕지 붙어 있다.

흉악1   주문하신 빵 가지고 왔습니다.
도기   계산 일시불로 했어?
흉악1   (눈치 보며) 네…

도기, 맛있게 빵 먹으려는데 앞에 고중량 역기 운동하는 헬스 죄수가 보인다.
도기, 무엇에 화가 났는지 먹던 빵 '퉤!' 뱉어 버리고 다짜고짜 헬스 죄수 때린다.

헬스 죄수   너 뭐야 이 새끼야!

헬스 죄수, 도기 공격하는데, 이번에도 도기가 압도적인 액션 피지컬로 헬스 죄수를 때려눕힌다.

도기   (일갈) 무거운 거 왜 들어!
헬스 죄수   ??
도기   (이글이글) 네가 그렇게 가벼운 놈이야?!
헬스 죄수   ???

다시 헬스 죄수 쥐 패는 도기.

| 흉악3 | (혼란스럽다) 저렇게 물으면 도대체 뭐라 대답해야 돼요? |
| 흉악1 | 저 새끼 확실히 미친놈이야. 최대한 마주치지 마. |

주변에 운동하던 죄수들, 무거운 운동 기구들 슬며시 내려놓고 맨몸 운동한다.
슬금슬금 자리 뜨는 흉악 일당들.

| S#24. | **교도소 내 운동장. 낮** |

철창문 활짝 열며 운동장으로 나오는 도기.
도기가 등장하자 이미 소문이 퍼졌는지 주변 죄수들, 슬금슬금 도기를 피한다. '저기 사이코 왔다.', '야 피해. 미친놈이다.' 등등 수군대는 소리들.
박 주임과 최 주임, 일행이 아닌 척 도기에게 스윽 다가온다.

| 도기 | 이시완 씨 나왔네요. |

박 주임과 최 주임, 도기 시선 따라서 보면, 운동장 한쪽 구석에 이시완이 또 다른 죄수들에게 괴롭힘 받는 게 보인다.

박 주임	오늘 나오자마자 바로 저렇게 괴롭히는 거 좀 봐. 나쁜 놈들 진짜.
도기	이 안에서 담배 파는 곳이 어딘지 좀 알아봐 주세요.
박 주임	담배 파는 곳? 알았어. 형님들한테 물어볼게.

최 주임	그나저나 소문 쫙 났어. 5283 미친놈이라고.
박 주임	그러네. 벌써 소문 다 나서 다들 피하는 거 봐.
도기	당연히 피해야죠. 무슨 봉변당할 줄 알고요. 그리고 미친놈 베스트 프렌드도 조심해야죠.
최 주임	베스트 프렌드?
도기	(이시완 향해 손나팔 만들어) 시완아~~!

도기, 이시완에게 달려와 덥석 끌어안는다.
이시완 괴롭히던 죄수들, 어리둥절해 하며 물러난다.

도기	마이 베스트 프렌드~!
이시완	…??

죄수들, 슬그머니 다른 곳으로 가 버린다.
흉악1, 2, 다른 죄수들과 도박 수첩에 승패 적다가 죽마고우
분위기의 도기와 이시완을 보고는 자못 당황한다.

흉악1	뭐야… 둘이 친구야?
흉악2	완전 친한 사이 같은데요…
흉악1	(인상 확 구기며) 야, 사람들한테 전해. 배당 게임 없어졌다고.

흉악1, 신경질적으로 수첩 찢어 버리고는 가 버린다.
자리 뜨는 흉악 일당들 물끄러미 보는 도기.

S#25.   교도소 내 샤워장. 낮

         담배 연기 자욱한 샤워장 안.
         죄수들, 밖에 눈치 살피며 담배 피고 있다.
         판매꾼, 최 주임과 은밀하게 담배 거래하고 있다.

판매꾼   한 까치에 오천 원. 한 갑으로 사면 20% 할인해서 8만 원.
최 주임   비싸도 너무 비싸잖아.
판매꾼   톨게이트 비용이 수억 들어가. 비싸면 딴 데 가 사 피던가.

         울며 겨자 먹기로 담배 사는 최 주임.
         누군가의 손이 판매꾼의 뒷덜미를 확 잡아챈다. 도기다.

판매꾼   (깜짝) 너는 그 미치…
도기   밖에 라인이 있는 건가 아니면 교도관을 통해서 들여오는
         건가?

판매꾼   …
도기   (쪽지 건네주며) 담배 들여올 때 이것도 같이 들여오면 좋겠는데.
판매꾼   (쪽지 펴 보고는 바로 정색) 안 돼. 딴 거 하다가 걸리면 나 교도관
         들한테 맞아 죽어.
도기   그래? 지난번에 어떤 애는 누굴 더 일 순위로 생각해야 되는
         지 설명하는데 어금니 세 개랑 손가락 두 개가 필요했는데.
         (판매꾼 보며) 이번엔 어떠려나.
판매꾼   (뜨헉) !
도기   (씨익) 어금니부터 시작할까?

판매꾼	(사색) 아니요…

S#26. 교도소 밖 담장 앞. 낮

담장 앞에 후드 모자 뒤집어쓴 남자가 주변 살피며 서성거리고 있다.

고은, 양손 주머니에 넣은 채 걸어온다.

고은	거기 브로커 씨!
후드티	(흠칫) !
고은	(열쇠고리 들어 보이며) 이거 배달하러 온 거 맞죠?
후드티	(당황스레 주변 경계하며) 쉿!
고은	(쯧쯧쯧) 그리고 서 있을 때부터 엄청 이상한 사람처럼 보이거든요. 교도소 앞이 무슨 만남의 장소도 아니고.
후드티	…
고은	(건네주며) 늦지 않게 갖다 줘요. 알았죠?

볼일 끝난 고은, '휙' 돌아서 간다.

멍하게 보고 있는 후드티.

S#27. 교도소 내 식당. 낮

테이블에 앉아 밥 먹는 이시완. 다른 죄수가 지나갈 때마다 움찔움찔한다.

432 × 433

맞은편 자리에 식판 갖고 온 도기가 털썩 앉는다.

도기   마이 베스트 프렌드! 간밤에 잘 잤어?

도기가 앉자, 두 사람 자리에는 아예 오지도 않는 죄수들.

이시완   (어색하고 당황스러운) 저기… 저한테 왜 이러시는지…

무시하고 자기 말만 하는 도기, 이시완 앞에 작은 열쇠고리
'스윽' 내민다.

도기   호신용 가스. 나 없을 때 누가 공격하면 그걸 얼굴에 뿌려.
이시완   …?
도기   그리고 나한테 얘기해. 내가 그놈 아주 죽여 놓을라니까.
이시완   (무섭고 어색하고) …

똘기 충만하게 웃는 도기.
근처에 앉으려던 죄수들, 다시 멀리 간다.

S#28.   **교도소 내 운동장 / 콜 밴 안. 낮**
           철창 앞 걸어가고 있는 도기. 표정이 밝지 않다.

도기   이상해요. 너무 잘 풀려요.

고은	뭐가요?
도기	생각보다 이시완을 향한 위협이 별로 없어요. 마치 뻥 뚫린 도로에서 혼자 운전한 기분이에요.
고은	그건 좋은 거 아니에요? 사고 날 일도 없고.
도기	그게 문제에요. 과속하고 싶을 만큼 잘 풀려서…

S#29.   대저택 앞. 낮

대저택 앞에 멈춰 서는 장 대표의 차.
내비 주소 다시 확인하는 장 대표, 차에서 내려 주변 풍경 본다.
초인종 누르는 장 대표.

인서트 인터폰 화면
입구에 벨 누르고 기다리고 있는 장 대표가 화면에 보인다.

장 대표(E)	실례합니다.

입구 문이 '철컹' 열린다.

장 대표	?

S#30.   대저택 안. 낮
현관문 열고 대저택 내부로 들어오는 장 대표.

장 대표   계십니까?

대저택에 사람이 안 보인다.
내부 둘러보며 안으로 들어오는 장 대표.
복도 지나 응접실로 들어서다가 벽에 걸린 액자 사진들을
본다.
옛날 사진부터 최근 사진까지 정갈하게 걸려 있는 액자 사진들.
낡은 복지원 건물들 사진 보며 고개 갸웃하는 장 대표.

장 대표   여기가 설마…

장 대표. 순간 굳은 표정으로 액자 사진 본다.
온하준과 교구장이 다정하게 찍은 사진이 걸려 있다.

플래시 인서트 지하 정비실. 과거
정비실 보드 판에 걸려 있는 교구장의 사진.

누군가 뒤에서 장 대표의 목을 조른다.
발버둥 치는 장 대표. 상대의 완력에 정신 잃는다.
사지가 축 늘어진 장 대표를 끌고 가는 누군가.

S#31.   수감동 복도. 낮
철문 열고 밖으로 나오는 죄수들.

죄수들 사이에 이시완도 보인다.

도기, 복도 한편에 서서 기다리고 있다.

박 주임과 최 주임, 다소 들뜬 기분으로 도기에게 온다.

최 주임   드디어 나가는구먼. 오늘부로 미션 클리어.

도기   (미소) …

S#32.   교도소 내 출입장 / 콜 밴 안. 낮

출입장에 호송차가 들어와 멈춰 선다.

죄수들, 교도관 인솔 받으며 밖으로 나간다.

줄 서서 기다리고 있는 이시완, 박 주임과 최 주임, 도기.

이시완   (도기에게 다가와) 이유는 모르겠지만, 저를 친구로 대해 준 덕
          분에 위험을 피할 수 있었습니다. 감사합니다.

도기   재판 출석 잘 하시고요.

이시완   (깜짝) 그걸 어떻게…

교도관, 리스트 확인하며 차례로 박 주임, 최 주임, 이시완 내
보내는데.

출입장으로 들어오는 교도소장, 교도관에게 리스트 빼 들며
도기 본다.

교도관   (딱딱한 말투) 5283번. 수감동으로 돌아가.

도기	?
박 주임	(당황스러운) 우리 셋이 같이 나가는 거 아냐?
최 주임	저기. 5283번은 저희랑 같이 나가는 걸로 되어 있을 텐데요.
박 주임	네. 맞아요.
교도소장	(도기 보며) 수감동으로 돌아가라고 했다.

콜 밴 안에 고은, 당황스러운 표정으로 바로 키보드 두드리며
확인한다.

고은	(이상하네) 누가 날짜를 바꿔 놨어요.
도기	…
최 주임	(다가오며) 다시 한 번 확인해 보세요.
교도소장	떨어져라.

교도소장의 정색한 한 마디에 곤봉으로 손이 가는 교도관들.

도기	(바로 중재하며) 난 괜찮으니까 먼저 나가요.

교도소장의 서슬에 주춤하는 박 주임과 최 주임.

박 주임	어쩌지?
도기	두 분도 같이 가니까 별일 없을 거예요.
최 주임	(끄덕끄덕) 알았어. 맡겨 둬.
교도소장	뭣들하고 있어! 빨리 이동.

호송차에 오르는 이시완, 박 주임, 최 주임.

출입장 빠져나가는 호송차 물끄러미 보고 있는 도기.

교도소장, 교도관에게 리스트 건네주고는 나간다.

도기, 교도소장의 손가락에 인장 반지를 본다.

도기   …

내부 CCTV가 굳은 표정의 도기를 향하고 있다.

S#33.   교도소장실 안. 낮

책상 앞에 교도소 곳곳을 감시할 수 있는 CCTV 모니터들이 놓여 있다.

모니터 중 하나에 도기가 보인다.

책상에 앉아 차 마시는 남자. 양복을 입은 온하준이다.

온하준, 차향 음미하며 모니터 속 도기를 본다. 미소가 차갑다.

온하준   도기 형님이 내가 준비한 선물을 마음에 들어 했으면 좋겠는데.

S#34.   교도소 내 복도. 낮

복도 걸어오는 도기.

맞은편에서 죄수 두 명이 걸어온다.

도기, 죄수 두 명의 행동이 수상해 보인다.

모른 척 서로 빗겨 지나가는 도기와 죄수 두 명.

죄수 두 명, 소매에서 흉기 꺼내 뒤에서 도기를 습격한다.

흉기 피하며 빠르게 죄수들을 제압하는 도기.

도기   니들 뭐야.

죄수 두 명, 도기 뿌리치고 후다닥 도망간다.

도기, 죄수 두 명 뒤쫓으려는데, 교도관 한 명이 뒤늦게 복도로 나온다. 도망간 죄수 두 명은 못 보고 복도에 도기만 봤다.

교도관   뭐야. 어물쩍거리지 말고 정해진 구역으로 돌아간다, 5283번.

도기   …

순순히 돌아서 가는 도기.

S#35.   도기 감방 안(6번방). 밤

감방 안으로 들어오는 도기.

태연하게 각자 할 일 하고 있는 방 안 죄수들.

그런데 분위기가 다르다. 아닌 척 하지만, 눈빛에서 모두 살의가 느껴진다.

교도관, 복도 걸어가며 감옥 방문을 하나씩 '툭툭' 치며 지나간다.

교도관(E)	점호 준비해라. 10분 뒤 소등.
방장	(태연하게) 자, 잘 준비들 하자고.

다들 이불 깔며 잘 준비하는 죄수들.

도기	…

시간 경과
불 꺼진 감방 안.
담요 덮고 자고 있는 죄수들.
도기를 제외한 다른 죄수들, 각자 흉기 꺼내 소리 없이 '스르르' 일어난다.
일제히 자고 있는 도기를 공격하는 죄수들.
방장, 이상한 느낌에 담요를 걷어 내면, 모포랑 베개가 돌돌 말려 있을 뿐, 도기가 없다.

방장	!

화장실 벽 뒤에 서 있다가 나오는 도기.

도기	누가 시킨 거냐?
방장	에이 씨!

막무가내로 공격하는 방장과 죄수들.

도기, 팔꿈치와 무릎을 활용하는 격투술로 좁은 공간 안에서 효과적으로 상대들을 제압한다.

도기	(죄수1 찍어 누르며) 누가 시켰는지 말해.
죄수1	(고통스러운) 그냥. 돈이 너무 필요해서요.
도기	?
죄수1	그쪽한테 어마어마한 현상금이 걸려 있어요.
도기	현상금?
방장	어차피 당신 여기서 살아서 못 나가.

힘겹게 일어나 앉는 방장. 고통에 여전히 표정이 일그러져 있다.

죄수1	어차피 죽을 거 그냥 우리 손에 당해 주시면 안 돼요? 정이 들어도 딴 놈들보다 우리랑 부대낀 시간이 더 많은데.
죄수2	나도 곧 여기서 나가야 되는데, 그 돈만 있으면 새 출발할 수 있어요.
도기	…
온하준(E)	좀 당해 줘요. 저렇게 부탁하는데.
도기	!

철창 앞으로 걸어와 서는 온하준.
도기와 온하준, 철창을 사이에 두고 만난다.

온하준	오랜만이에요, 도기 형님.

| 도기 | 내내 찝찝했던 이유를 이제야 알았네. |
| 온하준 | 형님 거라 따로 챙겨 뒀어요. |

온하준, 도기 앞에 피 묻은 열쇠고리를 내려놓는다.
도기가 이시완에게 줬던 그 호신용 열쇠고리다.

| 도기 | (표정 굳어지는) !! |
| 온하준 | 안타깝게도 재판정까지 도착하지도 못하고 사고가 났지 뭐예요. |

플래시 인서트 호송차 안. 낮. 과거
호송차 안으로 난입하는 검은 양복들.
이시완과 박 주임, 최 주임을 무차별적으로 구타한다.

굳은 표정으로 호신용 열쇠고리 집어 드는 도기.

| 온하준 | 아, 사고 난 차 안에 우리가 아는 사람도 두 명 타고 있었지 아마. (빙긋) 박 주임과 최 주임. 죽었을까요 아니면 살았을까요? |

다가가 온하준 노려보는 도기.

| 온하준 | 교도소 담장 바로 너머에 있던 고은 씨 말이에요. |

플래시 인서트 콜 밴 안. 낮. 과거

갑자기 문이 '확' 열리며 검은 장갑이 고은의 입을 막으며 끌어낸다.

속절없이 끌려가는 고은.

온하준   너무 감동이지 않아요? 마치 지아비 옥바라지하는 거처럼 내내 도기 형님만 바라보고 있는 거잖아요.

도기   …

온하준   고은 씨가 형님한테도 참 남다른 의미겠죠.

도기   다른 사람들은 놔줘. 너랑 나 둘이서 해결하면 될 일이야.

온하준   곤란해요. 내가 받은 이 더러운 기분들을 형님한테 다 돌려주려면 그 사람들이 필요해요.

도기   …

온하준   (미소) 오랜 시간 내가 공들여 세운 것들을 형님이 하나씩 부숴 버릴 때마다 내 기분이 어땠는지 알아요? (웃는) 잘 모르겠죠? (미소가 걷히며) 그래서 한번 느끼게 해 주려고요. 네가 아끼고 사랑하는 것들이 부서질 때. 어떤 기분인지.

도기   (살기) 그 사람들… 털끝 하나라도 건드리면… 내가 너 죽인다.

온하준   형님한테 이런 모습도 있었어요? 다행이다. 조금은 내 기분이 전달된 거 같아서.

도기   …

온하준   그 사람들 어떻게 됐는지 궁금하면 이따가 나한테 와요. 얘기해 줄게. 근데 12시가 넘어 가면 현상금이 두 배로 올라간다던데. 큰일이네. (빙긋) 형님이 살아 있어야, 다른 사람들도 사는 겁니다.

기분 좋은 미소 머금은 채 나가는 온하준.

도기   …

S#36.   수감동 복도 / 교도소장실. 밤
          벽에 걸린 시계가 12시 정각을 가리킨다.
          수감동 입구를 지키고 있는 교도관, 벽시계를 올려다본다.
          수감동 곳곳에 있던 교도관들, 서로 눈빛 교환하며 자리를 뜬다.
          체력 단련실에 교도관, 면회실에 앉아 있던 교도관도 시계 확
          인하고는 나간다.
          수감동 복도에 교도관이 사라진다.
          수감동 내 감금방 잠금쇠가 일제히 풀린다.
          감금방 문 열고 복도로 터벅터벅 나오는 도기.
          텅 빈 복도로 도기가 나와 서면, 복도 내 다른 감금방에 죄수
          들이 나온다.
          도기 앞뒤로 복도를 꽉 채우는 죄수들.

도기   …

          인서트 교도소장실
          온하준, 호기심 어린 표정으로 모니터 보고 있다.

          사방에서 도기를 공격하는 죄수들.

벽을 등지고 죄수들을 상대하는 도기. 그러나 수적으로 밀린다.

한 명을 제압하면 다른 한 명이 뒤에서 습격한다.

맞는 횟수가 점점 늘어나는 도기.

흉악1, 천장에 전등 뜯어 도기를 내려친다.

'쿵' 맞고 쓰러지는 도기.

인서트 교도소장실

온하준, 마치 경기 관람하듯 추임새 넣으며 모니터 보고 있다.

사방에 죄수들이 달려들어 짓밟는다.

죄수 한 명을 방패 삼아 간신히 일어나는 도기. 머리에서 어느새 피가 흘러내린다.

복도 끝 살짝 열려진 철문을 바라보는 도기. 유일한 돌파구는 저기다.

방패로 삼고 있는 죄수 밀쳐 내고 바닥에 떨어진 흉기 집어 드는 도기.

천장에 형광등 향해 집어 던진다.

형광등이 '팍' 깨지며 파편들이 떨어진다.

당황하며 물러서는 죄수들. 순간적으로 복도 가운데 길이 열린다.

입구 향해 달려가는 도기. 철문 앞에 죄수들을 빠르게 제압하고 문밖으로 나가 철문 걸어 잠근다.

철문을 거칠게 잡아당기는 죄수들.

주저앉는 도기. 머리에서 흘러내린 피가 옷까지 흘러내렸다.
결국 정신 잃고 기절하는 도기.

S#37.　　대저택 방 안. 낮

번뜩 정신 차리며 깨어나는 장 대표. 고급 침대에 누워 있는
자신을 본다.
진동 소리가 들린다. 소리 쫓아 시선 옮기면, 근육질의 집사
가 핸드폰을 접시 위에 받쳐 든 채 서 있다.

집사　　기다리고 계십니다.

장 대표　　…

S#38.　　대저택 응접실. 낮

집사 안내 받으며 응접실로 나오는 장 대표.
교구장, 넓은 테이블에 혼자 앉아 식사하고 있다.
식사하는 교구장 뒤로 액자 사진들이 마치 납골당처럼 걸려
있다.

교구장　　일찍 나오실 줄 알았으면 기다릴 걸 그랬습니다. 같이 식사하
시죠.

집사　　하나 더 준비하겠습니다. (음식 가지러 나가는)

자리에 앉는 장 대표. 교구장 옆에 다-2152 서류철이 놓여 있는 게 보인다.

교구장　(서류철 툭툭 치며) 이건 어디서 구하셨습니까?

장 대표　거기 적힌 건 네놈이 한 만행들 중에 빙산에 일각이겠지.

교구장　저에 대해 오해가 많으시네요.

장 대표　가짜 성직자의 탈을 쓰고 사람들을 납치해 목숨을 앗아 간 복지원 원장. 거기서부터 모든 게 시작된 건가?

말없이 웃는 교구장.
집사, 장 대표 앞에 음식 놓아 준다.

장 대표　많은 무고한 아이들이 동네에서, 정류장에서 부모를 기다리다가 네놈들이 운영하는 그 지옥 같은 곳으로 끌려가서 폭행당하고, 혹사당하며 죽어 갔어.

교구장　(미소) 여기가 그 복지원 부지였다는 것도 아십니까? 대표님이 주무신 그 방이 죽은 아이들을 주로 화장시켰던 화장터였지요.

표정 굳히며 교구장 노려보는 장 대표.

교구장　그런데 이거 하나는 저도 해명을 하고 싶군요. 지금은 그것들을 무고한 사람이라고 부르고 있지만 그건 시대에 따라 다른 모습 다른 이름으로 불리기도 하니까요. 그 당시엔 그것들을 부랑자라고 불렀지요.

교구장, 다-2152 서류철을 회한에 젖은 표정으로 어루만진다.

| 교구장 | 더 나은 사회를 만들기 위해서 누군가는 해야 할 일이었고, 내가 총대를 메고 희생했을 뿐이지요. 그렇게 희생한 덕분에 나라에서 주는 표창도 받고, 감옥도 갔다 왔죠. 이율배반적이지 않습니까? |

교구장   더 나은 사회를 만들기 위해서 누군가는 해야 할 일이었고, 내가 총대를 메고 희생했을 뿐이지요. 그렇게 희생한 덕분에 나라에서 주는 표창도 받고, 감옥도 갔다 왔죠. 이율배반적이지 않습니까?

장 대표   (벽에 사진들 보며) 저 사진들이 이율배반적 아닌가? 모두 당신이 죽이거나 죽음에 이르게 만들어 놓고 사진을 걸어 놓다니.

교구장   (사진들 돌아보며) 축원의 의미지요. 현생에서 못 펼친 뜻을 내세에서는 꼭 이루시라는. 사진 볼 때마다 기도드립니다.

장 대표   전리품처럼 걸어 놓고 그딴 말 같지도 않은 거짓말을. 무고한 사람들의 주검을 저렇게 전시해 놓고 있으면 네놈이 뭐라도 된 기분인가?

액자 사진들을 배경으로 앉아 웃음 터트리는 교구장의 모습이 괴기스럽다.

교구장   역시 대표님 앞에선 입에 발린 말은 하면 안 되겠습니다. 하하하하.

집사, 벽 한쪽에 이시완 사진을 걸고 있다.

장 대표	(어금니 꽉 무는) 의뢰도 의뢰인도 전부 당신이 다 조작한 건가?
교구장	조작은 무슨, 하준이가 그러더군요. 사전 조사를 꼼꼼히 하는 사람들이라 진짜를 미끼로 유인해야 한다고 말이죠.
장 대표	우릴 유인하기 위해서, 네놈들의 검은 자금이 드러나는 것도 일부러 감수한 건가?
교구장	(미소) 사람도 돈도 도망가는 마당에 방이 깨끗하게 치워져 있으면 이상하지 않겠습니까. 당신들이 알아내 봤자 입막음하면 될 일이고.
장 대표	…
교구장	(미소) 사실 저도 굳이 이럴 필요까지 있을까 싶기는 합니다만, 하준이 그 녀석이 하도 졸라대서 원하는 대로 해 줬습니다. 자식 이기는 부모가 어디 있겠습니까.
장 대표	마치 친자식처럼 얘기하는구먼.
교구장	친자식 이상의 의미가 있죠. (사진들 돌아보며) 하준이가 저렇게 일을 잘한답니다. 이만한 일꾼이 없어요. 김도기 그 친구가 나타나기 전까지는 말이에요.
장 대표	…
교구장	그래서 나는 이번 일을 통해 하준이가 더 성장하고 강해지길 원해요. 한번 구경해 봅시다. 우리 애가 당신 애를 어떻게 다루는지.

굳은 표정으로 교구장 노려보는 장 대표.
고요하지만 날선 두 사람의 눈빛이 부딪친다.

S#39.   교도소장실. 낮

테이블에 음식들이 깔린다.

교도관, 도기를 끌고 오다시피 데려와 의자에 앉힌다.

도기, 심신이 많이 지쳐 보인다.

온하준   같이 식사 못 할 줄 알았는데 여기까지 오고 형님 대단하세요.
도기   …

온하준   덕분에 내가 준비한 마지막 선물까지 줄 수 있게 됐네요. 선
         물이 뭔지 궁금하죠?

온하준, 도기 앞에 노트북 펼치면, 박 주임, 최 주임, 고은이
입에 재갈 물린 채, 옥상 난간 바로 앞에 묶여 있다.

도기   …!

온하준   게임 하나 할까요? 과연 저 세 사람 중에 형님 마음속의 일
         순위는 누구일까요? 왼쪽부터 1번, 2번, 3번으로 할게요. 형
         님이 번호를 부르면 그 사람부터 떨어트려 줄게요.
도기   …

온하준   어차피 다 죽일 거 같은 거 아니냐고요? 달라요. 1번이 떨어
         지고 난 다음 누군가가 신고할 수도 있고, 제가 갑자기 심경
         의 변화를 일으킬 수도 있고, 뒤로 갈수록 실낱같은 희망은
         살아 있잖아요.

온하준, 옅은 미소 머금으며 도기 옆에 다가와 앉는다.

온하준	곧 사라질 그 희망. 형님은 누구에게 주고 싶으세요?

도기, 어금니 꽉 문 채 온하준 노려본다.

도기	언제나 이런 식이었나?
온하준	형님한테만 느끼게 해 주려고요. 희망이 어떤 식으로 사라지는지. 어떤 식으로 잊혀지는지.
도기	명심해. 내가… 우리가 여기서 멈춘다 해도, 또 다른 누군가가 나타나 니들에게 갈 거다. 네놈들을 끝까지 기억할 테니까.
온하준	(한심한 듯 혀 끌끌 차며) 힘없는 것들이 주로 하는 얘기가 그거야. 언제나 기억한다고 하지. 왜 그런지 알아? 할 수 있는 게 그거밖에 없거든. 약해 빠진 족속들. 그런데 결국 그 다짐조차도 나중엔 다 잊어버릴 거야.
도기	틀렸어.
온하준	?
도기	기억해야 되찾을 수 있는 게 있어.
온하준	(?)
도기	아버지가 소식 끊긴 아들을 잊지 않았기 때문에.

인서트 동재 치킨집 앞. 과거 (2화)
동재에게 달려가는 동재 부. 아들 동재를 부둥켜안는다.
오열하는 두 사람.

도기	두 사람은 다시 만날 수 있었어.

| 온하준 | … |

인서트 보육원. 과거 (6화)
어린 소망이 보살펴 주고 있는 서연이.

| 도기(E) | 열 살도 채 되지 않은 꼬마 아이는 동생을 잊지 않았고. |

인서트 대학병원 중환자실. 과거 (10화)
깨어난 수련이 손을 꼭 잡고 눈물 흘리는 수련 부.

| 도기(E) | 함께 가기로 약속한 그 바다를 잊지 않았어. |

인서트 법원 앞. 과거 (14화)
법원 앞에서 보도하고 있는 김용민.

| 도기(E) | 억울한 형사의 죽음을 잊지 않고 끝까지 기억했기 때문에. |

다시 교도소장실.

도기	세상에 진실을 밝힐 수 있었어.
온하준	…
도기	기억했기 때문에. 네놈들 앞에까지 내가 올 수 있었지.

온하준, 어금니 꽉 물며 도기 노려본다.

온하준	이거 어떡하지. 기껏 와서 개죽음 당하게 생겼으니. (노트북 화면 가리키며) 5초 줄게.

일어나 핸드폰 집어 드는 온하준.

도기	이런 짓들이 너한테 어떤 의미가 있냐?
온하준	5, 4, 3…
도기	지금 몇 시나 됐지?
온하준	(실소) 뭐?
도기	몇 시냐고.

온하준, 어이없는 한숨이 나온다.
도기, 벽에 걸린 시계 발견한다.

도기	오후 1시…
온하준	혹시 사망 시간 때문에 그래? 그런 건 신경 안 써도 돼. 나중에 다 검시관이 알아서 다 알려 줄 테니까.
도기	(미소) 다행이네. 12시가 지나서.
온하준	잔머리 굴려 봐야 달라지는 건 없어.
도기	(고개 들어 온하준 보며) 4번.
온하준	?
도기	4번을 선택하고 싶은데.
온하준	4번은 없어.
도기	있을 텐데.

온하준	…?
도기	바로 네놈.
온하준	(인상 쓰며) 농담도 가려서 해. 지금 내 기분이 더러워지려 그러거든.
도기	너보다 더 기분이 더러운 사람이 있을 거 같은데?

교도소장, 굳은 표정으로 교도소장실로 들어온다.

온하준	?

교도소장, 리모컨으로 TV 켠다.
TV 뉴스에 법정 문이 열리며, 이시완이 밖으로 나오는 게 보인다.
순식간에 이시완에게 모여드는 기자들.
놀란 표정으로 TV 보고 있는 온하준.

앵커(E)	결정적 제보자의 증언으로 검찰 측 증거 대부분이 인정되며, 자금 관리책이던 해당 은행 지점장과 부지점장이 유죄를 선고 받았습니다.

인서트 법정 앞. 낮
이시완을 좌우로 경호하고 있는 박 주임과 최 주임.

온하준	(혼란스런) !

온하준, 노트북 화면 확인한다. 화면에 여전히 세 명이 의자에 묶인 채 옥상 난간에 있는 모습이 나온다.
화면을 가만히 보는 온하준.
화면에 나오는 세 사람의 모습이 반복 재생되고 있다.

온하준 이게 어떻게…

TV 뉴스 화면에 고은이 차 문 열고 이시완을 태우고 있다.
그 모습 보고 옅은 미소 머금는 도기.

S#40. 교도소 내 운동장 / 콜 밴 안. 낮. 과거
철창 앞 걸어가고 있는 도기. 표정이 밝지 않다.

도기 이상해요. 너무 잘 풀려요.
고은 뭐가요?
도기 생각보다 이시완을 향한 위협이 별로 없어요. 마치 뻥 뚫린
도로에서 혼자 운전한 기분이에요.

콜 밴 문 열고 장 대표가 들어온다.

장 대표 김 군이랑 연락되나?
고은 대표님.

장 대표, 가방에서 다 - 2152 서류철 꺼내 놓는다.

장 대표   함정이었어. 교도소장도 교도관들 대부분이 모두 그놈들한
          테 매수당했어. 교도소 자체가 그놈들이 만든 거대한 덫이야.
도기   …
고은   모든 게 덫이고 가짜라면 기사님 지금 당장 거기서 나와야
          되는 거 아니에요?
장 대표   김 군이 보호하고 있는 이시완은 진짜 피해자가 맞아.
도기   지금 상황을 그놈들이 모두 의도한 거라면, 나보다는 밖에 있
          는 대표님이랑 고은 씨가 더 위험해질 수 있어요. 피하지 않
          으면 그놈들한테 납치될 지도 몰라요.
고은   기사님 안 가면 나도 안 가요. 어디 도망가라고 하지 마세요.
장 대표   우리보다는 이시완의 안전이 첫 번째야. 방법이 없겠나?

          걸음을 멈추는 도기. 빠르게 상황을 종합하며 돌파구를 모색
          한다.

도기   이시완 씨가 안전해 질 수 있는 방법은 하나뿐이에요.
고은, 장 대표 ?
도기   법정에 출석해 무사히 증언을 끝내게 하는 거예요.
장 대표   (끄덕끄덕) 이미 증언을 끝낸 증인을 위협해 봤자 아무런 이득
          도 없을 테니까.
도기   법정에서 증언을 마칠 때까지 모든 이목을 우리에게 쏠리게
          만들어야 해요.

장 대표	이목을 집중시킨다… (한숨) 호랑이 아가리 속이라도 들어가야겠구먼.
도기	생각보다 더 위험할 수도 있어요.
고은	제일 위험한 사람이 남 걱정하는 거 아니에요.

S#41.   수감동 복도. 낮. 과거
철문 열고 밖으로 나오는 죄수들.
죄수들 사이에 이시완도 보인다.
도기, 복도 한편에 서서 기다리고 있다.
박 주임과 최 주임, 다소 들뜬 기분으로 도기에게 온다.

최 주임	드디어 나가는구먼. 오늘부로 미션 클리어.

도기, 미소 머금으며 박 주임과 최 주임에게 뭔가를 하나씩 건넨다.
이시완에게 줬었던 호신용 열쇠고리다.
박 주임과 최 주임, 눈짓 주고받으며 열쇠고리를 품 안에 감춘다.

S#42.   대저택 앞. 낮. 과거
대저택 앞에 멈춰 서는 장 대표의 차.
초인종 누르는 장 대표.

장 대표	실례합니다.

입구 문이 '철컹' 열린다.
장 대표, 심호흡 한 번 하고는 다부진 표정으로 들어간다.

S#43. 옥상. 낮. 과거

검은 양복들, 고은, 박 주임, 최 주임을 뒤에서 결박하고 있는데, 갑자기 검은 양복들 얼굴로 가스가 강하고 넓게 방사형으로 분사된다.

최 주임	(호신용 열쇠고리 보며 스스로도 놀란) 뭐가 이렇게 성능이 좋아?

얼굴 감싸며 쓰러지는 검은 양복들.
고은, 의자 집어 들어 부하 내려친다.
박 주임, 구석에 쓰러져 있는 이시완을 살핀다.

박 주임	(부축하며) 일어날 수 있겠어요?
최 주임	고은아, 얼른 와. 늦겠어.
고은	(넘어진 카메라 일으키며) 반복 재생 시켜 놓게 다시 묶고 앉아 봐요.
최 주임	(멈칫) 풀기 전에 진작 얘기하지.
박 주임	시간 없어. 빨리 하자는 대로 해.

박 주임, 서둘러 최 주임 결박한다.

S#44.   대저택 응접실. 낮. 과거
             식사 테이블에 마주 앉아 있는 교구장과 장 대표.

교구장   (미소) 하준이 그 녀석이 하도 졸라 대서 원하는 대로 해 줬습
             니다. 자식 이기는 부모가 어디 있겠습니까.

             장 대표, 벽에 걸린 시계를 흘끔 쳐다본다. '오전 11시 50분'

장 대표   마치 친자식처럼 얘기하는구면.
교구장   친자식 이상의 의미가 있죠.

S#45.   교도소장실. 낮. 과거

도기   지금 몇 시나 됐지?

             온하준, 어이없는 한숨이 나온다.
             도기, 벽에 걸린 시계 발견한다.

도기   (미소) 다행이네. 12시가 지나서.

S#46.   교도소장실. 낮. 현재

멍하게 TV 보고 있는 온하준.

앵커(E)   이번 판결로 천문학적 규모의 불법 자금의 실체가 어디까지 밝혀질지 귀추가 주목되고 있습니다.

온하준, 분노감에 부들부들 온몸이 떨려 온다.
교도소장, 굳은 표정으로 전화 통화하고 있다.

교도소장   네. 교구장님 말씀대로 조치하겠습니다.

교도소장, 전화 끊고 온하준에게 다가오면.

온하준   이번에도 네가 이겼다고 생각하냐?

온하준, 교도소장의 허리춤에서 권총을 뽑아 들어 도기를 겨눈다.
피하지 않고 온하준을 응시하는 도기.

온하준   그래도 너는 내 손에 죽는다.

방아쇠를 당기는 온하준.
화면이 팍 암전되면 '탕' 총소리가 울린다.

S#47.　　　에필로그. 장 대표 집. 낮

　　　　　테이블에서 고기 구울 준비로 부지런히 세팅 중인 최 주임,
　　　　　박 주임.
　　　　　도기와 고은, 싱크대에 나란히 서서 야채 씻고 있다.

고은　　　이러고 있으니까 꼭 집들이 하는 거 같지 않아요?

도기　　　누구 집들이요?

고은　　　(슬며시 바닥을 내려다보는)

도기　　　?

　　　　　고은을 따라 바닥을 보는 도기.
　　　　　하트 문양의 커플 슬리퍼를 신고 나란히 서 있는 도기와 고
　　　　　은의 발.
　　　　　도기와 고은 사이로 똑같은 하트 문양 슬리퍼 신은 발이 '스
　　　　　윽' 들어온다.

박 주임　　멀었어?

고은　　　다 됐어요. 이거만 씻으면 돼요.

박 주임　　(상추 접시 챙겨 가며) 얼른 와.

　　　　　장 대표, 냉장고에서 술 꺼내 테이블로 간다.
　　　　　박 주임, 장 대표가 신은 하트 모양 슬리퍼 보고는 웃는다.

박 주임　　다음에 제가 새 슬리퍼 하나 갖고 올게요.

장대표	아니 멀쩡한 걸 왜 버려. 아직 깨끗하구먼.
최주임	그래, 누가 골랐는지 참 곱고 이쁘네. (스푸너로 맥주 따며) 내가 팔 힘이 아주 좋아.
박주임	(주방 보며) 아직 멀었어? 우리 준비 다 됐는데.
고은	네, 가요.

고은, 야채 물기 '탈탈' 털어 들고 도기와 함께 거실로 가 앉으면, 식탁 아래 옹기종기 모여 있는 도기와 멤버들의 발.
모두 하트 문양 슬리퍼를 신고 있다.

최주임	자 다들 모였으니까 짠 한 번 할까?
박주임	잠깐! 장 대표님 건배사 해 주세요.
장대표	하루 이틀도 아니고 건배사는 무슨.
고은	해 주세요. 대표님 집에서 하는 첫 회식인데.
장대표	알았어. (잔 들며) 자, 다들 다치지 말고, 아프지 말고.
일동	(잔 드는) 다들 다치지 말고. 아프지 말고.

'짠~' 건배하고 맥주 마시는 도기와 멤버들.
즐겁고 환한 멤버들의 모습에서.

15화 끝.

TAXI DRIVER

두 번째 운행

16화

여기 빌려주는 데
맞죠?

S#1.   복지원 운동장. 낮. 과거

             파란 하늘이 보인다.

             그 위로 들리는 아이들의 비웃음 소리들.

             9살 남짓한 남자아이 하나가 운동장에 누워 있다가 일어난다.

             공룡 그림 상의에 검은 반바지 차림의 아이 얼굴에 생채기가

             나 있다.

             아이 앞에 드리워지는 그림자들.

             고개 들어 올려다보는 9살 남자아이.

             다른 아이들이 둘러서서 9살 남자아이를 내려다보고 있다.

아이1   힘도 없는 게 어딜 덤벼?

아이2   너 네 이름도 기억 못 한다며! 이름도 없는 주제에!

아이1   야, 너 기억 못 한다고 뻥치는 거지? 너 원래 이름 없지?

9살 아이   …

아이2   네 엄마, 아빠가 얼마나 싫었으면 이름도 안 지어 주고 버렸

             겠냐?

9살 아이	…

9살 아이, 무표정한 얼굴로 빤히 올려다보고만 있다.

S#2.	복지원장실. 낮. 과거

사진과 인적 사항이 적힌 서류를 '북북' 찢어서 양철통에 넣는 원장(교구장과 동일 인물), 성냥으로 불붙여 태워 버린다.
일렁이는 불길을 건조하게 보고 있는 교구장.
창밖에서 고성 소리가 들린다. '거기 뭐야!', '동작 그만!', '가만있어 새끼들아!'

교구장	?

S#3.	복지원 운동장. 낮. 과거

운동장으로 나오는 교구장.
아이2, 놀란 표정으로 교구장에게 달려온다.

아이2	원장 신부님! 하준이 형이 안 일어나요!
교구장	?
아이2	(9살 아이 가리키며) 저 애가 갑자기 달려들어 밀었어요!

돌무더기 위에 쓰러진 아이1 살펴보던 직원, 교구장 보며 고

개 흔든다.

교구장, 아이1 옆에 서 있는 9살 남자아이를 본다.

9살 남자아이, 무표정한 얼굴로 아이1 내려다보고 있다.

교구장   …

<시간 경과>

흰 천이 덮인 채 구급차에 실려 가는 아이1.

교구장, 여전히 무표정한 얼굴의 9살 남자아이를 보고 있다.

경찰차 타고 들어오는 박현조 순경, 꾸벅 인사하며 교구장에

게 온다.

박현조   저 왔습니다. 좀 전에 구급차 나가던데… 누가 다쳤어요?

교구장   (대수롭잖게) 혼자 놀다 발 헛디뎌 죽은 걸 뭐라고 해야 하나?

박현조   네. 그렇게 정리하겠습니다.

교구장   일 끝나면 넘어와. 저녁이나 같이하게.

박현조   네, 원장님.

차 타고 복지원을 빠져나가는 구급차와 경찰차.

교구장, 바닥에 떨어진 온하준 이름표 주워서 9살 남자아이

에게 간다.

교구장   네 이름이 뭐냐?

9살 아이   기억이 안 나요. (돌덩이 위에 남은 핏자국 보며) 제가… 잘못…

교구장	(자르며) 너는 그냥 싸움에서 이겼을 뿐이다.
9살 아이	···
교구장	진실이 뭔지, 무슨 일이 있었는지는 싸움에 이긴 사람이 말할 수 있는 거란다. 너는 네가 잘못했다고 생각하니?

9살 아이, 돌덩이 위에 남은 핏자국 물끄러미 본다.

9살 아이	···아니요.
교구장	(미소) 내 생각도 그렇단다. 넌 잘못한 게 없어. 그 아이는 그저 약해서 죽은 거야. 약한 건 몹시 나쁜 거란다.

교구장, 아이 앞에 앉아 가슴에 '온하준' 이름표를 달아 준다.

교구장	그래서 싸움은 끝을 보는 게 중요해. 그렇지 않으면 더 크게 돌아오거든.

9살 아이, 자기 가슴에 '온하준' 이름표 내려다본다.

교구장	오늘부터 네가 온하준이다. 이름 없던 아이는 조금 전 죽었어. (자상하게 옷에 먼지 털어 주며) 옷이 더러우면 약해 보인다. 새 옷 한 벌 사러 가자꾸나. 하준아.
9살 아이	···

S#4.   공사 중인 건물 안. 밤. 과거

건물 난간으로 뚜벅뚜벅 걸어가는 누군가의 뒷모습.

난간 아래에 40대 중반의 남자가 떨어져 죽어 있는 모습이 작게 보인다.

난간 끝에 서서 건조한 표정으로 내려다보고 있는 19살의 온하준.

S#5.   건물 앞. 밤. 과거

건물 인근에 서 있는 차량으로 뚜벅뚜벅 다가와 타는 19살의 온하준.

교구장   (손수건 건네주며) 하준이가 생각보다 빨리 크는구나. 벌써 옷이 작아진 걸 보니.

손수건으로 손에 살짝 묻은 피 닦아 내는 온하준.

교구장   오늘 더 강해진 기념으로 선물 하나 주마.

교구장, 온하준에게 인장 반지를 건넨다.

온하준   …?

교구장   이 반지를 가진 사람들이 너를 도와줄 거야.

경광등을 단 차량 한 대가 다가와 멈춰 서더니 박현조가 내린다.

박현조   (인사하며) 늦어서 죄송합니다. 갑자기 간부회의가 잡히는 바람에. (온하준 보곤) 오래간만이야.

박현조, 온하준 손에 인장 반지 보고는 '씨익' 자기 손에 인장 반지 들어 보인다.

박현조   이번 건 어떻게 처리할까요?
교구장   글쎄. 오갈 데 없는 사람이 투신자살한 걸 뭐라고 적어야 되나…
박현조   알겠습니다. (활짝 웃는) 그리고 저 이번에 팀장으로 승진했습니다. 감사합니다, 원장님.
교구장   일 끝나면 저녁이나 먹으러 들어와, 박 팀장.
박현조   네. 금방 끝내고 들어가겠습니다.

출발하는 교구장의 차.
박현조, 건물 쪽으로 가며 핸드폰으로 전화 건다.

박현조   구급차 한 대 빨리 보내. 여기 자살한 사람이 하나 있네.

인장 반지 물끄러미 보는 온하준, 자기 손가락에 낀다.

대저택. 낮. 과거

대저택 입구에 서 있는 양복 차림의 온하준과 십여 명의 간부들.

모두들 손에 인장 반지를 끼고 있다.

안으로 들어오는 교구장.

온하준   석방되신 거 축하드립니다. 2년 넘게 고생 많으셨습니다.

교구장   나라를 위해서 한 일이었어도 시련의 시간도 주시면 받아들여야지. (둘러보며) 옛것은 가고 새것이 왔구나. 하준이가 고생이 많았겠어.

온하준   예배당은 뒤뜰에 마련하고 있습니다.

교구장   아니다. 다른 봐 둔 곳이 있다.

온하준   ?

교구장   무지한 인간들이 함부로 드나들지 못하는 곳. 하느님이 그곳을 보여 주시려고 나에게 시련의 시간을 준 거 같기도 하고.

온하준   …?

교구장, 십여 명의 간부들 돌아본다.

교구장   하지만 더는 이런 시련이 생기지 않을 거야. 내가 여기 있는 너희 모두를 더 높은 자리로 올릴 참이니까. 각자 위치에서 세상을 움직일 수 있는 가장 높은 자리로. 대신 하나는 명심들 해. 너희들이 어디에서 왔는지. 누가 그 자리에 올려 주는지.

십여 명의 간부들, 고개 숙여 인사한다.

교구장   (미소) 기념사진 하나 남기자꾸나.

카메라 세팅하는 집사. 버튼 누르면, 화려한 응접실 배경으로
사진 찍는 교구장과 온하준. 그리고 간부들.
대저택 내부 벽에 복지원 시절부터 찍은 사진들이 가족사진
처럼 걸려 있다.
'모범택시: 두 번째 운행' 타이틀 뜬다.

S#7.   **교도소장실. 낮**
멍하게 TV 보고 있는 온하준.

앵커(E)   이번 판결로 천문학적 규모의 불법 자금의 실체가 어디까지
밝혀질지 귀추가 주목되고 있습니다.

온하준, 분노감에 부들부들 온몸이 떨려 온다.
교도소장, 굳은 표정으로 전화 통화하고 있다.

교도소장   네. 교구장님 말씀대로 조치하겠습니다.

교도소장, 전화 끊고 온하준에게 다가오면.

온하준	이번에도 네가 이겼다고 생각하냐?

온하준, 교도소장의 허리춤에서 권총을 뽑아 들어 도기를 겨
눈다.
피하지 않고 온하준을 응시하는 도기.

온하준	그래도 너는 내 손에 죽는다.

방아쇠를 당기는 온하준.
교도소장, 온하준 팔을 위로 쳐 낸다.
'탕' 총소리가 울리며, 천장에 총알이 튄다.

도기	…
교도소장	(거칠게 총 빼앗는) 교구장님의 분부가 있으셨습니다.

온하준, 거친 숨 몰아쉬며 도기 노려본다.

S#8.	예배당. 낮

교구장, 예배 성찬 도구들을 함에 조심스레 넣고 있다.
온하준, 굳은 표정으로 서 있다.
정색한 표정으로 눈치 보고 있는 교도소장.

교구장	너한테 기회는 줄 만큼 준 거 같구나.

교구장, 말없이 온하준 손에 반지를 내려다본다.

온하준   (당황하며) 교구장님. 한 번만 더 기회를 주십시오.
교구장   조용히 처분을 기다려라.

교도소장, 교구장의 의중을 읽고 온하준에게 한 발 다가간다.
고개 떨구며 손에 인장 반지를 빼내는 온하준.
교도소장, 온하준 손에 인장 반지 가져온다.

교구장   약해 빠진 놈.
온하준   …

교도소장, 교도관들 시켜서 온하준을 끌고 나간다.
교구장, 덤덤한 표정으로 성찬함 닫는다.

S#9.   징벌방. 낮
          교도관, 철문 닫고 간다.
          좁은 징벌방 안에 갇힌 도기, 침대에 걸터앉아 머리에 상처
          확인한다.

도기   …

          인서트 교도소 내 운동장 / 콜 밴 안. 낮. 과거

걸음을 멈추는 도기. 빠르게 상황을 종합하며 돌파구를 모색한다.

도기   이시완 씨가 안전해질 수 있는 방법은 하나뿐이에요. 법정에 출석해 무사히 증언을 끝내게 하는 거예요.

장 대표   (끄덕끄덕) 이미 증언을 끝낸 증인을 위협해 봤자 아무런 이득도 없을 테니까.

도기   법정에서 증언을 마칠 때까지 모든 이목을 우리에게 쏠리게 만들어야 해요.

장 대표   이목을 집중시킨다… (한숨) 호랑이 아가리 속이라도 들어가야겠구먼.

도기   생각보다 더 위험할 수도 있어요.

고은   제일 위험한 사람이 남 걱정하는 거 아니에요.

장 대표   그건 고은이 말이 맞아. 나중에 그놈들이 모두 알게 되면, 김 군을 그냥 둘 리가 없어.

도기   이시완 씨의 안전이 확보된 뒤에 어떻게 탈출할지 고민해 볼게요.

징벌방 둘러보는 도기. 오히려 힘없는 웃음이 나온다.

도기   탈출할 데가 없네…

S#10.   대저택 방 안. 낮

의자에 양손이 묶인 채 앉아 있는 장 대표.
벽에 걸린 액자 사진을 하나를 물끄러미 보고 있다.
어린 온하준이 교구장과 찍은 사진이다.

장 대표   …

쟁반에 음식 받쳐서 들어와 장 대표 앞에 놓아 주는 집사. 양
손 풀어 주고 나가려는데.

장 대표   저기. 괜찮으면 이 고기 좀 잘라 주겠나?
집사   (돌아보며) ?
장 대표   나이가 들면 원래 기력이 없어져. 이거 자를 힘도 없어.
집사   …

집사, 다가와 나이프와 포크 들고 스테이크 자르기 시작하는
데. 장 대표, 남은 포크 하나 집어 들어 집사의 손등을 '콱' 찍
는다.

집사   으악!

손등 부여잡고 주저앉는 집사.
의자 집어 들어 내려치는 장 대표.
부서지는 의자. 쓰러져 꿈틀대는 집사.
장 대표, 집사 주머니에서 핸드폰 꺼낸다.

장 대표   (몹시 괘씸한) 나를 완전 노인으로 봤구먼!

밖으로 나가려던 장 대표. 공룡 그림 옷을 입고 있는 9살 아이와 교구장이 함께 찍은 액자 사진을 본다.
액자 사진 들고 나가는 장 대표.

S#11.   대저택 앞 / 안. 낮
열 명 안팎의 검은 양복남들이 대저택 주변을 서성거리고 있다.
대문 살짝 열고 밖을 살피고 있는 장 대표. 상황이 여의치 않아 보인다.
조용히 대문 닫는 장 대표. 난감한 표정이다.

장 대표   너무 많은데…

거울에 자신의 모습 비춰 보며 옷매무새 다듬는 장 대표. 심호흡한다.
대저택 앞에 검은 양복들 몇 명이 모여 담배에 불붙이려는데.
대문이 활짝 열리며, 장 대표가 전화 통화하며 밖으로 나온다.

장 대표   (밝은 미소) 덕분에 잘 대접 받고 갑니다. 스테이크가 아주 훌륭하던데요. 다음번에는 저희 집으로 모시는 영광을 주시죠. 하하하하.

밝게 웃으며 차로 가는 장 대표.
다소 어리둥절해 하며 보고 있는 검은 양복들.
그때, 손등에 포크 찍힌 채 밖으로 나오는 집사.
서둘러 차에 타는 장 대표. 시동 건다.
뒤늦게 뒤쫓는 검은 양복들.
문이 닫히기 전에 대저택을 빠져나가는 장 대표의 차.
집사, 장 대표를 놓치자 악에 받쳐 소리친다.

S#12.	징벌방 앞 / 안. 낮

방 안 서성이고 있는 도기.
징벌방 복도 철창이 열리는 소리가 들린다.
죄수복으로 갈아입은 온하준이 징벌방 복도로 들어선다.

교도소장	(다소 빈정거리는 말투) 천하의 온 실장이 어쩌다가 참⋯
온하준	⋯

교도관, 징벌방 한 군데 문 연다.
온하준, 묵묵히 걸어가다가 도기의 징벌방 앞에서 멈춘다.
도기, 철창 너머로 온하준을 본다.

온하준	내가 약속 하나 할게.
도기	⋯
온하준	내가 여기서 나가면⋯

온하준, 시리도록 차가운 눈빛으로 도기를 노려본다.

온하준	김도기. 그리고 너와 관계된 모든 사람들 다 죽여 버릴 거야.
도기	…
온하준	너의 도움을 한 번이라도 받았던 사람들. 모조리 찾아내서 전부 다 내가 직접 죽인다.
도기	옷 잘 어울리네.
온하준	…

교도관, 온하준을 재촉하듯 이끈다.
온하준, 순순히 가다가 갑자기 도기 징벌방 앞으로 돌아와 철문을 '꽝' 친다.
분노에 '파르르' 떨며 도기를 노려보는 온하준.
시선을 피하지 않는 도기.

S#13.   지하 정비실. 낮

지하 정비실로 들어오는 장 대표.
박 주임, 최 주임, 고은, 벌떡 일어나 맞이한다.

고은	대표님!
박 주임	왜 계속 연락이 안 됐어요?
장 대표	아. 배터리가 다 돼서.
최 주임	(분개) 이 자식들! 사람을 납치했으면 배터리는 충전해 줘야

	할 거 아냐!
장 대표	김 군은 어떻게 됐어?
고은	아직 교신이 안 돼요.
최 주임	안 그래도 그 얘기 하고 있어요. 김도기 기사 배터리에 문제 있는 거 아냐?
장 대표	김 군을 거기서 빼내려면 서로 연락을 주고받을 수 있어야 할 텐데.
고은	(일어나며) 제가 다녀올게요.
최 주임	어디 가는데?
고은	배터리 갖다 주려요.
박 주임	가면 잡힐 텐데?
고은	안 잡히는 방법 있어요.

S#14.   교도소 밖 담장 앞. 낮

교도소 앞에서 후드 모자 쓴 채 서성거리고 있는 브로커.

고은(E)	브로커 씨!
브로커	(화들짝) !
고은	잘 지냈어요 브로커 씨? 오늘은 어떤 거 밀반입해요?
브로커	(경악. 쉬잇!) 제발 좀!
고은	(작은 검은 봉지 건네주며) 이거 좀 전해 줄래요?

어이없는 한숨 내쉬는 브로커.

S#15.   징벌방 앞 복도 / 안. 낮
             모범수 복장의 판매꾼, 단팥빵을 잔뜩 실은 카트 끌고 징벌방
             으로 들어온다.

판매꾼   간식 왔습니다. 맛있다고 퍽퍽 먹지 말고 물이랑 꼭꼭 씹어
             드세요.

             징벌방 돌아다니며 단팥빵과 물 한 통씩 넣어 주고 있는 판
             매꾼. 도기 방 앞에 다가와 선다. 교도관을 슬쩍 돌아본다. 교
             도관이 핸드폰 메시지 보내고 있다.

판매꾼   (한숨) 내가 진짜. 별걸 다 배달해 보는구면, 별걸 다.

             벽에 기대앉아 있는 도기 앞에 단팥빵과 작은 검은 봉지 하
             나가 '툭' 떨어진다.

도기   ?

             작은 봉지 뜯는 도기. 새 교신기가 들어 있다.

S#16.   지하 정비실 / 징벌방 안. 낮
             멤버들, 모니터에 교도소 설계도 띄워 놓고 회의 중이다.

도기(E)	고은 씨.

반갑게 컴퓨터 앞으로 뛰어가는 고은과 박 주임, 최 주임.

고은	김도기 기사님!
최 주임	별일 없지? 몸 상한 데는 없고?
도기	(픽 웃는) 별일 많았고. 멀쩡한 데가 없어요.
최 주임	걱정 많이 했었어. 특히 내가.
장 대표	때마침 연락이 돼서 다행이야.
고은	저희 지금 김도기 기사님 탈출 계획 짜고 있었어요.
도기	아뇨. 그러지 마세요.
고은	(?) 그러지 말라뇨?
도기	저는 여기서 나가지 않을 거예요.
고은	네에??
도기	여기 있을게요.
박 주임	무슨 소리야. 지금 거기가 얼마나 위험한지 몰라서 그래?
장 대표	그건 내 생각도 그래. 일단 하루라도 빨리 거기서 빠져나오는 게 급선무인 거 같아.
고은	거기 교도소장, 교도관들 대부분 다 한 패인 거 기사님도 알잖아요.
도기	그래서 오히려 잘 됐어요.
최 주임	(어리둥절) 어떻게 하면 이 상황이 오히려 잘 될 수가 있는 거지?

도기, 좁은 징벌방 담담하게 둘러본다.

도기	외부에서 함부로 들이닥칠 수 없는 곳. 내부자들을 매수했으니 오히려 법과 공권력의 비호를 받을 수 있는 가장 안전한 곳. 이곳이 바로 저놈들의 아지트인 거 같아요.
고은	아지트? (가만) 기사님 설마…
도기	이시완의 증언으로 자금줄 타격을 입은 지금이 적기예요. 조금 더 몰아붙여야 해요.
고은	어떻게 몰아붙이죠?
도기	최 주임님, 박 주임님, 고은 씨. 세 분이 제 손발이 되어 주세요.
멤버들	…?
도기	이시완 씨가 검찰에 제출한 외환 거래 자료부터 공유해 주세요. 지금부터 저들의 다른 주요 자금줄들을 막을 거예요.
장 대표	주요 자금 통로를 틀어막아서 숨어 있는 자들이 모습을 드러내게 만들겠다는 거구만.
도기	공기 통로가 막히면 숨 쉬러 올라와야죠.
장 대표	오케이. 김 군이 숨구멍 막는 동안, 난 잠깐 다른 볼일을 봐도 되겠지? 따로 확인해 볼 게 하나 있어서 말이야.
도기	네.

장 대표, 고개 절레절레 흔들며 웃는다.

최 주임	왜요?
장 대표	우리는 어떻게든 김 군을 빼낼 생각을 하고 있는데, 정작 본인은 저 안에 갇혀서도 그놈들 붙잡을 궁리를 하고 있었어.
고은	그러니까요. 가만 보면 진짜 자기 몸 안 챙겨.

옅은 미소 머금는 도기.

도기   시작할까요?

S#17.   **지하 정비실 / 징벌방 안. 낮.**
        정비실 내에 책상들 다시 세팅하며 한데 모으는 멤버들.
        고은, 자료들 보며 보드 판에 자금 세탁 경로들을 정리한다.
        징벌방에 도기, 고은의 보드 판과 같은 경로도를 벽에 그리고
        있다.
        지하 정비실 보드 판에 복잡한 경로도가 완성되어 간다.
        보드 판에 경로가 완성되어 갈수록 징벌방 벽에 경로도 완성
        되어 간다.
        정비실에 고은, 펜 내려놓고 보드 판 본다. 경로도가 완성됐다.

고은   (막상 보니까 한숨이 나온다) 이시완 씨가 검찰에 제출한 거래처를
       뺐는데도 아직 살아 있는 자금줄이 제법 많네요.
도기   모든 통로를 다 막을 필요는 없어요. 주요 자금줄 한두 개만
       막아도 충분히 효과가 있을 거예요.

        징벌방 벽에 그려진 경로도 살펴보는 도기. '골동품 거래소'
        에 동그라미 친다.

도기   골동품 거래소. 소박한 규모랑 안 어울리게 해외 거래처가 많

네요.

고은	운용 자금도 과하게 커요.
최 주임	보안도 삼엄할 텐데. 너무 어렵지 않을까?
도기	자금을 빼 올 생각이면 그렇겠지만, 우리 목적은 이동을 막기 만 하면 되는 거니까. 그리 어렵진 않을 거예요.
고은	예를 들면요?
도기	경매 예정 물건 하나만 도난당해도, 저들 입장에선 아주 큰일 이죠.
박 주임	도난? 훔쳐야 되잖아.
최 주임	언젠 안 그랬냐?
박 주임	아니 들어가야 되잖아. 경비도 삼엄하고, 김도기 기사도 없 는데.
도기	들어가지 말고 밖에서 기다리면 되죠.
최 주임	밖에서?

고은, 어떤 느낌인지 캐치 했다. 바로 빠르게 타이핑한다.

고은	(모니터 보며) 오늘 경매 처리 예정 물건이 하나 있네요.
도기	박 주임님이랑 최 주임님. 부탁드려도 될까요?

책상 '탕' 치며 벌떡 일어나는 최 주임.

최 주임	(의욕 충만) 당연하지! 우리한테 맡겨.
박 주임	우리?

최 주임   뭐해 안 일어나고.

S#18.   고미술 갤러리 앞. 낮
         직원 몇 명이 도자기와 불상 몇 개를 가지고 나오고 있다.
         차 지붕에 경광등을 단 콜 밴이 갤러리 앞에 다가와 멈춘다.
         특수 배송 유니폼을 갖춰 입은 박 주임과 최 주임, 차에서 내
         린다.

최 주임   연락 받고 왔습니다.
직원   빨리 오셨네요.

         박 주임, 콜 밴 뒷문 열면 마치 현금 수송 차량처럼 대형 금고
         문이 나온다.
         도자기와 불상 넣고 콜 밴 뒷문 닫는 박 주임과 최 주임.

최 주임   그럼 수고하십시오.

         출발하는 콜 밴.
         직원들, 흰 장갑 벗으며 안으로 들어가려는데, 똑같은 경광등
         을 단 차량 한 대가 갤러리 앞에 멈춰 선다.

수송인   연락 받고 왔습니다~
직원   ??

| S#19. | 지하 정비실 / 징벌방 안. 낮 |

징벌방에 도기, 경로도의 교집합에 있는 '대부업체'에 동그라미 친다.

고은	(보드 판에 경로도 보며) 다들 이 업체랑 교류가 많네요.
도기	은행 거래를 할 수 없는 돈을 해외로 보낼 때 이용하기 좋은 통로죠.
최 주임	아아! 환치기!
도기	대부분 불법이라 고객 관리에 철저하죠.
고은	맞아요. 예전 낙원 신용 정보에서도 고객 명단 관리하는 컴퓨터는 외부 네크워크도 안 썼어요. 해킹 방지를 위해서.
도기	반대로, 그 컴퓨터에 고객 명단이 사라지기만 해도.
박 주임	어후. 완전 멘붕이겠는데.
고은	(일어나며) 제가 갔다 올게요.

| S#20. | 대부업체 앞. 낮 |

귀티나 보이는 옷에 커다란 명품 백을 팔에 걸친 채, 또각또각 걸어오는 고은.

| S#21. | 대부업체 안. 낮 |

업자, 흐뭇한(?) 표정으로 고은을 훑어본다.

고은, 귀티 나는 옷차림과 달리 다소 경박하게 껌 '짝짝' 씹으며 앉아 있다.

업자   귀하신 분 같은데, 여긴 어떻게 오셨을까요?

고은   돈 빌리려고 왔죠. 여기 빌려주는 데 맞죠?

업자   잘 찾아오셨습니다. 얼마를 맞춰 드리면 될까요?

고은   10만 원이요.

업자   (잘못 들었나?) 10만 원?

고은   네.

업자   (헛웃음) 지금 걸친 거 하나만 팔아도 10만 원은 더 나올 거 같은데.

고은   우리 애기들은 안 돼요. 빨리 빌려줘요.

업자   (어이없는 표정으로 지갑에서 10만 원 꺼내 툭 내려놓는) 자. 여기.

고은   계약서 써야 되죠?

고은, 업자 앞으로 가 컴퓨터 옆에 명품 백 내려놓고 앉는다.

고은   도장 찍어야 돼요? 난 사인하고 싶은데, 아니다 도장 찍자. (명품 백 뒤적거리며) 도장이 어딨나… 어 이상하네. 잠시만요.

옆에 경리 책상 노트북 옆에 명품 백 올려놓고 다시 뒤적거리는 고은.

고은   어머 웬일이야. 도장 안 가져왔나 봐. 그냥 안 빌릴래요. 수고하세요.

고은, 명품 백 팔에 걸치며 또각또각 나간다.
멍하게 보고 있는 업자와 직원들.

업자   금방 뭐가 왔다 갔냐?

S#22.   대부업체 앞. 낮
              길가에 콜 밴이 서 있다.
              고은. 두 손으로 명품 백 받쳐 들고 콜 밴으로 간다.

S#23.   대부업체 안. 낮
              업자, 컴퓨터 자판을 '탁탁탁' 친다.

업자   (당황스러운) 야, 이거 왜 하나도 안 나오냐?

              옆자리 경리도 당황하며 노트북 본다.

경리   어머 어떡해. 하드에 있던 데이터가 다 지워졌어요!

S#24.   콜 밴 안. 낮
              고은, 명품 백에서 미니 디가우저 꺼내 내려놓는다.

고은   이거 인간적으로 너무 무거워요.

박 주임   그거 디가우징 기능만 살려서 최대한 줄인 거야. 더 가볍겐
             안 돼.

S#25.   교도소 내 예배당. 낮
             촛대에 불붙이며 전화 통화하는 교구장.

교구장   (의아한) 그게 무슨 소리야? 지금 집행이 다 안 됐다니…

             교구장, 갑자기 싸한 느낌을 받는다.
             전화 끊고 멍하게 십자가 올려다보는 교구장.
             교도소장, 눈치 보며 말없이 서 있다.

교구장   가서…

교도소장 네. 교구장님.

교구장   김도기 데려와.

교도소장 네.

             교도소장, 교도관들 데리고 나간다.
             집사, 조용히 눈치 보며 서 있다.
             인상 '확' 굳어지며 촛대 던져 버리는 교구장. 눈에 살기가 서
             린다.

S#26.   교도소 앞. 낮

교도소 앞에 멈춰 서는 장 대표 차.
장 대표, 손에 든 사진 한 장을 물끄러미 본다.

인서트 대저택 안. 과거
손등 부여잡고 주저앉는 집사.
의자 집어 들어 내려치는 장 대표.
부서지는 의자. 쓰러져 꿈틀대는 집사.
장 대표, 집사 주머니에서 핸드폰 꺼낸다.
밖으로 나가는 장 대표. 액자 속 사진을 본다.
공룡 그림 옷을 입은 9살 아이와 교구장이 다정하게 찍은 사진이다.
액자 사진 들고 나가는 장 대표.

대저택에서 가져온 사진을 보고 있는 장 대표. 핸드폰 꺼내
전화 건다.

장 대표   아무래도 내가 직접 면회를 가 봐야 할 거 같아.

고은(E)   지금 김도기 기사님을요? 그놈들한테 바로 붙잡힐 텐데요.

장 대표   뭐 설마 죽이기야 하겠어? 그리고 김 군 만나러 가는 거 아니야.

고은(E)   그럼 누구요?

장 대표   아무튼 잠깐 연락 끊겨도 너무 걱정하지 마. 괜찮을 거니까.

전화 끊는 장 대표. 조수석에 노란 소포 봉투 들고 차에서 내리려다가…
차량 사이드포켓 가장 깊숙한 곳에서 낡은 핸드폰 하나 꺼내 든다.

장 대표   …

핸드폰 전원 켜는 장 대표. 누를까 말까 고민하다가…
결심한 표정으로 0번 '꾹' 누른다.

S#27.   **교도소 면회실. 낮**
                면회실로 들어오는 온하준.
                장 대표, 면회실에 담담하게 앉아 있다.
                온하준, 다가가 장 대표 앞에 앉는다.

온하준   김도기 면회를 잘못 신청하신 거 아닙니까, 대표님?
장 대표   …
온하준   어찌됐든, 필요할 때 이렇게 제 발로 찾아와 주셔서 몸 둘 바를 모르겠습니다. 제가 지금 윗분들 볼 낯이 없던 참이거든요.

                교도관 두 명과 함께 집사가 들어와 장 대표 뒤에 와서 선다.
                장 대표, 별로 놀라지 않는 모습으로 보아 이미 예상한 상황인 거 같다.

집사, 장 대표 보란 듯이 붕대 감은 손을 어루만진다.

온하준   덕분에 면 좀 서게 됐습니다.
장 대표   그럼에도 불구하고 와야 했어.
온하준   …와야 했다고요?

장 대표, 노란 소포 봉투를 온하준에게 밀어 준다.

장 대표   너도 진실을 알 권리는 있으니까.
온하준   …?

S#28.   도기의 징벌방. 낮
           도기 방 철문이 열리고, 교도소장과 교도관이 문 앞에 서 있다.
           침대에 누워 있는 도기, 고개 들어 교도소장 본다.

교도소장   5283. 나와. 특별 면담이다.
도기   …

S#29.   징벌방 앞. 낮
           징벌방 복도 걸어가는 도기.
           온하준 방을 흘끔 쳐다보고는 말없이 지나간다.

S#30.   교도소 내 운동장 / 콜 밴 안. 낮
         운동장 길 따라 걸어가는 도기와 교도소장 일행.

고은(E)   김도기 기사님 예상이 맞았어요.

         콜 밴 안. 낮
         교도소 정문 안으로 고급 세단들이 쉴 새 없이 들어가는 게
         보인다.

고은   저놈들 숨통이 막히긴 막혔나 봐요. (헤드셋 채널 바꾸며) 지금
         들어가는 차량들 잘 따고 있죠?

S#31.   교도소 정문 앞. 낮
         교도소 정문이 잘 보이는 곳에서 최 주임, 들어가는 차량들
         몰래 찍고 있다.

최 주임   한 대도 안 놓치고 하고 있지. (박 주임 보며) 뭐해? 빨리 먹어
         야지.

         박 주임, 마치 오늘 출소한 사람처럼 두부 먹고 있다.

박 주임   행님, 근데 이걸 꼭 먹어야 돼?
최 주임   이걸 먹고 있어야 의심을 안 하지. 다 먹으면 얘기해. 하나 더

줄게. (옆 사람 보며) 그쪽도 두부 한 모 드릴까요?

다가오다가 움찔하는 브로커, 손사래 치며 돌아간다.

S#32.   교도소 내 예배당. 낮
         도기 끌고 예배당으로 들어오는 교도소장 일행.
         도기 향해 돌아서는 교구장.

도기   택시 승객을 이렇게 다시 만날 줄을 몰랐네.

교구장   하준이가 널 너무 과소평가했다. 네가 이런 놈인 줄 알았으면
         진즉에 처리했을 텐데. 방심한 대가가 적지 않아.

도기   일부러 잘못된 목적지를 말한 승객한테 택시비를 어떻게 받
         아야 할지 모르겠네. 이런 적이 처음이라.

교구장   네놈 마지막이 어떤 모습인지 말해 주마.

도기   점괘는 나도 볼 줄 아는데, 내가 왕년에 작두 좀 탔거든.

교구장   …

도기   내 점괘에 의하면, 당신은 택시 요금을 치르게 될 거야. 아주
         비싸게.

교구장   너는 오늘 교도소 생활을 못 견디고 탈옥을 했어. 외딴 곳에
         숨어서 살길을 도모해 보려고 했지만 무장한 교도관들에게
         발각되어 총상으로 죽고 말았지.

도기   …

교구장   참으로 비참하고 쓸모없는 죽음이야. 네 엄마처럼.

도기	(울컥) 그 단어 함부로 입에 올리지 마!

도기, 포승줄에 묶인 상태로 옆에 교도관 제압하고 교구장에 게 달려드는데, 순간, 예배당 내에 휘슬 소리가 '삐이익' 울린 다. 사방에 공간이 순식간에 뒤틀린다.

공기가 꿀렁 대며 온갖 알 수 없는 소리들(엄마 비명 소리, 도기를 부르는 외침 소리, 낄낄거리는 웃음소리, 주전자 휘슬 소리 등)과 합쳐서 도기를 삼키듯 덮친다.

그대로 휘청하며 쓰러지는 도기. 숨을 못 쉰다.

교구장, 측은한 표정으로 다가와 도기 옆에 호루라기를 '툭' 던져 놓는다.

교구장	그 아무것도 아닌 거 하나도 이기지 못하면서. 누굴 돕겠다고 쯧쯧쯧.

교구장 노려보는 도기. 사력을 다해 일어나려는데, 교도관, 곤봉으로 도기를 내려친다. (혹은 전기 충격기)

쓰러져 기절하는 도기.

교도소장	말씀하신대로 처리하겠습니다.
교구장	제 발로 기어들어 온 그 택시 회사 사장도 같이 처리해.

교도관들, 도기와 장 대표 끌고 나간다.

일군의 사람들이 굳은 표정으로 예배당 안으로 들어온다.

다들 손에 인장 반지를 끼고 있다.

S#33.   온하준의 징벌방. 낮

미동도 없이 앉아 있는 온하준의 뒷모습.

바닥에 뜯겨진 소포 겉봉투가 나뒹굴고 있다.

온하준의 손에 '아이를 찾습니다.' 전단지가 언뜻 보인다.

온하준   …

인서트 면회실 안. 과거

노란 봉투 뜯어보는 온화준. 실종 전단지가 나온다.

장 대표   10년도 훨씬 더 전에 네 부모님을 파랑새에서 만난 적이 있
             었어.

온하준   ?

'아이를 찾습니다.' 전단지 속 공룡 그림 상의에 검은 반바지
입은 아이 사진.

온하준   …!

인서트 복지원 운동장. 과거

공룡 그림 상의에 검은 반바지 차림의 아이 얼굴에 생채기가

나 있다.

아이2	너 네 이름도 기억 못 한다며! 이름도 없는 주제에!
아이1	야 너 기억 못 한다고 뻥 치는 거지? 너 원래 이름 없지?
9살 아이	…

9살 아이, 무표정한 얼굴로 빤히 올려다보고만 있다.

장 대표(E) 집 앞 놀이터에서 놀던 아이가 어느 날 누군가의 손에 이끌려 사라졌다고 했었어.

징벌방에 온하준. 손에 든 전단지를 고요히 내려다보고 있다.
'이름 김단우', '특기 피아노 치기', '실종 당시 나이 9세(현재 나이 19세)'

장 대표(E) 너의 부모는 모든 일을 그만두고 오랜 시간을 널 찾아다녔어.

온하준, 전단지를 한 장씩 뒤로 넘긴다.
모양과 크기가 다 똑같은 전단지에 나이만 계속 바뀐다.
'실종 당시 나이 9세'에서 현재 나이만 10세, 11세, 12세, 13세…
전단지를 한 장씩 넘길 때마다 현재 나이가 한 살씩 늘어난다.

장 대표(E) 평생 아들을 찾아다니시다가 아버지는 의문의 사고로 돌아가셨지.

온하준, '현재 나이 19세'를 마지막으로 끊긴 전단지.
온하준, 멍한 얼굴로 전단지를 보고 있다.
마지막 장에 가족사진이 나온다.
엄마, 아빠, 어린 온하준. 세 명이 함께 찍은 사진.
사진 속 아빠의 얼굴을 보자 충격에 휩싸이는 온하준. 손끝이
떨려 온다.

인서트 복지원장실 앞 / 안. 과거
복지원장실에서 나오는 19살 온하준.
하준 부, 온하준 지나쳐 복지원장실 안으로 들어간다.
흘끔 돌아보는 온하준. 무심히 돌아선다.
복지원장실 책상에 전단지 내려놓는 하준 부.

하준 부   우리 단우랑 비슷하게 생긴 사람을 여기서 봤다는 얘길 들어
          서요.

물끄러미 전단지 들어서 보는 교구장. 하준 부를 올려다본다.

인서트 공사 중인 건물 안. 밤. 과거
건물 난간 앞에 서서 지도 보고 있는 하준 부.
누군가가 '다다다' 뛰어오더니 하준 부를 뒤에서 밀어 버린다.
난간 아래로 떨어지는 하준 부.
떨어진 핸드폰 주워 건물 난간으로 뚜벅뚜벅 걸어가는 온하
준의 뒷모습.

난간 아래에 40대 중반의 남자가 떨어져 죽어 있는 모습이 작게 보인다.
난간 끝에 서서 건조한 표정으로 내려다보고 있는 19살의 온하준.
남자의 얼굴이 사진 속 온하준의 아빠다.

인서트 건물 앞. 밤. 과거
건물 인근에 서 있는 차량으로 뚜벅뚜벅 다가와 타는 19살 온하준.

교구장   (손수건 건네주며) 하준이가 생각보다 빨리 크는구나. 벌써 옷이 작아진 걸 보니. 오늘 더 강해진 기념으로 몸에 맞는 새 옷 하나 맞추러 가자꾸나.

경광등을 단 차량 한 대가 다가와 멈춰 서더니 박현조가 내린다.

박현조   이건 어떻게 처리할까요?
교구장   글쎄. 오갈 데 없는 사람이 투신자살한 걸 뭐라고 적어야 되나…

온하준, 그저 건조한 표정으로 창밖을 보고 있다.

징벌방에 온하준. 손끝이 떨려 온다.

온하준	그래서 어쩌라고… 이제 와서 뭐 어쩌라고!

들고 있던 전단지 뭉치를 던져 버리는 온하준.
징벌방 안에 전단지가 흩날리며 떨어진다.

온하준	(분노에 숨소리가 떨려 오는) …

S#34.	교도소 앞 / 콜 밴 안. 낮

교도소 정문 밖에 서 있는 박 주임과 최 주임 사이로 승합차
한 대가 나간다.
박 주임, 승합차 뒷자리에 도기를 언뜻 본 거 같다.

박 주임	조금 전에 김도기 기사 아냐?
최 주임	그래? 난 대표님을 본 거 같은데?
박 주임	(교신 받으며) 어, 고은아.

콜 밴 안에 고은. 지도에 움직이는 붉은 점을 보고 있다.

고은	기사님이 교도소 밖으로 나온 거 같아요!
박 주임	맞네, 김도기 기사!
최 주임	대표님!

급하게 뛰어가는 박 주임과 최 주임.

S#35.   교도소 내 예배당. 낮
예배당 자리에 앉아 있는 간부들. 하나같이 불안하고 초조해한다.

간부1   본격 수사가 시작된 마당에 자금줄까지 막혀서 피해가 걷잡을 수가 없습니다.

간부2   맞습니다. 어디까지 타고 올지 감이 안 잡힙니다!

간부1   무슨 수를 써서든 당장 수습해야 합니다. 교구장님.

말없이 간부들을 쳐다보는 교구장.
간부들, 교구장의 시선에 조용해진다.

교구장   그 자리에 앉아 있으니 마치 너희가 주인인 줄 아는구나.

간부들   …

교구장   그곳에 앉혀 준 것도 나고, 끌어내리는 것도 나다.

간부들   (눈치 보는) …

교구장   불안해하지 마라. 초조해하지도 말고. 너희에게 닥칠 시련은 없다. 너희를 대신해 희생할 사람은 따로 준비해 두었다.

교도소장, 교구장에게 다가온다.

교도소장   차 한 대가 따라붙었다고 합니다.

교구장   (픽) 참으로 불나방 같은 족속들이야. 한꺼번에 처리해.

인서트 교도소 앞. 낮

교도소 정문에서 무장한 교도관이 탄 차들이 나온다.

S#36.   도로. 낮

도로를 질주하는 호송 승합차.

승합차 뒷자리에 도기와 장 대표가 의식 잃은 채 앉아 있다.

두 사람의 뒤로 콜 밴이 뒤쫓고 있다.

박 주임, 최 주임, 고은, 굳은 표정으로 호송 승합차를 보고
있다.

콜 밴의 뒤를 어느새 무장한 차량들이 따라붙고 있다.

S#37.   폐공장 앞. 밤

호송차 따라 폐공장으로 들어오는 콜 밴.

모퉁이를 돌자, 호송차가 콜 밴을 향해 멈춰 서 있다.

박 주임   느낌 안 좋은데.

최 주임   일단 작전상 빨리 후퇴.

콜 밴, 후진해서 나가려는데, 무장 차량들이 퇴로를 막으며
들어온다.

차에서 내리는 교도관들, 총 겨눈다.

두 손 드는 박 주임과 최 주임.

손에 붕대 감은 채 무장 차량에서 내리는 집사.

집사   모두 차에서 내려. 당장!

낙담하며 고개 떨구는 박 주임, 최 주임. 고은.

S#38.   **폐공장 안. 밤**
폐공장 안에 쓰러져 있는 도기와 장 대표.
박 주임, 최 주임, 고은. 두 손 들고 투항한 채 폐공장 안으로
들어오고 있다.

고은   (달려오며) 김도기 기사님!
박 주임   대표님. 괜찮으세요?

쓰러진 도기와 장 대표, 부축하는 고은과 박 주임, 최 주임.

집사   (전화 통화 중이다) 다섯입니다. 네. (전화 끊으며) 다섯이면 다 잡은
거 맞다네.

교도관들, 멤버들 향해 총 겨눈다.

최 주임   (좌절) 우리의 엔딩이 이렇게 될 줄 몰랐는데.
박 주임   행님…

집사	다들 사격 준비!

교도관들의 총구가 멤버들 하나씩 잡는다.

장 대표	(힘겹게 일어나 앉으며) 다들…
최 주임	그래도 함께하는 동안 너무 즐거웠어 모두들.
장 대표	(고통스럽다) 모두들 아직 방법이…
고은	(버럭) 정신 똑바로 안 차려요! 빠져나갈 방법 좀 생각해 봐요.
최 주임	이 마당에 무슨 수로…
박 주임	행님…
장 대표	다들 내 얘기 좀 들어봐.
집사	발사!
박 주임	(울컥) 사랑해요! 모두들!

박 주임의 외침과 동시에, 거친 엔진 소리와 함께 헤드라이트
를 '확' 비추며 모범택시가 난입한다.
도기, 조금씩 정신이 든다.
당황한 교도관들, 일제히 총구를 모범택시로 돌려 발사한다.
총알 세례를 맞으며 그대로 들어오는 모범택시, 교도관들 사
이를 드리프트 해 가며 집사를 차로 쳐 버린다.
'붕' 나가떨어져 기절하는 집사.
모범택시, 총 쏘는 다른 교도관들도 한 명씩 쳐 낸다.
폐공장 내부가 점점 연기로 자욱해진다.
힘겹게 일어나 멤버들 옆에 서는 도기.

도기, 연기 너머로 언뜻 보이는 헤드라이트 불빛을 본다.
짙은 연기 위로 거친 총 소리, 엔진 소리, 비명 소리가 한데 뒤섞여 들려온다.
총 소리와 비명 소리가 멈춘다.
도기, 연기 속을 주시한다.
연기가 서서히 걷히고 모범택시가 멤버들 앞에 유유히 모습을 드러낸다.
보면서도 어리둥절한 박 주임, 최 주임, 고은.

박 주임   뭐야?

최 주임   어떻게 된 거야?

고은   우리 다 여있는데 누가 운전한 거야?

장 대표   다들 왜 내 얘기를 안 들어.

모범택시 운전석 차문이 '딸깍' 열리면.

플래시 인서트 교도소 앞. 낮. 과거
교도소 앞에 멈춰 서는 장 대표 차.
장 대표, 낡은 핸드폰 집어 든다.

장 대표   …

누를까 말까 고민하던 장 대표. 결심한 표정으로 0번 '꾹' 누른다.

인서트 (일본식) 칵테일 바. 낮. 과거

고즈넉하고 이국적인 분위기가 풍기는 칵테일 바.

바텐더, 수건으로 와인 잔 물기 닦아 내고 있다.

바 위에 놓인 낡은 삐삐가 울린다.

바텐더　　　운텐슈 상. (일본어) 그거 작동되는 거였어요? 울리는 거 처음
　　　　　　　보네?

반쯤 남은 와인 잔 옆에 '툭' 놓이는 일본 지폐.

무심히 삐삐 집어서 가는 누군가의 손. 흐릿한 뒷모습.

모범택시 운전석에서 내리는 하이힐. 멤버들 향해 또각또각
걸어온다.

택시 라이트가 후광처럼 비춰서 얼굴이 잘 보이지 않는다.

장 대표와 멤버들 앞에 다가와 서면 그제야 운전자의 얼굴이
드러난다.

1호 기사　　(장 대표 보며) 다시는 연락 안 할 거처럼 그러더니.

장 대표　　　잘 살고 있을 것 같아서. 와 줘서 고마워.

1호 기사　　요즘도 누구 다칠까 봐 전전긍긍해요?

장 대표　　　(헛웃음) 인사들 해. 우리 모범택시 1호 기사.

깜짝 놀라는 박 주임, 최 주임, 고은.

S#39.   온하준의 징벌방 앞 / 안. 밤
               징벌방 복도로 들어오는 교구장. 징벌방 철창 너머로 온하준
               을 본다.
               고요히 징벌방 안에 교구장 등진 채 앉아 있는 온하준.

교구장   너를 탓하고 싶지는 않다. 지금까지 나를 실망시킨 거보다 그
               렇지 않은 적이 훨씬 더 많았으니까.

온하준   …

교구장   복지원 허물고 새집을 지었을 때 활짝 웃던 네 모습이 생각
               나는구나.

온하준   …

               교구장, 담담한 표정으로 온하준 본다.

교구장   이번 일로 피해가 커서 다들 원성이 자자하다. 국내외 법인
               몇 개는 수사 선상에 올라서 사람들 주목도 받고 있고.

온하준   …

교구장   (표정 굳히며) 하준이 네가 책임 있는 모습을 보였으면 좋겠어.

온하준   …

교구장   검찰에 가서 어떤 걸 진술할지는 다 정리해 뒀다. 잊힐 때쯤
               다시 불러 주마.

교도소장(E)   교구장님.

               교도소장, 상기된 표정으로 들어온다.

교도소장	일이 잘못된 거 같습니다.
교구장	…

교구장, 교도소장의 허리춤에서 권총 꺼내더니, 그대로 교도
소장을 쏴 버린다.
어깨에 총 맞고 쓰러지는 교도소장. 고통에 비명 지른다.

교도소장	살려 주십시오…
교구장	그거 하나 제대로 못 하고 와서 한다는 소리가.
온하준(E)	제가…
교구장	?

자리에서 일어나는 온하준. 철창 앞으로 다가온다.

온하준	교구장님이 내리시는 어떤 처분도 달게 받겠습니다.
교구장	…
온하준	모든 일의 책임이 저에게 집중되게끔. 교구장님이 아닌 제가 최종 책임자 신분으로 모든 걸 떠안겠습니다. 대신, 부탁이 있습니다.
교구장	?
온하준	김도기 그놈을 제 손으로 죽일 수 있게 해 주십시오.
교구장	…
온하준	(눈에 살기가 서리는) 그놈과 시작한 싸움. 끝을 보게 해 주십시오.
교구장	…

S#40.　　　　폐공장 앞. 밤

　　　　　　　폐공장 밖으로 나오는 1호 기사와 멤버들.

1호 기사　　　(도기 보며) 예전에 대표님한테 얘기 들었어요. 나보다 더 험하
　　　　　　　게 운전하는 사람이 있다고.

도기　　　　　(미소) 도와주셔서 감사합니다.

　　　　　　　집사의 품속에서 전화벨이 울린다.
　　　　　　　다가가 핸드폰 꺼내 드는 박 주임.

박 주임　　　어떡할까? 받아 말아?

도기　　　　　…

　　　　　　　도기, 다가와 핸드폰 받는다.

　　　　　　　인서트　교도소장실. 밤
　　　　　　　온하준, 양복 갈아입으며 전화 통화한다.

온하준　　　(살기 어린 표정) 나 같은 놈 의뢰도 받아 줍니까?

　　　　　　　통화 끝내고 핸드폰 '툭' 집사 앞에 던져 놓는 도기. 다시 멤
　　　　　　　버들에게 돌아온다.

고은　　　　　뭐래요?

도기	싸움의 끝을 보자는데요.

들고 있던 1호 기사, 옅은 미소 머금으며 모범택시로 가 뭔가 꺼낸다.

1호 기사	받아요.

1호 기사가 던진 물건 잡아서 보는 도기. 차 열쇠다.

1호 기사	지쳐 보여서 집까지 태워 주려 했는데. 집에 갈 표정이 아니에요.
도기	(미소) 시작한 싸움 끝은 봐야죠.
고은	(선수 치는) 또 혼자 간다고 하지 마요.
박 주임	고은이 말이 맞아.
최 주임	그래. 혼자 보내면 우리가 불안해서 안 되겠어.
도기	(미소) 우리 모두 다 같이 가야죠.

장 대표와 나란히 서서 흐뭇하게 보고 있는 1호 기사.

1호 기사	든든하시겠어요, 대표님.
장 대표	내가 저 친구들한테 든든해야지. (1호 기사 보며) 와 줘서 고마웠어. 공항까지 바래다줄게.
1호 기사	무슨 소리에요. 대표님도 저 사람들이랑 같이 있어야죠. 끝을 본다는데. 먼저 가요. (주변 둘러보며) 난 뒷정리마저 하고 갈게요.

장 대표	그럼 부탁 좀 할게. (멤버들 향해) 출발할까?

일렬로 폐공장에서 걸어 나오는 다섯 멤버들.
하나같이 전의가 불타오르는 표정이다.
모범택시에 타는 도기, 차 시동 건다.
'웅~' 소리와 함께 헤드라이트가 눈부시게 켜진다.

인서트 도로. 밤
도로를 달려오고 있는 모범택시와 콜 밴.

S#41. 교도소 안. 밤
교도소 안으로 들어오는 도기의 모범택시.
도기, 담담하게 택시에서 내린다.
교도소장, 철창 앞에서 기다리고 있다.

교도소장	배짱이 좋은 거야. 멍청한 거야?
도기	…
교도소장	따라와.

교도소장, 도기를 데리고 간다.

S#42. 교도소 옥상. 밤

도기, 교도소장을 따라 옥상으로 나온다.

온하준   안 오면 어쩌나 걱정했었는데.

도기   끝은 봐야지.

온하준   최선을 다해. 나도 최선을 다할 참이거든.

도기   …

옥상으로 올라오는 교구장.
어깨에 붕대를 맨 교도소장, 교구장이 앉을 의자를 빠르게 준
비한다.

교도소장 날이 많이 찹니다. 안에서 모니터로 보시는 게…

교구장   (앉으며) 괜찮아. (도기 보며) 직접 보고 싶은 죽음이 가끔씩 있어.

온하준, 크게 기합 넣으며 도기에게 달려든다.
피하지 않고 맹렬하게 부딪히는 도기와 온하준.
그러나 시작의 기세와는 달리, 온하준이 눈에 띄게 밀린다.
도기의 주먹에 일말의 망설임도 느껴지지 않는다.
도기의 주먹이 온하준에게 꽂힌다.
바닥에 나뒹구는 온하준. 고통스런 얼굴이다.
고통이 채 가시기도 전에 다시 일어나 도기에게 달려드는 온
하준. 저돌적이고 무모해 보인다.
다시 일어나 맹렬하고 거칠게 공격하는 온하준.
교구장, 고개 갸웃하며 보고 있다.

도기, 달려오는 온하준의 힘을 역이용해 업어치기 한다.
'붕' 날아가 쓰러지는 온하준. 표정이 일그러진다.

도기   원하던 게 이건가?

일어나지 못하는 온하준. 오히려 평온해 보이는 표정이다.

온하준   당신 말이 맞았어. 기억해야 되찾을 수 있는 게 있었어.

멀리서 두 사람 지켜보고 있는 교구장, 표정이 점차 굳어진다.

도기   …
온하준   당신을 먼저 만났다면, 내 삶은 어떻게 됐을까…
도기   …
온하준   그게 무엇이든… 지금보단 나았겠지?…

교구장, 온하준을 가만히 보다가 교도소장 허리춤에 권총 빼
들고 일어난다.

도기   김단우… 좋은 이름이야.
온하준   (도기 올려다보며) 의뢰 받아 줘서 고마워요. 도기 형님.

인서트 폐공장 앞 / 교도소장실. 밤. 과거
양복 갈아입으며 전화 통화하고 있는 온하준.

온하준	(살기 어린 표정) 나 같은 놈 의뢰도 받아 줍니까?
도기	…
온하준	이 싸움을 끝내고… 내 이름을 찾게 해 주세요.
도기	…

옥상에 교구장, 차가운 표정으로 걸어오며 권총 장전한다.

교구장	나약해 빠진 놈.
온하준	싸움의 끝은 내 손으로 할게요.
도기	?

온하준, 갑자기 교구장을 향해 달려간다.
교구장, 본능적으로 달려드는 온하준 향해 방아쇠를 당긴다.
온하준의 몸에 총알이 박힌다. 그래도 속도 줄이지 않는 온하준.
놀란 교구장, 연속적으로 방아쇠 당긴다.
총알이 몸 곳곳을 관통하지만, 아랑곳없이 달려오는 온하준.
마지막 힘을 끌어 모아 교구장과 함께 옥상 밖으로 몸을 날린다.

| 도기 | !! |

비명 지르며 추락하는 교구장. 그리고 온하준. 바닥에 그대로 '쾅' 떨어진다.

피 토하는 교구장. 이 상황을 받아들일 수가 없다.

교구장   하준이… 네놈이… 감히 나를…

교구장, 숨이 끊어진다.
죽은 교구장을 보는 온하준. 역시 입에서 피를 쏟아 낸다.
숨이 멎는 온하준. 핏물 사이로 온하준의 눈물이 '주룩' 흘러
내린다.
도기, 난간 아래를 본다.
온하준과 교구장이 나란히 쓰러져 죽어 있다.
교도소장과 교도관들, 어떡해야 할지 감이 안 잡힌다.

교도관   소장님. 어떡할까요.

슬금슬금 도망치는 교도소장.
교도관들, 교도소장 따라 도망치듯 나간다.
도기, 옥상 난간에 서서 온하준과 교구장을 말없이 보고 있다.

S#43.   교도소 예배당. 밤
           갑자기 사이렌 소리가 울린다.
           사이렌 소리에 어리둥절한 간부들.

간부2   (핸드폰 문자를 확인하고는 놀라) 이게 뭐야…

간부1, 벙찐 표정으로 간부들을 쳐다보면, 간부들 일제히 모여 간부1의 문자를 본다. '교구장님이 죽었습니다.'라는 교도소장의 문자.

간부3   교구장님이 죽다니… 이게 무슨 말이에요?

간부1   (허둥지둥) 일단 여기서 나갑시다! (다급하게 나가려는)

간부1을 따라 간부들 제각각 서둘러 예배당을 나가려는데, 문이 열리지 않는다.

간부1   이거 왜 이래? 문이 안 열려요.

놀란 간부들, 일제히 문에 달려들어 두드리기 시작한다.
문 밑으로 하얀 연기가 들어오기 시작한다.

S#44.   **교도소 예배당 앞. 밤**

'이거 모야!', '문 열어!', '누구 없어!' 예배당 문 너머로 금사회 간부들의 고함 소리와 문 두드리는 소리들이 섞여 들리고… 문 앞에는 교도관 복장의 최 주임과 박 주임이 소리 들으며 가만히 서 있다.
문 너머로 쉴 새 없이 들리던 소리들이 잦아들더니 고요해진다. 박 주임과 최 주임, 방독면 쓰고 예배당 안으로 들어간다.

S#45.	교도소 내 복도. 밤

S#45.　　　교도소 내 복도. 밤
　　　　　교도소장과 교도관들, 급하게 도망치듯 철창문 열며 가는데,
　　　　　밖으로 나가는 철창문이 안 열린다.

교도소장　　뭐야. (문 흔들며) 야. 이거 왜 안 열려!

　　　　　교도관들, 옆에서 같이 흔들어 보는데도 열리지 않는다.

교도소장　　(열 받는) 취사장 뒤쪽으로 가!

　　　　　반대쪽으로 돌아서 도망가는 교도소장.

S#46.　　　교도소장실. 밤
　　　　　장 대표, 소장 자리에 앉아 CCTV 모니터들 보고 있다.
　　　　　교도소장과 교도관들이 뛰어가는 모습이 보인다.

장 대표　　(무전기 들며) 취사장 쪽으로 가는데? 거기도 길이 있나 본데.

S#47.　　　교도소 내 제어실 안. 밤
　　　　　컴퓨터에 노트북 연결한 채 보안 시스템 조정하고 있는 고은.
　　　　　빠르게 타이핑하며 엔터키를 '탁' 친다.

고은   있었는데 지금은 없어요.

S#48.   교도소 내 복도. 밤
           교도소장과 교도관들, 뛰어와 철창문 열려는데 또 잠겨 있다.

교도소장   왜 전부 잠겨 있냐고!!

           미친 듯이 잡아 흔들며 소리 지르는 교도소장. 다시 돌아서는데,
           복도 끝에 도기가 서 있다.
           귀신이라도 본 양 소스라치게 놀라는 교도소장과 교도관들.
           성큼성큼 걸어오는 도기.

교도소장   잠깐만! 우리 말로…

           듣기 싫다는 듯 빠르게 뛰어오는 도기.
           서슬에 놀라 기겁하는 교도소장과 교도관들.
           도기, 땅을 박차고 '휙' 날아오르면, 암전 속에 들려오는 비명
           소리들.

S#49.   교도소 앞. 밤
           교도소 앞으로 터벅터벅 걸어 나오는 도기. 몰골이 말이 아
           니다.

입구에 모범택시와 콜 밴이 나란히 서 있다.
장 대표, 고은, 박 주임, 최 주임. 이미 모범택시 주변에 서서
기다리고 있다.

최 주임   거 빨리 빨리 좀 다니지.

도기   (픽 웃는) 다른 놈들은 어떻게 됐어요?

박 주임   김도기 기사가 말한 대로 해 놓고 나왔지 뭐. 하

S#50.   **징벌방 안 / 교도소 내 복도. 밤**
기절해 있다가 깨어나는 간부1. 죄수복을 입고 있다.

간부1   (깜짝) 여기가 어디야? (화들짝) 내가 왜 이걸 입고 있어! (문 두드
리며) 이봐! 여기 사람이 갇혔어! 아무도 없어? 이봐!

간부1의 외침 소리와 함께 다른 징벌방에 갇혀 있는 간부들
도 하나둘씩 철창살 사이로 모습을 드러내며 아우성친다.
'교도관! 교도관!', '난 죄수가 아니야.'

S#51.   **교도소 앞. 밤**
택시 운전석에 타는 고은.

고은   운전은 내가 할게요. 뒷자리로 타세요.

장 대표	그럼 조수석은 내가 탈까?

빙긋 웃으며 조수석에 타는 장 대표.
도기, 미소 지으며 뒷좌석에 탄다.

고은	어디로 모실까요. 손님.
도기	...

도기, 모범택시 백미러에 걸린 펜던트를 본다.
펜던트에 보이는 한 줄짜리 문장.
'택시. 내가 행복했던 곳으로 가 주세요. -박지웅- '

도기	우리가 행복했던 곳으로 가 주세요.

도기의 한마디에 미소 짓는 멤버들.

고은	목적지까지 안전하게 모시겠습니다. 5283 출발합니다.
도기	(미소)

출발하는 모범택시와 뒤따르는 콜 밴.
서서히 화이트 아웃된다.

자막	1년 후.

S#52.   무지개 택시 회사 정비소. 낮

택시 회사에 눈이 내리고 있다.
정비소에 세워진 택시 옆에서 정비 기록 체크하고 있는 박 주임. 택시 아래에서 정비 수레에 누워 최 주임이 나온다.

최 주임   누유 없고. 하부 이상 없음.

박 주임   (기록 체크하며) 오케이 하부 이상 없음!

시커메진 얼굴로 정비 수레에서 일어나 의자에 앉는 최 주임.

최 주임   하루 종일 누워 있었더니 무릎 아프네. 나 그거 하나만 뜯어 줘 봐 봐.

박 주임   (정비 기록지 정리하며) 행님은 손 없어?

최 주임   (두 손 들어 올려 시커메진 장갑 보여 주며) 응 없어.

박 주임   그래. 하나 남은 거 내가 양보한다.

박 주임, 호관원 박스에서 마지막 남은 한 팩 꺼내려는데, 없다.

박 주임   어? 하나 있었는데.

주변 두리번거리며 찾는 박 주임.
휴게실에 커피 마시는 도기를 발견한다.
그 옆에서 호관원을 먹고 있는 장 대표 보인다.

박 주임	(당황) …
최 주임	뭐해, 안 주고.
박 주임	행님. 없어.
최 주임	왜 갑자기 없어!
박 주임	갑자기 없어졌어.

밖으로 나와서 빈 상자 살펴보는 최 주임. 말없이 박 주임 노려본다.

박 주임	내가 안 먹었어.
최 주임	(말없이 노려보는)
박 주임	(도망치듯 가며) 진짜 내가 안 먹었어!
최 주임	(말없이 집요하게 따라가며 노려보는)

S#53.   도기 집 옥상. 밤

고은, 평상에 앉아 밤 풍경을 바라보며 맥주잔에 맥주 마시고 있다.

도기(E)	여기서 뭐해요?

고은, 계단 쪽을 돌아보면 도기가 계단을 올라오고 있다.

고은	이제 퇴근해요?

도기	안 추워요?
고은	시원하고 좋은데요. 이사 가고 젤 그리웠던 게 뭔 줄 알아요?
도기	?
고은	퇴근 후 여기 앉아서 밤 풍경 바라보며 맥주 한 잔 하는 거요. 다시 이 건물로 이사 오니까 좋네요. 맨날 오고 싶을 만큼.

고은, 익숙한 듯 옆에 있던 맥주 꺼내 스푸너로 뚜껑 따서 도기에게 건넨다.
옥상 난간에 맥주 올려놓고 술 마시는 두 사람.
미소 지으며 건배하는 도기와 고은.

고은	그거 알아요? 사회적으로 친밀감을 느끼면서 나와 타인이 유지할 수 있는 거리가 30㎝래요.
도기	('그렇구나.') 그래요?
고은	30㎝보다 멀면 무심해 보이고. 그보다 가까우면 부담스럽고, 때로는 무서운 거리…
도기	(미소) 30㎝보다 훨씬 더 멀리 살다가 이사 왔는데, 많이 무심해졌겠어요.
고은	조금 전에 내가 기사님이랑 건배할 때요… 30㎝보다 가까웠어요. 한 25㎝? 그런데 부담스럽지도 무섭지도 않았어요.
도기	…?
고은	그냥 그렇다고요.

잠자코 듣고 있던 도기, 밝게 미소 짓는다.

두 사람의 뒤로 마을 조명들이 영롱하다.

S#54.   장 대표실. 낮
         아무도 없는 장 대표실. 전화벨이 울린다.

S#55.   군 건물 복도. 낮
         건물 정문 유리문을 열리고, 반짝거리며 걸어가는 군화발.

앵커(E)   지난 5월 군내 성폭력 피해를 당하고 신고했지만, 오히려 협
         박·회유 등 2차 가해에 시달리다 극단적 선택에 이른 육군
         제29보병연대 고 황예리 중사와 관련하여 해당 부대가 사건
         을 은폐 축소하고 증거를 조작한 정황이 밝혀져 파문이 일고
         있습니다.

         뚜벅뚜벅 걸음을 옮기는 군화, 카메라가 천천히 위로 올라가면
         단정하게 군복을 입은 도기의 모습.

앵커(E)   이에 유족 측은 군사 경찰이 사건의 진실은 밝히지 않고 조
         직적으로 은폐하고 있다며 울분을 토했습니다.

         도기, 복도 끝 참모실 문 열고 들어간다.

S#56.	참모실 안. 낮

뚜벅뚜벅 들어와 정중앙에 서는 도기.
창가 테이블 소파에 앉아 도기를 기다리고 있던 군 간부들.
강한 햇빛을 등지고 있는 탓에 얼굴은 보이지 않는다.
경례하며 신고하는 도기.

도기	신고합니다, 대위 김도기는 2023년 4월 8일부로 29보병사단 본부중대 군 감찰과로 전입을 명받았습니다. 이에 신고합니다. 충성!

테이블 소파에 앉아 자기들끼리 속삭이는 얼굴 없는 군 간부들.

군 간부1(E)	(속삭이듯) 알고 온 걸까요?
군 간부2(E)	이제 와서 뭘 어쩌겠어.
군 간부1(E)	하긴, 알아봤자 송장 하나 더 치르게 되는 거지.

베일에 가려진 군 장성들을 보는 날카로운 도기의 눈빛.

S#57.	연병장. 낮

도기, 연병장으로 밖으로 나온다.
소대 병력 규모의 군인들, 군가(독사가) 부르며 연병장 돌고
있다.

군인들	검푸른 복장! 삼킬 듯 사나워도! 나는야 언제나! 독사 같은 사나이!

중위, 연병장 가로지르며 걸어오고 있다.

군인들	막걸리 생각날 때 흙탕물 마시고!

연병장 계단 내려오는 도기.
도기와 중위 사이에 군인들이 군가 부르며 지나간다.

군인들(E)	사랑이 그리울 땐! 일만 이만 헤아린다!

군인들이 지나가자, 그제야 서로 눈이 마주치는 도기와 중위.

군인들(E)	일만 이만 헤아린다!

놀란 표정의 중위와 달리, 표정 변화 없이 보고 있는 도기.
흔들리는 중위의 눈빛. 정자세 취하며 도기에게 경례한다.
도기, 경례 받지 않고 굳은 표정으로 지나쳐 간다.
자세 풀지 못하고 경례 자세 유지한 채 서 있는 중위.
중위를 등진 채 저벅저벅 연병장 가로질러 가는 도기.
멀어지는 도기 뒷모습에서 눈을 떼지 못하는 중위.

S#58.   출동 시퀀스. 낮
         지하 정비실.
         모범택시가 회전 강판을 타고, 회전하며 올라온다.

         공터.
         박 주임과 최 주임, 콜 밴에 탄다.
         콜 밴 뒷자리에 고은, 스위치 켠다.
         콜 밴 안에 모든 전자 기기들에 불이 들어온다.

         단독 주택 차고.
         차고 위로 올라오는 모범택시.
         외부 차고 셔터가 '지이잉' 올라간다.
         차고 밖으로 나오는 도기의 모범택시.
         거리로 나온 모범택시가 서서히 출발한다.

S#59.   도로. 낮
         도로를 달리는 모범택시.
         그 뒤로 콜 밴이 합류한다.

         인서트 이미지
         콜 밴 안에 고은, 박 주임, 최 주임. 지하 정비실에 장 대표.
         도로 위를 달리는 모범택시. 그 뒤로 콜 밴.

도기   5283 운행 시작합니다.

도기, 가속 페달을 '꽉' 밟으면, 화면을 덮치듯 질주를 시작하는 모범택시와 콜 밴.
도기, 고은, 장 대표, 박 주임, 최 주임, 다섯 다크히어로의 모습이 스틸 화면으로 잡힌다. 그 위로 박히는 자막 '전화벨이 울리는 한, 운행은 계속된다.'
자막이 사라지면, 카메라 뒤에 있는 히어로들 모습이 스틸 화면으로 나온다.

16화 끝.

수고하셨습니다.

전화벨이 울리는 한,
운행은 계속된다.

명심해. 내가… 우리가 여기서 멈춘다 해도
또 다른 누군가가 나타나 니들에게 갈 거다.
네놈들을 끝까지 기억할 테니까.

힘없는 것들이 주로 하는 얘기가 그거야.
언제나 기억한다고 하지.
왜 그런지 알아? 할 수 있는 게 그거밖에 없거든.
약해빠진 족속들.
그런데 결국 그 다짐조차도
나중엔 다 잊어버릴 거야.

세련된 언어를
구사하지 않는다고 해서
그걸로 그 사람의 가치를
판단해선 안 되죠.

현장은
모든 진실을 알고 있다.

그래서 싸움은 끝을 보는 게 중요해.
그렇지 않으면 더 크게 돌아오거든.

모범택시 Ⅱ 하권

초판 1쇄 인쇄
2023년 4월 17일
초판 1쇄 발행
2023년 4월 25일

글
오상호

펴낸이
백영희

펴낸곳
㈜너와숲

주소
04032 서울시 금천구
가산디지털1로 225
에이스가산포휴 204호

전화
02-2039-9269

팩스
02-2039-9263

등록
2021년 10월 1일
제2021-000079호

ISBN
979-11-92509-57-0(04680)

정가
22,000원

©스튜디오S 주식회사

이 책을 만든 사람들

편집
전혜영
마케팅
배한일

제작처
예림인쇄

디자인
글자와기록사이

배유람

김의성

박주영

이제훈

장혁진

혁진.

표예진

표예진

모범택시 2